南方语言学
NANFANG YUYANXUE

第十五辑

广东省普通高校人文社会科学重点研究基地暨南大学汉语方言研究中心

本书出版获得广东省高水平大学建设经费资助

甘于恩 主编

世界图书出版公司
广州·上海·西安·北京

图书在版编目（CIP）数据

南方语言学. 第十五辑/甘于恩主编. —广州：世界图书出版广东有限公司, 2019.12
ISBN 978-7-5192-6828-2

Ⅰ.①南… Ⅱ.①甘… Ⅲ.①汉语方言—方言研究—丛刊 Ⅳ.①H17-55

中国版本图书馆CIP数据核字（2019）第238473号

书　　名	南方语言学（第十五辑） NANFANG YUYANXUE（DI SHIWU JI）
主　　编	甘于恩
责任编辑	魏志华　李　婷
装帧设计	林穗晓
责任技编	刘上锦
出版发行	世界图书出版广东有限公司
地　　址	广州市新港西路大江冲25号
邮　　编	510300
电　　话	020-84451969　84453623　84184026　84459579
网　　址	http://www.gdst.com.cn
邮　　箱	wpc_gdst@163.com
经　　销	各地新华书店
印　　刷	广州市怡升印刷有限公司
开　　本	889mm×1194mm　1/16
印　　张	11.75
字　　数	350千
版　　次	2019年12月第1版　2019年12月第1次印刷
国际书号	ISBN 978-7-5192-6828-2
定　　价	42.00元

版权所有　侵权必究

（如有印装错误，请与出版社联系）

咨询、投稿：020-34201910　weilai21@126.com

汉语方言研究中心
学术委员会名单

学术顾问

詹伯慧　李如龙　张振兴　许宝华　邢福义　邵敬敏　潘悟云　张双庆
鲍厚星　张洪年　单周尧　刘村汉　林立芳　钱曾怡　温端政　平山久雄
陆镜光

主任委员

麦　耘

委　员
（按姓氏音序排列）

曹志耘　甘于恩　李　蓝　林伦伦　麦　耘　邵慧君　万　波　汪国胜
伍　巍　张　敏　张屏生　庄初升

《南方语言学》编辑组

名誉主编

詹伯慧

主　编

甘于恩

编　委
（按姓氏音序排列）

陈晓锦　范俊军　甘于恩　高　然　刘新中　彭小川　邵　宜　伍　巍

编　辑

侯兴泉　曾建生　赵　越　李　菲　焦　磊　李林欣

目 录

特 稿
鸿篇巨著，助力汉语方言学科的蓬勃发展——《汉语方言学大词典》编纂后记 ………… 张振兴 （1）

南方汉语方言研究
中山粤语下方话 ……………………………………………………………………………… 高 然 （9）
大埔光德（九社）方言音系——客家方言包围下闽南方言代际语音特点变异研究 ……… 李 菲 （18）

语言资源
广州市增城区语言资源概况 ………………………………………………………………… 王晓珊 （40）
闽东宁德市的语言资源 ……………………………………………………………………… 尤慧君 （47）

语音学研究
广州话的提顿词——兼论与其同源句末语气词声学特征区别 …………………………… 林奕高 （55）
《西华辞典》中的闽南话音系及其相关问题 ……………………………………………… 张屏生 （68）

词汇学研究学
广东客方言亲属称谓"姐""姊"探析 ……………………………………………………… 陈燕辉 （87）

语法学与方言语法
山东沂水方言的重叠 ………………………………………………………………………… 赵 敏 （94）
广东海丰鹅埠占米话疑问句探析 …………………………………………………………… 吴 芳 （103）

海外汉语方言研究
马来西亚泗里街省华人语言生活状况调查报告 …………………………… 许婉虹 尤慧君 （110）
雷州话在东南亚的传播 ……………………………………………………… 陈李茂 甘于恩 （119）

汉语史研究
传教士文献反映的中山粤语两世纪的语音变迁 …………………………………………… 罗言发 （122）
近代汉语作品方言成分考察需要注意的两个问题 ………………………………………… 汤传扬 （129）
《安邱土语志》所录方言词构词理据研究 ………………………………………………… 邓 筱 （137）

语言应用研究

娱乐辩论语体风格解析——以《奇葩说》为研究蓝本 ················ 刘丽宁 （146）

从语言学视域看语音识别 ················ 李　妍　崔东伟　赵天魁 （159）

岭南文化

试论诗词吟诵在粤剧、粤曲表演中的效用 ················ 谢伟国 （166）

博士论文撮要

廉江、电白粤闽客方言接触的语音计量研究 ················ 秦绿叶 （173）

动　态

第二十三届国际粤方言研讨会在暨南大学举行 ················ 甘　子 （175）

资　料

《南方语言学》（第十四辑）目录 ················ 姜迎春 （178）

Table of Content

Special Articles

A Masterpiece to Assist the Flourishing of Chinese Dialectology: Postscript on the Compilation of Chinese Encyclopedia Dictionary of Dialectology (*Hanyu Fangyanxue Dacidian*).................*Zhang Zhenxing* (1)

Studies of Dialects in Southern China

On the Xiafang Dialect of Zhongshan Cantonese...*Gao Ran* (9)
The Phonological System of Guangde (Jiu She) Dialect in Dabu: Research on the Phonetic Variation of Min Dialect Surrounded by Hakka Between Generations..*Li Fei* (18)

Language Resources

General Situation of Language Resources in Zengcheng District, Guangzhou City.............*Wang Xiaoshan* (40)
Language Resources in Eastern Fujian ....*You Huijun* (47)

Phonetics and Phonology

The Prompt Pause Words of Cantonese and the Acoustic Features Difference between Their Homologous Sentence-end Modal Particles...*Lin Yigao* (55)
The Phonological System of Southern Min Dialect on *Dictionario Hispánico Sinicum* and Several Related Issues
....*Zhang Pingsheng* (68)

Lexics and Lexicology

On the Kinship Terminology of "Jie" and "Zi" in Guangdong Hakka Dialect..........................*Chen Yanhui* (87)

Syntax and Dialectal Grammar

The Reduplication of Shandong Yishui Dialect..*Zhao Min* (94)
The Study on the Questions of Ebu "Zhanmi" dialect in Haifeng County, Guangdong Province ... *Wu Fang* (103)

Studies of Oversea Chinese Dialects

A Survey of Language Use of Chinese community in Serikei, Malaysia.............*Xu Wanhong & You Huijun* (110)
The Spread of Leizhou Dialect in South-East Asia ....*Chen Limao & Gan Yu'en* (119)

Linguistic History

Changes in the Phonology of Zhongshan Cantonese since 19th Century .... *Luo Yanfa*（122）

Two Questions that Need to Be Paid Attention to in the Study of Dialect Elements in Modern Chinese Works
.... *Tang Chuanyang*（129）

Research on Word-formation Motivation of Dialect Words Recorded in the Anqiu Local Dialect
.... *Deng Xiao*（137）

Studies of Applied Linguistics

Entertainment Debate Style Analysis: A Study Based on "U Can U Bibi" .... *Liu Lining*（146）

On Speech Recognition from the Perspective of Linguistics .... *Li Yan, Cui Dongwei & Zhao Tiankui*（159）

Lingnan Culture

On the Effectiveness of Poetry Recitation in Cantonese opera and operatic excerpts .... *Xie Weiguo*（166）

PhD Dissertation Abstracts

The Metrology Research of Phonetic Contact between Cantonese, Min and Hakka Dialect in Lianjiang and
    Dianbai .... *Qin Lüye*（173）

Information

The 23rd International Conference on Cantonese Dialects Hosted in Jinan University .... *Ganzi*（175）

Index

Total Contenes of South China Linguistics Vol.14 .... *Jiang Yingchun*（178）

> 特 稿

鸿篇巨著，助力汉语方言学科的蓬勃发展
——《汉语方言学大词典》编纂后记

张振兴

（中国社会科学院语言研究所　北京　100732）

【提　要】汉语方言的调查与研究有着悠久的历史，本文首先对方言研究史作了简要总结，对已取得的成就也作了描述，进而指出《汉语方言学大词典》编纂工作是名副其实的"丰碑中的丰碑"，它为汉语方言研究未来的蓬勃发展奠定了坚实的基础。本文分别叙述了《汉语方言学大词典》上、下两卷的主要内容，突出了其涵盖内容的丰富性和编纂思维的创新性两个特点，最后讲述了几件《汉语方言学大词典》编纂期间的小事，体现了《汉语方言学大词典》编纂过程中的"高标准，严要求"。

【关键词】《汉语方言学大词典》　汉语方言学　学术价值

一

2013年11月，著名语言学家詹伯慧教授以82岁高龄勇挑重担，承担国家社科基金重大招标工程"汉语方言大型辞书编纂的理论研究与数字化建设"的科研任务（批准号为13&ZD135），其中的重点就是编纂一部大型的《汉语方言学大词典》（以下简称《大词典》）。与此同时，南方出版传媒集团旗下全国百强图书出版单位广东教育出版社获批出版《大词典》，并为此申请到了国家重点图书出版基金。至此，《大词典》成为一个名副其实的"国家双重大项目"。经过国内外将近百位专业语言学者、方言学者的艰苦努力，历经三年多的时日，《大词典》于2017年5月正式出版。此时詹伯慧教授已经荣盛86岁矣！《大词典》分为大16开本上、下卷，上卷正文713页，下卷正文831页，总计1544页，约460万字。浩浩乎巨著，堪称鸿篇，中国语言学界，尤其是全国汉语方言学界为之振奋，无怪乎在当年10月广州举行的《大词典》大型首发式上，赞誉之声四起，中国社会科学院语言研究所所长刘丹青教授盛赞《大词典》是"丰碑中的丰碑"！

"丰碑中的丰碑"这个评价来之不易，说得非常准确到位。这说明《大词典》具有重大的社会意义和学术价值。要充分认识这一点，还得从我国的汉语方言古今历史事实和汉语方言学科的建设和发展说起。汉语自古就有方言分歧。《颜氏家训·音辞篇》："夫九州之人，言语不同，生民以来，固常然矣。"我国具有非常悠久的语言和方言调查研究传统。西汉扬雄的《輶轩使者绝代语释别国方言》（简称《方

言》），是世界语言学历史上第一部比较方言词汇专著，著名语言学家罗常培称之为"中国语言史上一部'悬日月不刊'的奇书"，它比欧洲18世纪出版的最早的方言词汇专著《大俄罗斯方言词典稿》还早了1700多年。围绕着对《方言》的研究，在我国的传统语言学领域里很早就形成了一门独特的"方言学"，如郭璞的《方言注》、戴震的《方言疏证》、王念孙的《方言疏证补》、钱绎的《方言笺疏》，一直到近代周祖谟的《方言校笺》。与此同时，由《方言》开创的我国方言调查研究传统，自此之后也绵延不断。例如，《尔雅》《说文》等一大批语文性文献，以及许许多多的经史文献，特别是地方史志，都有大量的关于方言的记录、描写和注释，成为中国传统语言学研究的一笔极为宝贵的资源和财富。到了20世纪二三十年代以后，由于赵元任、罗常培、李方桂等一批中国最卓越的现代语言学家的艰苦努力，方言的调查研究彻底地摆脱了传统语言学的附属地位，成为中国现代语言学的一门独立学科——现代汉语方言学。至今将近百年的时间里，方言学科不断成长壮大，到了20世纪80年代以后，随着中国社会、经济的巨大发展，汉语方言调查研究也迎来了爆发式增长的时期。出现了一批具有国内外重大影响的学术精品，例如《中国语言地图集》《汉语方言地图集》《现代汉语方言大词典》等。据张振兴等辑录的《中国分省区汉语方言文献目录（稿）》，汉语方言的各种文献多达22000种，在中国语言学各个分支学科里名列前茅。由此，汉语方言学科已经由原来的冷门学科，如今一跃而成为一门"显学"！

　　一个学科发展到了一定程度的时候，自然就迫切需要冷静的思考。总结学科已经取得的成就；分析学科历史发展过程中的成败得失，教训与经验；指示学科发展的未来途径。能够把这几个方面都做好的最好手段和方式之一，莫过于为学科编纂一部具有宏观视野和微观视野的学科大词典。这一点是被许多学科，包括自然科学学科和人文社会学科所证明了的。汉语方言学科成为当今语言学的"显学"之后，很多著名语言学家、方言学家已经密切关注到编纂一部方言学大词典这个关键问题了。其中最早关注，并身体力行的实践者之一就是詹伯慧教授。早在21世纪初年，詹伯慧教授就与一些学术界朋友，还有一些民间人士接触，组建团队开始构筑编纂方言学大词典的框架。真正付之实施却是在2013年获得"国家双重点项目"之后。现在《大词典》已经摆上了许多语言学家、方言学家的案头，成为最重要的必用参考书之一。在实际使用的过程当中，我们有可能详细领略它的社会意义和学术价值，可以仔细品评它的是非功过。《大词典》条目设置涵盖汉语方言调查研究古今的所有领域和相关部门，同时涵盖汉语十类主要方言的分布地域和地点，事实与理论并重。《大词典》全面地描写了汉语方言统一性、分歧性、复杂性的本质特征；多维地反映了汉语方言调查研究悠久的历史传统，以及所取得的巨大成就；立体地体现了汉语方言学与其他分支语言学科，以及其他人文社会学科的密切联系。因此，可以毫不夸张地说，《大词典》是一部汉语方言学科以及语言学科的百科全书，它从历史和现实两个方面，成为观察汉语、了解汉语的一个最重要窗口。语言是什么？一般人只知道语言是一种交际工具，是的，没有错。但必须知道，语言又是一种资源、一种财富、一种投资环境；从某种角度来说，语言是民族之魂，是民族文化之根，这个才是语言的真正的本质。汉语正是如此，汉语是由各种方言组成的一个整体。从《大词典》可以真切地知道汉语是我们所拥有的一种巨大资源、巨大财富，它是我们华夏民族之魂、华夏文化之根。我们可以为汉语、为汉语方言感到自豪和骄傲！因此，从某种意义上来说，在今天建设中国特色社会主义的新时期，《大词典》是社会主义文化建设中一种必不可少的重要工具。不仅语言学家、方言学家需要《大词典》，其他人文社会学科，以及有所涉及的其他自然科学学科的研究者也需要《大词典》。它也可以成为一般读者，特别是一般文化工作者必备的重要参考书。只有从这个高度来认识《大词典》极其广泛的社会价值，才不负《大词典》众多编纂者的良苦用心！

　　总结了汉语方言研究的发展历史，描述了汉语方言研究迄今为止所取得的成就，是为了推进汉语方言研究未来的蓬勃发展。在这个方面，《大词典》无疑为方言学科未来的发展画出了一条相当清晰的起跑线，奠定学科发展的厚实基础。我们高兴地看到，今天汉语方言学科延续着最近三十多年来爆发式发展的迅猛势头。特别值得提到的是，由国家财政部设立专项财政支持，由国家语委、教育部语信司、中国语言资源研究中心组织实施的"中国语言资源保护工程"，正在全国各省市区大规模进行之中，数以千百计的各种地点方言正在被记录、描写和摄录。本项工程的子项目"中国语言文化典藏"和"中国濒危语言志"也正在进行之中，其中都包括了各种汉语方言的"文化典藏"和"汉语方言濒危志"。《大词典》的很多条目提供了非常丰富的信息资源，对这些学术工程当然可以提供很多参考。例如，我们首先必须知道，什么是方言文化？方言与社会民俗、历史地理是一种什么关系？也必须知道，什么是濒危语言？汉语有濒危方言吗？在方言文化或濒危方言调查研究方面已经做过什么工作？有什么主要的经验教训？所有这一类的问题，《大词典》都是设置了相关条目的，可供参考。这就是《大词典》对汉语方言学科发展所具有的重要学术价值的一个主要方面！

二

《大词典》有上、下两卷。首先讨论上卷。

上卷可以简称为方言条目篇，所有方言各类条目都汇集于此卷之中。前有詹伯慧教授亲自撰写的《大词典》前言和凡例，并配有"条目分类目录"和"条目音序分类目录"，正文之后附有"条目汉字笔画索引"。这里的条目相当于一般词典的词条，但又不像是词条，因为百科性质的词典的词条是根据学术需要和学术性质而定制或命名的，几乎不受什么限制。按照编委会关于条目字数的规定，可以把本卷大约3000条的条目分为大、中、小三类。大条一般在万字或万字以上；中条一般在一两千字或三五千字不等；小条一般控制在三五百字。但总的原则是有话则长，无话则短，内容决定长短，其他不必拘泥。

按照"条目分类目录"，本卷的条目可以根据内容，大致分为以下几类：

（一）汉语方言

按照方言区以及分省区介绍汉语方言的分布和特点。包括官话方言、晋方言、吴方言、湘方言、赣方言、客家方言、粤方言、闽方言、徽语、平话及土话、濒危方言和方言岛，以及海外各地的汉语方言。其中还有一部分专门介绍方言之间的关系，如官话与吴语的关系、粤语与客家话的关系等。

（二）汉语方言的专题研究

选择方言学里若干重点专题，进行专门的详细介绍和评价，然后写作成为条目。例如，有关汉语方言的语音、词汇、语法的专题研究；方言学与音韵学之间的关系研究；方言地理学、方言与文化、方言调查研究的方法等方面的专题研究等。

（三）汉语方言及方言学著作

这个部分有选择性地集中介绍了中外大约1600种有关方言著作，这些著作主要是近百年来出版的重要的专门性的学术专著、方言调查研究报告、方言地图和各类方言辞书，以及其他相关著作，也包括历史上出现的最主要的方言作品。因此是本卷最主要的内容之一，占据了本卷最多的篇幅。

（四）汉语方言学人物

这个部分集中收录了700多位古今中外著名的方言学家和方言学者，包括收录25位历史上著名的方言著作的作者，如扬雄、郭璞、章炳麟、马礼逊等。这些方言学家或方言学者，为中国悠久的方言调查研究传统，为建立和发展现代中国汉语方言学做出了自己应有的努力和贡献。

（五）学术活动

这个部分的内容包括了全国汉语方言学会所举行的历次年会和专题学术会议，还分别介绍了在粤语、吴语、闽语、客家话、湘语、土话平话等方面所举行的历次专题研讨会。同时还重点介绍了汉语方言调查研究的若干重点研究课题，如"汉语方言研究中的国家社科基金重大项目和重点项目"等。

（六）学术机构、学术刊物、学术网站

重点收录中外最主要的汉语方言学术研究机构，如中国社会科学院语言研究所汉语方言研究室、暨南大学汉语方言研究中心、北京语言大学语言资源研究中心、台湾"中研院"历史语言研究所等。同时收录了包括《方言》杂志在内的21个专业的语言或方言刊物和网站。

（七）名词术语

这个部分收录了大约200个方言学和方言调查研究的专业术语，包括跟方言研究有关的部分语音学和音韵学术语。

从以上的分类条目的大致介绍里，可以看到《大词典》极其丰富的内容。其中（一）汉语方言的分区或分省区的条目；（二）汉语方言专题研究的条目，以及方言学著作和方言学人物的部分条目几乎都是大条，一般都在万字甚至两万多字。以下略举数例。由乔全生教授撰写的"官话"分区条目，多达16000字，详细介绍了官话的历史渊源、官话的再分区、官话的最主要特点，非常详细。由项梦冰教授撰写的"方言地理学"条目占据了11个页面，将近28000字，光是有关的方言地图图幅就多达8幅，详尽地介绍了中外地理语言学产生、发展的漫长历史过程。由华学成等人撰写的"扬雄《方言》及其相关研究"条目，多达12000字，除了详细介绍扬雄其人以及《方言》的撰著以外，还特别详细地逐一介绍了历史上10种有关的《方言》校正著作，还有《方言》的续作和一批推阐作品。由张惠英教授撰写的"赵元任"条目，多达9000字，详细介绍了中国现代汉语方言学最主要奠基人之一赵元任先生一生不平凡的学术生涯、最重要的学术著作，评述了他对现代汉语方言学所作出的卓著贡献。还应该特别提到一个事实，大条条目的撰稿人几乎都是所涉及领域的权威专家，如上文提到的"方言地理学"条目的撰稿人项梦冰教授，对方言地理学就有非常深入的研究，所著《汉语方言地理学——入门与实践》一书，是方言地理学领域的一部教科书式的权威著作；上文还提到的"扬雄《方言》及其相关研究"条目的撰稿人华学成教授，是研究"方言学"研究领域的权威学者，著有《扬雄方言学史研究》《扬雄方言校释汇证》上下卷等，蜚声海内外学界。其他如"汉语方言与少数民族语言"大条的撰稿人是著名语言学家、景颇语专家戴庆厦教授，他长期呼吁汉语方言与少数民族语言的调查研究要互相结合；"湘语"大条的

撰稿人是著名的湘语研究专家鲍厚星教授；"汉语方言地图集"大条的撰稿人是著名方言学家曹志耘教授，他就是这部地图集的主编。其他大条的撰稿情况莫不如此。其实，即使中小条的条目，撰稿人也是对所涉及条目的内容非常熟悉的，总是不敢苟且随意。

大凡词典可以分为两类：一类词典是只用于咨询查证的；还有一类词典是既可用于咨询查证，又可用于阅读，用于阅读的时候跟一般专门性著作无异。《大词典》是属于既可查证又可阅读的一类。仔细读过上卷之后，我们深刻体会到前文所说"《大词典》是迄今为止对汉语方言学的一个总结"并非虚言。它确实总结了扬雄《方言》以降两千多年来，以及近百年来汉语方言学所取得的堪称辉煌的成就。在一大批前辈学者和经典性著作面前，正在努力前行的年轻学者要有崇敬心、敬畏心，只有如此，才能向前辈学习，向经典学习。我们还要有自豪感、自信心，要为我国方言学的优良传统、优良学风感到自豪，感到自信。前文还说到，《大词典》是面向未来的，是从此之后汉语方言学的"起跑线"。有心的方言学者，其实都可以在《大词典》有关条目的基础上，加以深化、扩展，注入更新鲜的语言事实或理论要素，作出新的研究，产生新的研究成果。要研究方言学的某个专题，或者要研究某个地域地点的方言之前，不妨先看看有关条目，不要重复，要进行新起点的调查与研究。只有如此，我们才能站在前人的肩膀上，攀登新高峰！

三

现在进一步说说下卷。

《大词典》下卷也可以叫作方言本体卷。本卷选择54个地点的汉语方言，通过概说、字音对照表、词汇对照表三种形式，表现其各自的方言概貌。由于这54个地点方言分别代表了汉语的十类方言区，所以总合起来，也就大致表现了汉语的总体面貌。以下是54个地点方言与十类方言区的关系：

官话：**北京**　哈尔滨　济南　牟平　徐州　万荣　洛阳　西安　西宁　兰州
　　　银川　乌鲁木齐　扬州　南京　武汉　成都　贵阳　柳州
晋语：太原　忻州
吴语：苏州　丹阳　上海　崇明　杭州　宁波　温州　金华
粤语：广州　**香港**　**澳门**　东莞　**封开**　**韶关**　**藤县**
闽语：福州　建瓯　厦门　**台北**　**潮州**　雷州　海口　**文昌**
湘语：长沙　**湘乡**　娄底
赣语：南昌　萍乡　黎川　于都
客家话：梅县
徽语：绩溪
平话和土话：南宁平话　**东安土话**

以上54个地点方言中，不加黑体的有42个方言，原始语言材料均取自李荣主编的《现代汉语方言大词典》42种分卷本，但概说部分按照《大词典》的设计规划作了必要的删减或删除，所有行政区划、人口面积数字，都以2013年为年份底线作了更新或改正。字音和词汇部分虽然也基本取自分卷本，但都一一做了核对和校正。同时此项工作得到了分卷本原作者的充分理解和大力支持。加黑体的11处地点方言是根据本卷编纂的需要新增加的，只有北京一处特殊一些。北京方言概说随处可见，本卷照例给予省略，字音、词汇按照对照表也重新记音录用，这样方便于跟其他地点方言的比较。增加11处新的地点方言以后，方言点在各大类方言区里的地域分布也更加平衡。官话区独占18处地点方言，数量最多，这个跟官话区方言的分布区域之辽阔和使用人口之众多也是平衡的。关于这一点无需多说。

概说部分由各个方言点地理行政、方言内部差别、方言声韵调、方言特点等四个部分组成。一般来说，这四个方面大致可以反映一个地点方言的面貌。字音对照表部分收录54个方言点的800个单字，依据《方言调查字表》十六摄的顺序排列。单字的选择原则：一是照顾古今对比，照顾十六摄的开合等呼，由此可以观察汉语方言语音的历时演变和发展；二是照顾所选字在各类方言中的口语通用程度，尽可能做到字词一致，所选字尽可能也是单音词，由此可以观察汉语方言的语音结构，观察方言之间的语音共时异同。词汇对照表收录54个方言点的702个词语，依据《汉语方言词汇调查条目表》（《方言》2003年第1期）遴选。选择的原则：一是照顾词语在各类方言中古今常用词语比例，用以观察各地方言词语使用的继承性和传承性；二是照顾词语在各类方言中的口语通用、常用程度，用以观察各地方言词语使用中的"显性"特征；三是照顾方言使用中各类词语的比例。当然，由于词汇对照表占用篇幅比较大，实际词语选取的时候也不得不考虑到篇幅的问题。所以词汇对照表只选取702个词语，这是有某种偶然性的。

一般词典或辞书都是由词条或条目汇集而成的，《大词典》上卷都是条目，已有众多词典可为先鉴，不难理解。可是下卷却是由上文说到的三个部分组成，似乎少见或不见先例，这个是否有违通则？其实，这个正是《大词典》根据汉语方言的实际情况，所作出的一种极富独创性、创新性的编纂思维。方言学家认为，汉语方言最本质的特征是它的分歧性和统一性。其中之分歧性不用多说，汉语方言"五里不通俗，十里不同音"的情况是众所周知的。可是说到汉语方言的统一性，知道的人不多，能够道出究竟来的，也许寥寥。《大词典》下卷的三部分内容，恰如其分地表现了汉语方言的分歧性和统一性。请先看以下表1"字音对照简表"和表2"词汇对照简表"。

表1　字音对照简表

	茶	苦	海	刀	蓝	乱	七
哈尔滨	tʂha^{24}	khu^{213}	xai^{213}	tau^{44}	lan^{34}	lan^{53}	tɕhi^{44}
兰州	tʂha^{51}	khu^{53}	xɛ^{44}	tɔ^{53}	lan^{51}	luan^{13}	tɕhi^{13}
武汉	tsha^{213}	khu^{42}	xai^{42}	tau^{55}	nan^{213}	nan^{35}	tɕhi^{213}
上海	zo^{13}	khu^{55}	he^{55}	tɔ^{53}	lɛ^{13}	lø^{13}	tshieʔ^{55}
广州	tʃha^{21}	fu^{35}	hɔi^{35}	tou^{55}	lam^{21}	lyn^{22}	tʃhɐt^{55}
厦门	te^{35}	khɔ^{53}	hai^{53}	to^{55}	lam^{35}	luan^{22}	tshit^{24}
长沙	tsa^{13}	khu^{41}	xai^{41}	tau^{33}	lan^{13}	lõ^{11}	tɕhit^{5}
南昌	tsha^{24}	khu^{213}	hai^{213}	tau^{42}	lan^{35}	lon^{11}	tɕhit^{5}
梅县	tsha^{11}	khu^{31}	hoi^{31}	tau^{44}	lam^{11}	lon^{11}	tshit^{1}
绩溪	tsho^{33}	khu^{213}	xa^{213}	tɤ^{31}	nɔ^{33}	nɔ^{22}	tshieʔ^{3}
东安	dza^{13}	khu^{55}	xai^{55}	tau^{33}	lan^{13}	luan^{35}	tɕhi^{42}

表1是从"字音对照表"中任意选取"茶苦海刀蓝乱七"等7个单字，这些单字在各地方言里一般也是可以单说的单音词；同时选取哈尔滨等11处地点方言，这些方言分布南北各地，兼顾了不同方言区域。从这个简表里可以很清楚看出各地方言的异同，如"苦"字除了各地声调有差别，广州声母、厦门韵母外，各地读音几乎完全相同。广州的［f］跟各地的［kh］、厦门的［ɔ］跟各地的［u］是有严格的对应关系的，我们很容易类推出来。其他字的情况表面上看复杂一些，其实仔细分析跟"苦"字音读的

情况差不了多少。要是选择其他字的读音来比较，大致情况也会是如此。

表2　词汇对照简表

	太阳	开水	稻子指植株	他单数第三人称
哈尔滨	太阳t^hai^{51}·$yaŋ$	开水$k^hai^{44}suei^{213}$	稻子tau^{53}·$tsŋ$	他t^ha^{44}
兰州	热头zy^{13}·t^hou	开水$k^hɛ^{13}fei^{44}$	稻子$tɔ^{13}$·$tsŋ$	他t^ha^{44}
武汉	日头$ɯ^{213}$·t^hou	开水k^hai^{55}·$suei$	稻谷tau^{35}·ku	他t^ha^{55}
上海	日头$nie\text{?}^{13}dɤ^{13}$	开水$k^he^{53}sŋ^{55}$	稻$dɔ^{13}$	伊$ɦi^{13}$
广州	热头$jit^{22}t^heu^{21}$	滚水$kwɐn^{35}ʃæy^{35}$	禾$wɔ^{21}$	佢$k^hœy^{13}$
厦门	日头$lit^5t^hau^{35}$	滚水$kun^{53}tsui^{53}$	秫tiu^{22}	伊i^{55}
长沙	日头$zʅ^{24}$·$t^hə$	开水$k^hai^{33}ɕyei^{41}$	禾o^{13}	他t^ha^{33}
南昌	日头nit^5·t^heu	滚开个$kun^{213}k^hai^{42}$·ko	禾uo^{35}	渠$tɕhie^{24}$
梅县	日头$ŋit^1t^heu^{11}$	沸水$pi^{53}sui^{31}$	禾vo^{11}	佢ki^{11}
绩溪	日头$nie\text{?}^3t^hi^{33}$	滚水$kuɑ̃^{213}ɕy^{213}$	稻$t^hɤ^{213}$	渠ki^{33}
东安	热头lai^{42}·$dəu$	滚水$kun^{55}ɕy^{55}$	禾vu^{13}	他$ŋ^{35}$

表2是从"词汇对照表"任意选取"太阳、开水、稻子指植株、他单数第三人称"等4个词语，这些词语都是各地方言的口语常用词；选取的比较地点也是哈尔滨等11处方言。从这个简表里可以看出，"太阳"除了哈尔滨外，其他各地只有"日头、热头"两种说法，细究起来，很多地方"日""热"同音，"热头"其实也是"日头"；"开水"除了梅县说"沸水"外，其他地点只有"开水、滚水"两种说法，"开水"多通行于北方官话地区，"滚水"主要通行于南方非官话地区；植株说的"稻子"，除了厦门很特别说"秫"外，只有"稻"类和"禾"两种说法，也显示了南北方言的差别；做第三人称代词说的"他"，除了上海、厦门说"伊"外，也是只有"他"和"渠"两种说法，广州的"佢"是当地方言的习惯写法，从来历说其实也是"渠"。如果选取其他一些词语来比较，还会出现一些不同的情况，但总体的格局不会有很大的不同。

我们选择的这两个比较简表都有一定的典型性，都可以说明汉语方言之间"大同小异"的相互关系。"大同"反映了汉语方言的一致性，"小异"反映了汉语方言的分歧性。分歧性进一步反映了各地方言的特殊性，所以统一性和分歧性可以说是汉语方言的本质特征。

四

《大词典》正式编纂始于2013年，正式出版于2017年，实际用了不到4年的时间，可谓快速。但《大词典》前期的酝酿和筹划却始于2007年，中间历经曲折中断，一言难尽。承詹伯慧教授关爱，我几乎参与始终，现在看到案头上的《大词典》，可以说甜酸苦辣，百感交集。兹记二三事，以飨读者。

主编詹伯慧教授是一位意志力非常坚强的人，有人说凡是他认定要做的事情，就没有不做成功的。他以耄耋之年，主持编纂《大词典》，方言学界，难有他人。他靠着一辆老旧自行车，骑行于家门与办公室之间，风雨无阻，天天如此，成为暨南大学校园的一道亮丽风景线，足见其敬业精神，令人十分敬佩。有一次《大词典》在广州郊外一个地方集中审稿，其时他正经受一件意外事情的沉重打击，一般人也许就会一蹶不振，可是他仍然沉静如常，主持讨论，发表高见。詹伯慧教授的如此定力，正是《大词典》圆满功成的最主要原因。当然，书成众人之手，不能说就没有缺点，是非功过，自有评说，但詹伯慧教授首功，不能不说。

大家都知道《大词典》各种条目的撰稿人众多，包括了当今方言学界的诸多精英学者。其实它还有一支同样敬业的审稿编辑人员，他们审稿改稿认真负责，讨论起问题来各抒己见，非常自由。记得下卷补校完成以后，大家才发现无论是字音对照表还是词汇对照表的排列次序都有严重缺陷。简单的办法是在本卷适当地方写个详细说明，也许可以遮盖过去，这样可以省却很大的麻烦；最好的办法是完全推倒原来的排序，按照规矩重来，这样就必须重排两个对照表，也就是说要重排下卷全部页面。这就要给编审人员和出版社编辑、排版人员增加巨大的额外工作量。讨论这个事情的时候，刘新中教授一席话说得震人心魄，记得他说："如果把错误遮盖过去，我们一辈子的良心都不安！坚决返工，没有讨论的余地！"当确定返工重排以后，远在湖北随州田野工作的著名方言学家刘村汉教授，精于电脑排版，迅速应召赶到广州，直奔出版社跟编辑、排版人员共同攻关，在很短的时间里重新排定两个对照表，避免了一次重大失误。说到这里自然要说到广东教育出版社负责编辑《大词典》的几位工作人员。恰好我前些时候写过一篇《此生与辞书有缘》的发言稿，其中有一段正好说到这几位编辑，迻录于下：

就说广东教育出版社《汉语方言学大词典》编辑组的几位编辑，经常让我钦佩不已。他们之前几乎没有接触过方言专业的书稿，开始的时候大概对稿子上各种各样的符号一筹莫展。他们在编校的过程中，就靠勤奋地学习，不断地询问，反复地实践，到了最后可以发现稿子里的很多专业问题，包括调值、调号之类的错漏或前后不一致。这个绝非一日之功。在他们面前，我经常有一种自责和歉意，由于我们的疏忽或大意，曾给他们造成了多大的困难啊！我们不能更小心一点儿吗？文章写成以后，能不能多看几遍，多校对几遍，尽量减少一些错误？

像以上这样的事情很多，惜乎笔拙，不能尽说。现在《大词典》出版了，人走茶不凉，留在脑子里的美好记忆，将陪伴我们终生。

中山粤语下方话

高 然

（暨南大学汉语方言研究中心　广东广州　510630）

【提　要】中山粤语下方话是中山方言中最古老的方言之一，是中山六大粤语之一，与中山粤语石岐腔一样，是粤语香山片属的两种多少有些差异的品种。"下方话"一词中的"下方"是指古香山岛的下边儿，即南半部，也即是五桂山以南包括今三乡、神湾、坦洲和珠海香洲区绝大部分地区，包括澳门在内，都是古香山岛的一部分。在今中山境内，下方话粤语村落或聚居地约有10个，在今珠海境内超过20个，总人口中山境内约1万人，珠海境内未有详细统计数据。中山境内几个村落移民来源多样，建村时间也不尽相同，最早可追溯至元朝（1206—1368年），而珠海境内的翠微、南屏等的建村时间都可更早至南宋。本文拟从几个方面来显示并讨论有关下方话的多个问题。全文拟讨论四部分：一、中山粤语暨香山粤语概述；二、中山粤语下方话概述；三、中山粤语下方话主要语音特点；四、本文小结。最后，本文还附有中山近代地图与中山方言分布略图各1幅。

【关键词】中山粤语　下方话

一、中山粤语暨香山粤语概述

中山境内粤语、闽语和客家话三大方言均有分布。全中山本地方言总人口不超过120万，其中粤语人口最多，近100万，闽语人口次之，约17万，客家话人口最少，仅2万左右。就分布区域而言，旧香山岛（南半部）三大方言都有，闽、粤人口势均力敌，而北部则几乎清一色粤语区。就历史而言，古香山岛四周都是大海，慢慢因珠江口泥沙淤积而成陆地，绝多数成于清末，甚至民国初，因此，中山方言的新与旧也大致可分成两大区域：古香山岛上无论闽、粤、客方言绝大多数均早于北部的沙田区，而北部的粤语大都迟于南部出现。香山粤语（非中山粤语）就是古香山岛上最早的两种粤语——石岐腔和下方话，该中山粤语指中山境内的6种粤语：水上话、新会腔、东莞腔、顺德腔和两种香山粤语，加上3种中山闽语——隆都话、南萌话和三乡话，还有客家话（仅1种），中山境内共有10大方言。

中山粤语水上话，俗称"蛋家话""咸水话"之类的，分布在中山境内各个角落，而且均在水边；南部的大都没有撮口韵，北部的有撮口韵，总人数约18万。

中山粤语新会腔，因其主要聚居地集中在中山西北角的古镇、曹步一带，因此，也称"古镇话"

---

① 基金项目：2013年度国家社会科学基金重点项目"粤、闽、客诸方言地理信息系统建设与研究"（项目编号：13AYY001）。

"曹步话"等，在中山的古镇、南部三乡的雍陌村、坦洲的申堂村等均有分布；古镇话与曹步话最为相似，与南部的略有差异；方言总人口数约6万，其来源绝大数自中山西邻新会一带。

中山粤语东莞腔，仅分布在中山北部三角和黄圃二镇，也因主要聚居地为三角，因而被称做"三角话"；语言上三角与东圃横档、团范在语音上略有差异。东莞腔粤语总人口约3万，其来源绝大多数自中山隔珠江口的东邻东莞一带。

中山粤语顺德腔，因以小榄镇为主要和几乎最早的聚居地，也被称做"小榄话"，其来源绝大多数自中山北邻顺德一带。顺德腔基本全部分布在中山北部广大沙田地带，而且都连成片，涉及12个以上乡镇。在方言人数上也是十大中山方言之首，近55万人。在语言特点上小榄及其附近都十分相近，远离小榄的则略微有区别。

香山粤语的石岐腔，也泛称"石岐话"，既专指今中山市区石岐的粤语，又泛指广泛地分布于古香山岛背山面海东、北、西环呈新月状一带村落的粤语；如算上今珠海市属地，石岐腔粤语还分布在珠海的上栅、下栅、会同、唐家等地（原属香山岛），总村落数百余个，于中山境内，石岐腔粤语总方言人口约18万，珠海境内未有详细资料。石岐腔粤语最早可上溯到北宋末年（1126年），而南宋时期（1127—1279年）的150年间是该种粤语村落建成的高潮期。就语言特点而论，今中山城区及其附近的石岐话，与远离石岐的相比，城区及其附近的都有撮口韵，而远离城区的都基本没有撮口韵；声调清一色6个调类，调型相当一致，仅有微小差异。

香山粤语下方话，因其主要分布在古香山岛的"下方"，即南部而得名。在中山境内，三乡镇麻子、墟仔、雍陌、塘墩、美溪（前陇）和古鹤等村落，神湾镇船溪、埗头尾、深环仔等村落都讲下方话粤语，包括沙溪镇敦陶村，中山境内该种方言总人口数约1万。粤语下方话还分布在今珠海境内原香山岛"下方"区域，如前山、南屏、北村、翠微、山场、沥溪、界涌、福石、造贝、莲塘，包括今澳门等，都是下方话的地盘，总人口数未计。下方话粤语也很古老，如珠海的南屏、北山、翠微、山场等都是南宋期间建立的村落；中山境内的下方话村落则始于元代，如古鹤村等。就语言特点来看，中山境内下方话粤语基本上没有撮口韵，也大体上没有u介音；声调大多只有5个，少数6个，个别如珠海香洲的香山场，才4个调类，而且，不论何种下方话，全都有几乎遍及每种调类的连读变调现象等。

香山话的石岐腔与下方话，从共同点方面看，都有不少共有成分，如语音上绝大多数缺少撮口呼；绝大多数缺少u介音；有大量的"重唇"音（如斧 p^hu、孵 pu、赔 p^hu、扶 p^hu、浮 p^hu、妇 p^hu、缚 pɔk"等）；古非敷奉母字并非如其他粤语般读唇齿的［f-］而读清擦音［h-］（如"夫 hu、府 hu、富 hu、风 hoŋ、福 hok、服 hok"等）；广州话等粤语读双元音［ei］或［ou］等的该两种话大都读单元音［i］或［u］（如"飞 fi、棋 k^hi、死 si；布 pu、怒 nu、做 tsu"等）；声调都在6个以内等。词语方面则有不少共有用法，如"花稔/鸡屎果（番石榴）、风飑/台风、罗骨/枇杷、三稔/洋桃、树栽/树苗等（斜杠后为广州话）"。然而，该两类方言差异也是存在的，在语音上最明显的是声调上的差别——石岐腔清一色6个调，没有例外；下方话则4—6个，5个常见，而且全都有较完整的连读变调系统（石岐腔几乎没有连读变调现象，除上声读213变读21的方言外，而这种调型在石岐腔方言内是极少数）。除此之外，两类方言的调型差别也很大，除了去声基本没有差异外（都是中平调33），其余各类调石岐腔方言内高度统一：阴平55、阳平51、上声213（21）、阴入5、阳入2；而下方话则是阴平和阳平非高则低，即一类是阴平读高平调55、阳平调读21；另一类则恰好相反，阴平读21，阳平读55。上声也高度相似，大体都是升调24或35；只有5个调类的阴阳入合并成一个调，通常是低调21；4个调类的珠海山场下方话粤语则是阴平和阳平合并成一个调55。一句话，下方话粤语内部的声调系统较复杂且多样于石岐腔粤语。

石岐腔粤语并非下方话粤语，理由如下：①分布地域基本呈互补状，尽管仍有少数是混交错的，如石岐腔基本都在香山岛的"上方",而下方话全部在"下方"。②方言内部认同,即凡石岐腔方言内部高度认同石岐腔或石岐话,而下方话内部则无一认同石岐腔。③调型的差异,尤其以阳平调为甚,凡石岐腔都读高降的51而在内部极认同;下方话的阳平多种,有高平55,中低降31和低降21等。④调类数目的差异,即在石岐腔内部清一色6个调类,调型极相似,而下方话却多数5个调,且调型相当不同等。

上述4个理由中,第②个最重要,本地人的认可或排他,都是非常重要的参考依据之一。

二、中山粤语下方话概述

1. 中山粤语下方话的分布及人口

中山粤语下方话分布在中山境内的南部,今五桂山以南三乡、神湾两镇;今珠海境内界涌、沥溪、翠微、前山、南屏、北山、福石、造贝、莲塘、山场等,也都是下方话粤语村落或聚居地。中山境内沙溪镇内的敦陶村,有约1200人,于村内说一种自称为"省岐隆"特点的粤语,对外则清一色沙溪闽语(在沙溪镇内);这种"省岐隆"粤语,意即含有"省城广州话、石岐腔和隆都话(即沙溪闽语)"的混合物。尽管如此,就语音特点来看,尤其就其声调中阳平的情况来看,并无石岐腔的"高降51"的特点(反而南萌闽语文读音阳平调吸收了石岐腔而非下方话或省城广州话的低降21的读法),并且也参考其他语言特点,敦陶话权且归下方话范畴。如此,中山粤语下方话在中山境内约有10个村落/聚居点。人口数及村落/聚居点具体如下:

①三乡镇:麻子(300人)、墟仔(3500人)、雍陌(1400人)、塘墩(包括里塘墩、外塘墩(800人)、美溪(属前陇村)(250人)、古鹤(1200人),总数约7500人。

②神湾镇:船溪(属古宥村)(420人)、埗头尾(属南镇村)(130人)、深环仔(属南镇村)(70人),总数约600人。

③沙溪镇:敦陶(1200人)。

中山粤语下方话于中山境内总方言人口数约9500。于珠海境内的人口数与村落数未详。

2. 中山粤语下方话村落/聚居点的历史及来源

中山粤语下方话村落的建立,在中山境内的,有案可稽的最早只可上溯到元朝顺帝(1333—1334年)的三乡镇古鹤村,原已有陈姓人居住,后郑氏自邻村界涌(今属珠海)迁入。具体情况按年代为序如下:

元朝(1206—1368年)(共162年)

三乡镇古鹤(元顺帝1333—1334年)郑氏自邻村界涌迁入建村,因村后山多白鹤楼,称古鹤。

明朝(1368—1644年)(共276年)

三乡镇塘墩(明万历1573—1619年)马氏自今环城沙涌处迁入建村;雍陌(明代)郑菊叟第九世孙纲号雍陌迁入建村;墟仔(明末)建。

清朝(1616—1911年)(共295年)

三乡镇美溪(属前陇村)(清初)余氏迁入,原名山尾埔、沙尾埔。麻子(属白石村)(清康熙中期)(1662—1722年)建村。沙溪镇敦陶(清康熙时期1662—1722年)建村。神湾镇船溪(属古宥村)(清康熙五年)(1668年)建村;深环仔(清道光三年)(1823年)建村;埗头尾(清同治元年)(1862年)建村。

就中山境内下方话粤语的村落最早建立时间来看,古鹤为最早,在元顺帝年间(1333—1334年)建村,然而就整个香山粤语下方话来看,今珠海境内的前山属翠微村、隔前山河于对岸的南屏、北山、香洲属山场(香山场)等村落,均建村于南宋时期(1127—1279年),比三乡的古鹤要早100多年。这些香山粤语下方话方言与石岐腔方言的出现时间是几乎一样早。除了今环城（南区）福涌村建村于北宋末外，石岐腔粤语有不少村落最早都始于南宋时期。

从来源上看，三乡古鹤村郑氏（主要人口）自邻村界涌迁入，而其郑氏家族却是"源流莆田，分支东莞"，即源自福建东部的莆田，于广东南部的东莞分支于此地；三乡雍陌村郑氏是"郑菊叟第九世子孙纲号雍陌"自桥头村转迁此地建村的。这两村都有较明显的早期闽人移民痕迹，尽管今雍陌村仍有近一半人操三乡闽语，雍陌村的另一大半还有古鹤村的全部人口全都操下方话粤语。中山境内其余下方话粤语村落的移民来源似乎要么是粤语源，如塘墩村马氏源自环城沙涌，沙涌马氏于南宋嘉泰三年（1203年）自新会今会城迁此，今仍操粤语。要么资料不详，只有建村大概时间等。沙溪的敦陶较特殊，其移民本是闽人，村里于清下半叶因特殊原因要求村人于村内只讲粤语，对外讲沙溪闽语或粤语。

上述来源情况可看出，中山粤语下方话的源流多样且模糊，如三乡古鹤的移民，原"源流莆田"，应是操福建闽语，后"分支东莞"，是否当时改说粤语至今？而且，就语言特点来看，今古鹤话与今东莞话几乎没多少相似之处。雍陌也是，就算郑氏是闽人讲闽语自三乡桥头村迁移过去，其村仍有大半操闽语。与香山粤语石岐腔各村落的来源类似，应有不少闽语移民改说粤语的情况，或换句话说，香山粤语石岐腔与下方话与闽语的关系息息相关。

另外，香山粤语两种话与中山粤语中的较新品种——水上话、新会腔、东莞腔和顺德腔四种话都有相当大的差异，譬如调类，香山粤语都6个以下，而新粤语则大多8个以上。

三、中山粤语下方话语音特点

下方话粤语内部一致性相当大，尤以语音方面为甚，如声母中绝大多数都有相当纯粹的浊声母，或仅带某些鼻塞特点的 ᵐb、ⁿd 或 ᵑg，或与纯鼻音的 m、n、ŋ 交替自由使用而无歧义等；古非敷奉母合口字相当多读喉清擦音 [h] 而非其他粤语的齿唇清擦音 [f]，如"夫 hu、风 hoŋ、符 hu、覆 hok"等；古疑母字绝大多数读 g 或 ŋ 声母，如"鱼 g/ŋi、严 g/ŋim、岳 g/ŋɔk"等，而不是读如其他许多粤语的零声母；韵母方面则绝大多数没有撮口韵；"君、裙、龟"等合口字读开口韵如"kɐn、kʼɐn、kɐi"等，与"斤、芹、鸡"同音等；梗摄里相当多字有文白两读，白读 iaŋ 或 iak，文读则读 ɐŋ 或 ɐk，如"平 pʰiaŋ/pʰɐŋ、领 liaŋ/lɐŋ、星 siaŋ/sɐŋ"等；止摄开口三等字的大多数不读双元音 [ei] 而读单元音 [i]，如"基 ki、利 li、企 kʰi"等；遇摄字的相当部分字不读双元音 [ou]，而读单元音 [u]，如"普 pʰu、租 tsu、鲁 lu"等；声调方面4—6个调类，调型的分别基本只出现在阴平与阳平两类：要么阴平是高平55，阳平低降21，要么是阴平低降21，阳平高平调；其余几个调类，上声大体是个升调，24或35，去声完全一致，都是中平33，阴入大都是高调5，阳入大都是中低的2等。另外，声调还大多有相当完整的连读变调系统（仅去声33几乎都不变调外），如三乡塘墩下方话的"吹风 tsʰui²¹₅₅hoŋ²¹（刮风）、风柜 hoŋ²¹₂₁kei³³（扬谷扇风车）、柜桶 kei³³tʰoŋ²⁴（抽屉）、桶耳 tʰoŋ²⁴ŋi²⁴（桶耳）、耳聋 ŋi²⁴₂₁loŋ⁵⁵（耳朵聋）、聋婆 loŋ⁵⁵₂₁pʰo⁵⁵（聋妇人）、婆婆针 pʰo⁵⁵₂₁pʰo⁵⁵₂₁tsɐm²¹（鬼针草）、针织 tsɐm²¹₅₅tsɐk²、织蓆 tsɐk²tsiak²（织蓆子）"等。变调都以二字组为基础，前字变调，后字不变调。

下列是中山粤语下方话13个调查点（含珠海境内方言点）的语音基本情况，该13个方言点语料全部是作者田野调查所得，在此特别说明。

1. 声调对照表

序号	方言点	阴平	阳平	上声	去声	阴入	阳入
1	塘墩（三乡）	21	55	24	33		2
2	古鹤（三乡）	12	55	35	33		2
3	雍陌（三乡）	55	31/55/21	24/21	33	5	2
4	美溪（三乡）	55	21	24	33	5	2
5	墟仔（三乡）	55	21	24	33	5	2
6	麻子（三乡）	55	31	21	33		2
7	船溪（神湾）	55	31	21	33	5	2
8	香山场（珠海）	55		35	33		2
9	南屏（珠海）	11	23	35	33	2	3
10	沥溪（珠海）	55	31	24	33	5	2
11	前山（珠海）	55	21	13	33	5	3
12	界涌（珠海）	12	55	35	33		2
13	敦陶（沙溪）	55	21		33	5	2

上面表格中的13个点的声调不论中山或珠海都有两组5种调类（或以下），中山是塘墩和古鹤，珠海是界涌和香山场，界涌与三乡的两方言点极相似（界涌与古鹤相邻），连调型都几乎一样；香山场的竟然只有4个调类，阴平与阳平合并。这种合并，应该是下方话这种"高变低"或"低变高"连读变调规则的结果，即如阴平调是高平55，那么连调一定读作低调的21，而假如阳平是低降21的话，则连调变高平55。这种"高亦低、低亦高"的特点应该是山场话阴、阳平合并的主要原因。三乡雍陌下方话粤语的阳平与上声都有两种以上调型，阳平甚至有3种——前面的31和55是下方话白读调，后面的21是文读调，如光单说"鱼"，读gy⁵⁵，而"刣鱼tʰoŋ⁵⁵gy³¹（杀鱼，剖鱼）"；"向南høŋ³³dam⁵⁵（面朝南）"，而"东南"则读tuŋ⁵⁵dam³¹等；"床"读tsʰøŋ³¹，"肠"读tsʰøŋ³¹；姓林的"林"读lɐm²¹，"树林"的"林"读lɐm⁵⁵；"姓黄、王"的"黄、王"读woŋ²¹，裙子的"裙"读kʰɐn²¹，而上声的相当多数也读21，如"虎hu²¹、水sui²¹、尾bi²¹、瓦ga²¹、顶tiɛŋ²¹"等；而上声如"仔tsɐi²⁴、起hi²⁴、女dy²⁴、好hau²⁴"等却读24等。雍陌下方话的这类情况，在三乡古鹤话里也似有出现，但仅限个别现象。上面表格里5个调类以内的入声仅有一种调类，也应该是上述"高亦低、低亦高"因此而合并的结果。表格内还反映出三乡最西缘白石麻子与其相邻的神湾船溪下方话粤语的一致，阳平都是中降的31，上声都是低降的21。珠海的沥溪与前山也相当近似，上声都是升调；注意前山与南屏的阳入都是中平调3，而非其他粤语下方话的中低调2。澳门粤语的阳入也是个中平调3，与香港和广州阳入的中低调2不同。前山与南屏，都基本是与澳门最近的村落或聚居地，而且在过去一向都是人口最多的地方。沙溪的敦陶也较有意思，阳平与上声完全合并（雍陌是部分合并），都读21；敦陶与石岐城区相当近，但阳平调没采用石岐话的高降51而采用省城广州话的21，又因上声与石岐腔几乎一样（许多石岐腔都读21，而非城区的曲折调213），终合并成一样的21。珠海南屏的阳平23与阴入调读低调2这种现象十分特别，在上面13种话中，只有其阴入调比阳入调低，而且还差别不大；阳平读中升调，也十分与众不同。

2. 部分字音（声母）对照表

序号	方言点\例字\声母	帮 布	并 盘	非 飞	敷 肺	奉 服	奉 扶	微 尾	泥 女	来 吕	清 清
1	塘墩（三乡）	pu³³	pʰun⁵⁵	fi²¹	fei³³	hok²	hu⁵⁵	mi²⁴	ni²⁴	li²⁴	tsʰɐŋ²¹
2	古鹤（三乡）	pu³³	pʰun⁵⁵	fi¹²	fei³³	hok²	hu⁵⁵	bi³⁵	dui³⁵	lui³⁵	tsʰɐŋ¹²
3	雍陌（三乡）	pu³³	pʰun⁵⁵	fi⁵⁵	fei³³	huk²	hu⁵⁵	bi²⁴	dy²⁴	ly²¹	tsʰɐŋ⁵⁵
4	美溪（三乡）	pu³³	pʰun²¹	fi⁵⁵	fei³³	hok²	hu²¹	mi²⁴	li²⁴	li²⁴	tsʰɐŋ⁵⁵
5	墟仔（三乡）	pu³³	pʰun²¹	fi⁵⁵	fei³³	fuk²	fu²¹	mi²⁴	ni²⁴	li²⁴	tsʰɐŋ⁵⁵
6	麻子（三乡）	pu³³	pʰun³¹	fi⁵⁵	fei³³	hok²	hu³¹	bi²¹	di²¹	li²¹	tsʰɐŋ⁵⁵
7	船溪（神湾）	pu³³	pʰun³¹	fi⁵⁵	fei³³	huk²	hu³¹	bi²¹	dui²¹	ly²¹	tsʰɐŋ⁵⁵
8	山场（珠海）	pu³³	pʰun⁵⁵	fi⁵⁵	fei³³	hok²	hu⁵⁵	mi³⁵	ly³⁵	ly³⁵	tsʰɐŋ⁵⁵
9	南屏（珠海）	pou³³	pʰun²³	fi¹¹	fei³³	fok³	fu²³	mi³⁵	nøy³⁵	løy³⁵	tsʰɐŋ¹¹
10	沥溪（珠海）	pu³³	pʰun³¹	fi⁵⁵	fei³³	hok²	hu³¹	mi²¹	ly²¹	ly²¹	tsʰɐŋ⁵⁵
11	前山（珠海）	pu³³	pʰun³¹	fi⁵⁵	fei³³	fok³	fu²¹	mi¹³	ni¹³	li¹³	tsʰɐŋ⁵⁵
12	界涌（珠海）	pu³³	pʰun⁵⁵	fi¹²	fei³³	hok²	hu⁵⁵	mi³⁵	li³⁵	li³⁵	tsʰɐŋ¹²
13	敦陶（沙溪）	pu³³	pʰun²¹	βi⁵⁵	βei³³	ɸok²	ɸu²¹	mi²¹	ni²¹	li²¹	tsʰɐŋ⁵⁵

序号	方言点\例字\声母	知 猪	崇 愁	船 船	日 软	溪 开	群 群	疑 鱼	匣 魂	云 雨	以 药
1	塘墩（三乡）	tsi²¹	sɐu⁵⁵	sin⁵⁵	ŋin²⁴	hui²¹	kʰɐn⁵⁵	ŋi⁵⁵	vɐn⁵⁵	ji²⁴	jɔk²
2	古鹤（三乡）	tsi¹²	sɐu⁵⁵	sin⁵⁵	gin³⁵	hoi¹²	kʰɐn⁵⁵	gi⁵⁵	vɐn⁵⁵	ji³⁵	jɔk²
3	雍陌（三乡）	tsy⁵⁵	sɐu³¹	syn⁵⁵	gin²¹	hui⁵⁵	kʰɐn²¹	gy⁵⁵	wɐn³¹	jy²⁴	jøk²
4	美溪（三乡）	tsi⁵⁵	sɐu²¹	sin²¹	gin²⁴	hɔi⁵⁵	kʰɐn²¹	gi²¹	vɐn²¹	ji²⁴	jɔk²
5	墟仔（三乡）	tsi⁵⁵	sɐu²¹	sin²¹	ŋin²⁴	hɔi⁵⁵	kʰɐn²¹	ŋi²¹	wɐn²¹	ji²⁴	jɔk²
6	麻子（三乡）	tsi⁵⁵	sɐu³¹	sin³¹	gin²¹	hɔi⁵⁵	kʰɐn³¹	gi³¹	vɐn³¹	ji²¹	jɔk²
7	船溪（神湾）	tsi⁵⁵	sɐu³¹	sin³¹	gin²¹	hɔi⁵⁵	kʰɐn³¹	gi³¹	wɐn³¹	ji²¹	jɔk²
8	山场（珠海）	tsy⁵⁵	sɐu⁵⁵	syn⁵⁵	jyn³⁵	hoi⁵⁵	kʰɐn⁵⁵	ŋy⁵⁵	wɐn⁵⁵	jy³⁵	jœk²
9	南屏（珠海）	tsy¹¹	sɐu²³	syn²³	jyn³⁵	hoi¹¹	kwɐn²³	gy²³	wɐn²³	jy³⁵	jøk³
10	沥溪（珠海）	tsy⁵⁵	sɐu³¹	syn³¹	ŋyn²¹	hui⁵⁵	kʰɐn³¹	ŋy³¹	wɐn³¹	jy²¹	jɔk²
11	前山（珠海）	tsy⁵⁵	sɐu²¹	syn²¹	jyn¹³	hɔi⁵⁵	kʰɐn²¹	ŋy²¹	wɐn²¹	jy¹³	jœk³
12	界涌（珠海）	tsi¹²	sɐu⁵⁵	sin⁵⁵	ŋin³⁵	hui¹²	kʰɐn⁵⁵	ŋi⁵⁵	wɐn⁵⁵	ji³⁵	jɔk²
13	敦陶（沙溪）	tsi⁵⁵	sɐu²¹	sin²¹	gin²¹	ɸoi⁵⁵	kʰwɐn²¹	gi²¹	βuɐn²¹	ji²¹	jɔk²

上面声母对照表还是反映出下方话粤语之间的声母微小差异：奉母扶、服（限文读音）读 h- 或 f- 还是有两大派，但细心一点还是可看出读 f- 的三乡墟仔、珠海前山都在过去以及现在是当地的集市或说是四方的聚集中心，这个 f- 显然是外来的；南屏的 f- 是否也因为其既是村落又是镇的中心地，南屏镇下属许多村落都是水上话粤语，而且都环绕在其周围。敦陶的 ɸ 直接反映其沙溪闽语的本源（β声母亦然）。微母字有浊声母 b 和鼻声母 m 两类，实际上是偏 b 或偏 m 的两种记法，有大量的则是读 ᵐb；但三乡（还

有神湾船溪)的几个点较偏b,而珠海的都较偏m(三乡塘墩较偏m,是因为塘墩近10个发音人都较年轻,基本在45岁以下)。泥母字至少有3种读法:d、n和l;d与b又基本是对应的,而且,不少情况下实际读ⁿd。日母字只有珠海的山场、南屏和前山不读g或ŋ而读j,但疑母清一色为g或ŋ。不论g或ŋ,与b和m情况类似,在不少情况下读ⁿg,偏向不同而已。这些浊音读法,在老派中尤其普遍,而在年轻人中又多倾向于鼻音。

3. 部分字音(韵母)对照表

序号	方言点	韵母 / 例字 果开一 个	果合一 过	假开三 蛇	假开二 瓜	遇合一 谱	遇合三 去	蟹开一 菜	蟹合三 脆	止合三 水	效开一 好
1	塘墩(三乡)	kɔ³³	kɔ³³	sɛ⁵⁵	ka²¹	pʰu²⁴	hi³³	tsʰui³³	tsʰui³³	sui²⁴	hɐu²⁴
2	古鹤(三乡)	kɔ³³	kɔ³³	sɛ⁵⁵	ka¹²	pʰu³⁵	hi³³	tsʰoi³³	tsʰui³³	sui²⁴	hɐu³⁵
3	雍陌(三乡)	kɔ³³	kwɔ³³	sɛ³¹	kwa⁵⁵	pʰu²¹	hy³³	tsʰui³³	tsʰui³³	sui²¹	hau²⁴
4	美溪(三乡)	kɔ³³	kɔ³³	sɛ²¹	ka⁵⁵	pʰu²⁴	hi³³	tsʰui³³	tsʰui³³	sui²⁴	hɐu²⁴
5	墟仔(三乡)	kɔ³³	kɔ³³	sɛ²¹	ka⁵⁵	pʰu²¹	hi³³	tsʰui³³	tsʰui³³	sui²⁴	hɐu²⁴
6	麻子(三乡)	kɔ³³	kɔ³³	sɛ³¹	ka⁵⁵	pʰu²¹	hi³³	tsʰui³³	tsʰui³³	sui²⁴	hɐu²¹
7	船溪(神湾)	kɔ³³	kɔ³³	sɛ³¹	ka⁵⁵	pʰu²¹	hi³³	tsʰɔi³³	tsʰui³³	sui²¹	hɐu²¹
8	山场(珠海)	kɔ³³	kɔ³³	sɛ⁵⁵	ka⁵⁵	pʰu³³	hy³³	tsʰoi³³	tsʰøy³³	søy³⁵	hɐu³⁵
9	南屏(珠海)	kɔ³³	kwɔ³³	sɛ²³	kwa¹¹	pʰou³⁵	høy³³	tsʰɔi³³	tsʰøy³³	søy³⁵	hou³⁵
10	沥溪(珠海)	ko³³	ko³³	sɛ³¹	ka⁵⁵	pʰu²¹	hy³³	tsʰui³³	tsʰøy³³	søy²¹	hɐu²¹
11	前山(珠海)	kɔ³³	kɔ³³	sɛ²¹	ka⁵⁵	pʰu¹³	hy³³	tsʰɔi³³	tsʰui³³	sui¹³	hou¹³
12	界涌(珠海)	kɔ³³	kɔ³³	sɛ⁵⁵	ka¹²	pʰu³⁵	hi³³	tsʰui³³	tsʰui³³	sui³⁵	hɐu³⁵
13	敦陶(沙溪)	kɔ³³	kwɔ³³	se²¹	kwa⁵⁵	pʰu²¹	hi³³	tsʰɔi³³	tsʰɐi³³	sɐi²¹	hɐu²¹

序号	方言点	韵母 / 例字 深开三 入	山合一 短	山合三 月	山合二 刮	宕开三 肠	宕开三 床	宕合一 光	曾开三 色	曾合一 国	通合一 独
1	塘墩(三乡)	jɐp²	tin²⁴	ŋit²	kat²	tsʰiɔŋ⁵⁵	tsʰɔŋ⁵⁵	kɔŋ²¹	sɐk²	kɔk²	tok²
2	古鹤(三乡)	jɐp²	tin³⁵	git²	kat²	tsʰiɔŋ⁵⁵	tsʰɔŋ⁵⁵	kɔŋ¹²	sɐk²	kɔk²	tok²
3	雍陌(三乡)	jɐp²	tyn²¹	gyt⁵	kat²	tsʰɵŋ³¹	tsʰɔŋ³¹	kwɔŋ⁵⁵	sɐk⁵	kwɔk²	tuk²
4	美溪(三乡)	jɐp²	tin²⁴	git²	kat²	tsʰiɔŋ²¹	tsʰɔŋ²¹	kɔŋ⁵⁵	sɐk⁵	kɔk²	tuk²
5	墟仔(三乡)	jɐp²	tin²⁴	git²	kat²	tsʰiɔŋ²¹	tsʰɔŋ²¹	kɔŋ⁵⁵	sɐk⁵	kɔk²	tuk²
6	麻子(三乡)	jɐp²	tin²¹	git²	kat²	tsʰiɔŋ³¹	tsʰɔŋ³¹	kɔŋ⁵⁵	sɐk⁵	kɔk²	tuk²
7	船溪(神湾)	jɐp²	tin²¹	git²	kat²	tsʰiɔŋ³¹	tsʰɔŋ³¹	kɔŋ⁵⁵	sɐk⁵	kɔk²	tuk²
8	山场(珠海)	jɐp²	tyn³⁵	ŋyt²	kat²	tsʰiœŋ⁵⁵	tsʰɔŋ⁵⁵	kɔŋ⁵⁵	sɐk²	kɔk²	tok²
9	南屏(珠海)	jɐp³	tyn³⁵	gyt³	kwat³	tsʰɵŋ²³	tsʰɔŋ²³	kɔŋ¹¹	sɐk²	kɔk²	tok³
10	沥溪(珠海)	jɐp²	tyn²⁴	ŋyt²	kat²	tsʰiɔŋ³¹	tsʰɔŋ³¹	kɔŋ⁵⁵	sɐk²	kok²	tuk²
11	前山(珠海)	jɐp³	tyn¹³	jyt³	kat²	tsʰœŋ¹³	tsʰɔŋ¹³	kɔŋ⁵⁵	sɐk⁵	kɔk³	tuk³
12	界涌(珠海)	jɐp²	tin³⁵	ŋit²	kat²	tsʰiɔŋ⁵⁵	tsʰɔŋ⁵⁵	kɔŋ¹²	sɐk²	kɔk²	tok²
13	敦陶(沙溪)	jap²	tin²¹	git²	kwat²	tsʰiɐŋ⁵⁵	tsʰɔŋ²¹	kwɐŋ⁵⁵	sɐk⁵	kwɐk²	tok²

上面韵母字音对照表里反映出的第一个特征是，绝大多数下方话粤语都缺少u介音，雍陌、南屏和敦陶的u介音并无法代表什么。一方面敦陶粤语是权且归入下方话，另一方面雍陌的样品仅取自一个发音人的发音，兴许是个人特点，只有南屏极有可能确有u介音（有4个发音人）。第二是绝大多数缺少撮口呼，如有，也大多数分布在今珠海境内的山场、南屏、沥溪和前山；但即便如此，撮口韵在这些话里仍不是系统的，仍是"此有彼无"状态，如"脆"，山场、南屏和沥溪都读øy，雍陌和前山却读ui，"水"亦然；但"月"又都读yt；"肠"也有问题，沥溪读不撮口的ioŋ等。这些都反映了很实际的问题——即便撮口韵不定是后来的，也说明其处于不稳定中。第三是效摄开口一等字的读法，读ou的只南屏和前山，其余要么au要么ɐu，这个韵母看似下方话大多数方言的典型读法，与其他粤语有较大区别。曾梗摄不少字都读eŋ/ek，如"清tsʰeŋ、色sek"等，这第四种特性也是香山两种古粤语很重要的，具有排他性的特点。第五是广州话、顺德腔等粤语遇摄合口一等字读双元音［ou］，而在下方话则除南屏外一律只读单元音［u］，如"普pu、素su、橹lu"等。第六是止摄开、合口三等许多字广州话、顺德腔等读双元音［ei］的，在下方话里则也清一色读单元音［i］，如"飞fi、尾bi、肥fi、皮pʰi"等。上述这几大特点都与中山北部沙田或民田区的较后入粤语有很大的区别。上面表格里还有蟹摄开口一等字与蟹摄合口三等字的读法相当大部分下方话粤语都读同音，即"菜=脆"，因为没有撮口韵，与止摄合口三等字也同读［ui］韵，如"水sui、吹tsʰui、泪lui"等。假摄开口三等许多字已不读或少读［ia］而多读［ɛ］，如"蛇sɛ、蔗tsɛ、爹tɛ"等，在同是香山粤语的石岐城区、环城竹秀园、板芙虾角、南蓢墟、南蓢泮沙、崖口等的石岐腔粤语都仍有大量的［ia］的读法，如"蛇sia、遮tsia、爷ia、夜ia"等。

除了上面表格里的内容外，下方话粤语语音方面的特点还有，以三乡塘墩话为例：①古泥来母字区别清楚，即"女≠吕、男≠蓝"，泥母字读n-，来母字读l-。其余下方话亦然，泥母字两种读法：n-或带塞音的ⁿd-或索性是浊声母的d-。②鼻音韵尾-m、-n、-ŋ以及相对应的塞韵尾-p、-t、-k齐全，即咸深两摄绝大多数字读-m/-p；山臻两摄读-n/-t；其余的宕、江、曾、梗、通五摄则读-ŋ/-k等。③有文白异读现象，尤其表现在梗摄字里最为显著，如"领liaŋ²⁴（衣领）/leŋ²⁴（领袖、领导）、命miaŋ³³（好命）/meŋ³³（革命、命运）、城siaŋ⁵⁵（出城）/seŋ⁵⁵（城市、城墙）、星siaŋ²¹（天星）/seŋ²¹（五角星）"等。

四、本文小结

（1）下方话粤语与石岐腔粤语都是中山境内六大粤语之一二，其又与另四种较后入的粤语相比属较古老的香山粤语，在香山境内至少已有800年历史（较新粤语绝大数不过200年历史）。下方话粤语与石岐腔粤语村落因其建村时间不一、来源多样、分布较分散等原因仍无法知晓该两类方言形成原因。

（2）下方话粤语虽然与石岐腔粤语都处于香山岛上，语言各特点也很相似，但究其诸多细节，该两种方言仍是香山粤语的两大次方言，其理由如下：①地缘上的不同：石岐腔大都在北部，下方话大都在南部，即香山岛的"下方"，尽管南部仍有零星石岐腔村落分布。②内部认同感的差异：凡石岐腔方言内部有绝对高度统一的认同感，凡非石岐腔方言则有绝对的非认同感。③声调调类与调型的差异：凡石岐腔方言内部声调调类清一色6个调，阴平、阳平、上声、去声、阴入和阳入，绝少例外；而且调型除极少数外，极为一致，阴平55、阳平51、上声213（或21）、去声33、阴入5和阳入2等。下方话粤语少则4个调，多数5个调和部分6个调；调型基本两大类：阴平高、阳平调，或倒过来阴平低、阴平高；全部都有相当完整的连读变调系统（除去声外），而石岐腔几乎没有连调现象（除213连调成21外）。④韵母方面的系统差异：假摄开口三等字不少在石岐腔粤语里仍有许多读ia韵，如"夜ia、野ia、蛇sia、姐tsia、社sia、蔗tsia"等，而下方话粤语则几乎没有这种读法，都读成ɛ或e；蟹摄合口三等少量字如

"脆、岁、税"等石岐腔有不少方言读ei，而下方话里也几乎没有这种读法而读作ui，止摄合口三等字的情况亦然，如"水、帅"等，石岐腔粤语多读ei，而下方话粤语则也几乎没有该读法而读作ui（或撮口的øy）。在语音的各项差异中，阳平的读法是在听觉上于当地人而言为最大的典型差异：石岐腔粤语全部读高降的51，而下方话要么55、要么31、要么21，这些是当地人认可或排他最重要的依据之一。

（3）中山境内下方话粤语自然村落约有10个，方言人口近1万人。中山境外（如珠海等地村落数及人口数未详。

（4）中山粤语下方话村落之移民既有闽语背景人士又有粤语背景人士，形成今日之下方话粤语自然与此有关，但更进一步的说明尚未完善。

（5）与其他中山粤语，闽语或客话一样，中山粤语下方话仍有不少浊音声母，如b、d和g，是很纯粹的浊音，有些则带有鼻塞性的过渡音，读如ᵐb、ⁿd和ᵑg。

（6）中山粤语下方话方言人口之统计数来自作者2017—2018年对本文内各方言点作实地调查而得。这些数字与1997年当地户籍人口数十分接近。1997年前中山境内人口相对稳定无变化，大体在120万以下；如今中山现有人口已超320万。

参考文献

[1] 中山市地方志编纂委员会.中山市志（上）(下)[M].广州：广东人民出版社，1997.
[2] 中山市地名志编纂委员会.广东省中山市地名志[M].广州：广东科技出版社，1989.
[3] 珠海市地名志编纂委员会.广东省珠海市地名志[M].广州：广东科技出版社，1987.
[4] 广东省测绘局.广东省县图集[M].广州：广东省测绘局，1982.
[5] 赵元任.中山方言[M].北京：科学出版社，1956.
[6] 林柏松.中山市志·方言篇[M]//中山市地方志编纂委员会.中山市志（下）[M].广州：广东人民出版社，1997.
[7] 甘于恩.香山片粤语的分布、特点及其内部差异[A]//甘于恩.汉语南方方言探论[M].广州：世界图书出版广东有限公司，2014.
[8] 高然.中山人与中山方言[M].南方语言学，2016.
[9] 高然.中山方言志[M].广东：广东经济出版社，2019.
[10] 卢一志，高然.中山粤语石岐腔[M].南方语言学，2016（11）.
[11] 张燕翔，高然.中山石岐话九百句[M].(待刊稿).
[12] 高然.中山闽语研究[D].暨南大学博士学位论文，1997.
[13] 高然.张家边区志·方言篇[M].广州：广东人民出版社，2017.
[14] 高然.语言与方言论稿（第二辑）[M].广州：世界图书出版广东有限公司，2017.
[15] 高然.现代粤语口语[M].广州：世界图书出版广东有限公司，2016.

大埔光德（九社）方言音系

——客家方言包围下闽南方言代际语音特点变异研究

李 菲

（广州体育学院/体育传媒学院 广东广州 510500）

【提 要】大埔光德（九社）方言是梅州市大埔县的一个闽语方言岛，保存着鲜明的闽南方言特征，但因处于强势方言客家话的包围之中，故生存空间在逐渐萎缩，呈濒危状态。我们通过分析光德（九社）方言的声母、韵母和声调系统，并详列同音字汇，以期对此濒危方言之保护及研究有所裨益。

【关键词】光德（九社）方言 闽南方言 大埔县 音系 同音字汇

一、概说

大埔县位于广东省东北部、韩江中上游，属梅州市管辖，东北与福建省平和县、永定县接壤，东南与潮州市饶平县相邻，西部是梅县区、梅江区，南面为丰顺县。县域面积为2467平方千米。全县以山地为主，四周高中间低。

大埔县历史悠久，明嘉靖五年（1526年）从饶平县析出并改名大埔县，县治立在茶阳镇，属潮州府。1961年春，县治由茶阳镇迁至湖寮镇。直至1988年才划归梅州市管辖。至2013年，全县辖14个镇：湖寮镇、百侯镇、枫朗镇、大东镇、高陂镇、光德镇、大麻镇、三河镇、银江镇、洲瑞镇、茶阳镇、西河镇、青溪镇、桃源镇。截至2013年，全县总人口553945人，以客家居民为主，杂有少量蒙古、回、壮、满等少数民族居民，通行客方言，仅于大埔县光德镇存在一个闽南方言岛。

光德镇位于大埔县南部，西北与高陂镇交界，西南与桃源镇接壤，东南邻潮州市饶平县，全镇面积113.66平方千米。[①]

关于大埔县内方言的性质，多数学者认为大埔县为纯客县，如黄雪贞、吉川雅之、江俊龙、苏轩正；部分学者提及大埔县存在闽南方言岛，但未及深入研究，如张淑敏、林伦伦、大埔县地方史志编纂委员会等的文章。2015年的数据显示，在大埔县光德镇靠近潮州的九社村，全村人口有2000多人，常驻人口仅800余人，其中仅有400多人使用闽南话（同时习得客方言）。

笔者于2012至2015年数次赴光德（九社）调查方言，共计调查了3743字音，2217条词语、1074条文白配对词及499条两字组连读变调，两百多句语法例句。下面是光德镇主要发音人信息：

[①] 本节行政区划、历史沿革等内容据大埔县人民政府门户网（http://www.dabu.gov.cn/）改写。网站查阅时间：2016年3月28日。本文是2013年度国家社科基金重点项目"粤、闽、客诸方言地理信息系统建设与研究"（项目编号：13AYY001）阶段性研究成果，并在第14届闽方言国际学术研讨会上宣读，得到与会专家学者批评指正。

[基金项目] 2013年度国家社科基金重点项目"粤、闽、客诸方言地理信息系统建设与研究"（甘于恩主持，项目编号13AYY001）。

陈金波，汉族，男，生于1957年，中专学历，小学教师，世居广东省大埔县光德镇九社村，日常交流主要使用光德（九社）闽南方言，与村外人交流时使用客方言。

陈锐丹，汉族，女，生于1989年，专科学历，小学教师，长期居住在广东省大埔县光德镇九社村及湖寮镇，日常交流主要使用光德（九社）闽南方言，与村外人交流时使用客方言。为陈金波之女。

今九社村通行方言有光德（九社）话（学佬话），还有部分漳溪话（客家话）和饶平话（客家话）。据《九社印象》记载，九社陈姓于清康熙年间迁自福建省平和县清宁里坡头堡新寨山西溪，习闽南方言。

光德（九社）闽南方言的规模十分弱小，但在周边客家话的包围下，依然能顽强生存，重要原因在于光德（九社）闽南人对于祖上传下来的语言较为重视，要求后辈从小学习闽南话，外来的媳妇也必须习得，否则无法交流。不过，光德（九社）方言在强势客家方言的包围下，其生存空间正在逐渐萎缩。

二、大埔光德（九社）闽南方言声韵调

1. 声母19个，包括零声母在内①

p	边排饭别	p^h	颇浮~面扮劈	b	谋买梦木	m	门眠忘灭			(v)	武马袜物
t	地大猪箸	t^h	他窗柱铁			n	篮尼念两			l	柳罗汝依
ts	曾炸置职	ts^h	出初杂彻	dz	入仁也贰			s	时心士习	ʒ	预如忍热~天
k	行旗孔格	k^h	求气课鸽	g	语鹅吴五	ŋ	染午硬岳	h	喜华罚副		
ø	英王勇后										

记音说明：

①v与b无音位对立，属于b的自由变体；b的音色有时接近bv。

②在韵母-i-前声母ŋ的实际音质为ȵ，如：饶饶染。

③排除音位变体v，光德（九社）闽南方言实际声母有19个，区别于闽南通俗韵书十五音字母，接近潮州话十八音字母，其中ʒ与dz构成互补，可视为同一音位的变体。这反映离开域内闽南方言的光德（九社）方言声母总数有别于福建闽南话。

2. 韵母75个，包括自成音节的[ŋ̍][m̩]

ɿ 斯词次楚	i 猪迷备亿	u 夫堆此舅
a 阿妈咬泡	ia 骑~马斜写射	ua 蛇我娶带
e 街堤坐姐	ie 牙颗个届	ue 飞皮果岁
ɛ 巴爬尾债		
ɔ 科图稿度	iɔ 肖茄秒贸	
	iu 秋求友釉稻谷	ui 医垂水贝
ai 该台指捺		uai 花淮拐画
au 包刘偶遭	iau 屑搜饶数算~	
	ĩ 天绵鼻见	
ã 担~水篮榄冇中空	iã 京领件疼	uã 单寒满叛

---

① 表中除了b、v、n、k、ŋ，第一个例字"边、颇、门、地、他、柳、曾、出、入、时、求（气）、语、喜、英"为闽南通俗韵书《汇音妙悟》及《雅俗通十五音》中的十五音字母。

ẽ生~活柄醒病		
	iũ姜羊尚腔	uĩ光~圈黄远算
		uaĩ关横拦梗
	im林心琴浸	
am贪南坦陷	iam尖嫌针闰	
em揞森参人~		
	in眠承警震	un春船分动词份
an安陈姓等毯		uan欢~呼番凡冠
en千朋景劲	ien先连显信	
	iun欣熏咏谨	
aŋ芳宠顶送	iaŋ相凉厂亮	uaŋ慌狂枉旺
ɔŋ冲童讲动	iɔŋ宗龙~灯勇用	
uŋ懵懂		
əŋ汤唐港囡		
	iʔ舌铁滴撕	uʔ撮啄突猝
aʔ答萨北拍	iaʔ泄额锡迹	uaʔ阔辣杀努
ɔʔ索桌择学	iɔʔ借叶约石	
eʔ节~八劣雪	ieʔ夹~子挟	ueʔ郭刷血乙
ɛʔ吓百白麦		
		uaiʔ划
	ip接习入级	
ap杂猎打~十很(训)	iap业贴补穴汁	
	it藉息惜日	ut不出物植块(训)
at达力出踢贼		uat法发罚或
et阁特择核	iet别烈结泽	
	iut绿录记律率	
ak搭合并则角	iak食剧只壁	uak扩沃
ɔk博国毒福	iɔk略宿祝续	uɔk廓获窟
ok蚌募		
ŋ芳方荒开秧	m̩唔姆	

3.声调表

（1）单字调7个

阴平 [˦] 44君诗夫芬支	上声 [˥] 55滚使府粉煮	阴去 [˥˩] 51棍试付愤奋志	阴入 [˥] 5骨识忽褶
阳平 [˩˧] 13群时俘云薯		阳去 [˨] 22士事负傅份饲	阳入 [˩˧] 13滑石核舌

（2）连读变调

光德（九社）闽南方言两字组连读变调主要是前字发生变调，其规律如下：

前字＼后字	阴平 44	阳平 13	上声 55	阴去 51	阳去 22	阴入 5	阳入 13
阴平44	33+44 飞机	33+13 东南	33+55 工厂	33+51 登记	33+22 医院	33+5 搬桌	33+13 风俗
阳平13	33+44 磨刀	33+13 皮鞋	33+55 填表	33+51 查账	33+22 排队	33+5 毛笔	33+13 茶叶
上声55	33+44 火车	33+13 草鞋	33+55 厂长	33+51 讲价	33+22 写字	33+5 组织	33+13 解毒
阴去51	33+44 唱歌	33+13 证明	33+55 报纸	33+51 世界	**51+22** 政治	33+5 抗击	33+13 化学
阳去22	22+44 卫生	22+13 地球	22+55 电影	22+51 位置	22+22 电话	22+5 外国	22+13 树叶
阴入5	33+44 北京	**55+13** 骨头	33+55 刻苦	33+51 必要	**55+22** 速度	33+5 一亿	33+13 复习
阳入13	21+44 读书	21+13 石头	21+55 墨水	21+51 实在	21+22 学校	21+5 绿色	21+13 植物

光德（九社）闽南方言的连读变调，与福建闽南话相同的是两字组连读后字不变调，不同的是已经大为简化，大多前字变为33调，可能是边界或濒危方言的变调以简化、合并为主要趋势，变调较多取调域的中间值。

三、大埔光德（九社）闽南方言音韵特点

1. 声母演变特点

（1）帮系（帮组、非组）

上古唇音声母有"古无轻唇"的特点，中古唇音声母则有重唇（帮组）与轻唇（非组）之别，光德（九社）方言有重唇音［p］［pʰ］［b］［m］［b］亦有轻唇音［v］变体，且有时发音表现得不太稳定。

中古轻唇音非、敷、奉母字有保留［p］及［pʰ］重唇读音的，如：飞 pue⁴⁴｜放 paŋ⁵¹｜富 pu⁵¹｜孵 pu²² ‖ 肥 pui¹³｜饭 puĩ²²｜房 paŋ¹³；藩 pʰan⁴⁴ ‖ 陪 pʰu⁵⁵｜肺 pʰui⁵¹｜蜂 pʰaŋ⁴⁴｜辅 pʰu¹³｜浮 pʰɔ¹³｜冯 pʰɔŋ¹³；文读为［h］，如：非 hui⁴⁴｜反 huan⁵⁵｜发 huat⁵ ‖ 妃 hui⁴⁴｜芬 hun⁴⁴｜峰 hɔŋ⁴⁴｜符 hu¹³｜妇~女 hu⁵¹｜范 huan²²。有些字同时有文白异读，如：分给［pun⁴⁴］/分分数［hun⁴⁴］‖ 放放手［paŋ⁵¹］/放解放［huan⁵¹］。

光德（九社）方言现有的全浊声母［b］与李新魁构拟的中古唇音并母［b］、奉母［bv］[1]没有任何关系。中古并、奉两母在光德（九社）方言中大多清化为［p］，如：婆 pɔ¹³｜部 pɔ²²｜办 pien⁵¹；或清化为［pʰ］，如：皮 pʰue¹³｜浮 pʰɔ¹³｜盆 pʰun¹³。

光德（九社）方言和其他闽南方言一样，全浊声母［b］来自古明、微两母，如：买 be⁴⁴｜母 bɔ⁵⁵｜

---

[1] 李新魁：《古音概说》，广州：广东人民出版社，1979年，第87–91页。

木 bak¹³ | 无 bɔ¹³。这里的［b］应由古明、微母去鼻音演变而来。古明、微母仍有保留［m］读音的，如：门 muĩ¹³ | 眠 min¹³ | 忘 maŋ⁵¹ | 灭 miet⁵。［b］的音色有时接近［v］，读如［v］的字也主要来自古明、微母，是［b］的自由变体。古明、微母字存在［v］变体的现象，我们认为是受客方言影响的结果，梅县方言"微母字和匣影云以等声母字多混同为v声母"。① 所以光德（九社）方言总体上还是保留"古无轻唇"的特点。

（2）端系（端组、泥组、精组）、知系（知组、庄组、章组、日组）

光德（九社）方言n、l不混，但是中古泥来母并没有表现出整齐的对应，来母字有不少读作［n］声母的，如：篮 nã¹³ | 卵 nuĩ²² | 粮 niũ¹³，而泥母字读作［l］的仅有"恼 lɔ⁵⁵"。这里，来母字读作［n］应是阳声韵韵尾鼻化引发同化作用的结果。与潮汕方言情况较为相似。

光德（九社）方言精组照组不分，也没有照₂照₃之分，即只有一套塞擦音声母［ts］［tsʰ］，如"津/tsin⁴⁴/-臻/tsin⁴⁴/-真/tsin⁴⁴/""将/tsiaŋ⁴⁴/-庄/tsiaŋ⁴⁴/-章/tsiaŋ⁴⁴/""抄/tsʰau⁴⁴/-凑/tsʰau⁵¹/-丑/tsʰau⁵¹/"等。

中古知彻澄在光德（九社）方言中白读为［t］［tʰ］，同端组字，如：但 tan¹³ | 陈_姓_tan¹³ ‖ 灯 ten⁴⁴ | 橙 ten⁴⁴ ‖ 唐 tɔŋ¹³ | 长_期_tɔŋ¹³；桶 tʰaŋ⁵⁵ | 柱 tʰaŋ²² ‖ 潮_受_tio¹³ | 抽 tʰiu⁴⁴，这是"古无舌上音"特点的保留。知组字还有一些读作［ts］［tsʰ］的，如：知_通_tsai⁴⁴ | 智 tsi⁵¹ | 追 tsui⁴⁴ ‖ 程 tsʰin¹³ | 池 tsʰi¹³ | 潮 tsʰiau¹³。总体上闽南方言"古无舌上音"的特点在光德（九社）方言中较为减化，或是读书音、或是客家方言影响的结果。

今光德（九社）方言从（邪）、崇、船（禅）全部清化。从母和崇母为多数清化为［ts］，也有清化为［tsʰ］，如：才 tsai¹³ | 层_次_tsan¹³ | 齐 tse¹³；柴 tsʰa¹³ | 杂 tsʰap¹³ | 就 tsʰiu²²；少部分读作［s］，如：潜 siam¹³ | 集 sip¹³ | 士 su²²。中古邪母读法与心母相同，为s-，如：序 si²² | 须 si⁴⁴ ‖ 谢 sia²² | 写 sia⁵⁵ ‖ 祥 siaŋ¹³ | 相 siaŋ⁴⁴ ‖ 旋 suan¹³ ‖ 蒜 suan⁵⁵ ‖ 俗 siok¹³ | 宿 siok⁵⁵。船母禅母读同心母，如：示 si²² | 视 si²² | 须 si⁴⁴ ‖ 射 sia²² | 社 sia²² | 写 sia⁵⁵ ‖ 绳 sin¹³ | 晨 sin¹³ | 新 sin⁴⁴。亦有读为［ts］或［tsʰ］的，如：薯 tsi¹³ | 上 tsiũ²² ‖ 蝉 tsʰan¹³。总之，古心、邪、书、禅母字读塞擦音［ts］［tsʰ］的特点减弱，读作［s］的情况增多。

日母字主要读作［dz］，如：二 dzi²² | 仁 dzin¹³。韵母［-u-］前实际读为［ʒ］，如：如 ʒu¹³ | 忍 ʒun²² | 热_天_ʒuaʔ¹³。也有读为零声母的，如：耳 i²² | 让 iaŋ²² | 绒 iɔŋ¹³。另日母字原漳州腔读作［dz］，现读作［ŋ(ȵ)］声母的，可能受邻近客家方言影响的结果，如：染 ŋiam²² | 饶 ŋiau¹³ | 壬 ŋim¹³。

（3）见系（见组、晓组、影组）

光德（九社）方言的群母清化为［k］和［kʰ］，较多读不送气，读为送气可能受临近潮州话或客家话影响，如：求［kʰiu¹³］。而浊塞音［g］则全部来自中古疑母字，如：鹅 gɔ¹³ | 饿 gɔ²² | 吴 gɔ¹³ | 五 gɔ²²。但是疑母字大部分还是读作［ŋ］，如：午 ŋɔ⁵⁵ | 岸 ŋan²² | 傲 ŋau²²。声母［g］仅与单元音［ɔ］相拼，即［g］可能与韵母同化有关，［g］和［ŋ］是同一音位的条件变体。

晓匣母字在光德（九社）方言中主要读作［h］声母，尤其是晓母字，如：希 hi⁴⁴ | 险 hiam⁵⁵ | 响 hiaŋ⁵⁵ | 献 hien⁵¹；读作零声母的不多，仅有：霍 ueʔ⁵ | 藿 ueʔ⁵ | 讳 ui⁵¹。另有读作［kʰ］声母的：晦 kʰui²² | 许 kʰɔ⁵⁵。匣母字除读作［h］声母，如：械 hai⁵¹ | 杏 hen²² | 系 hi⁵¹；同样有读作零声母及牙音［k］声母的，如：后 au²² | 红 aŋ¹³ | 闲 en¹³ ‖ 汗 kuã²² | 咸 kiam¹³ | 厚 kau²²。虽然字数不多，但在一定程度上验证了"晓匣归见溪群"②的现象。

影母和喻₃喻₄主要读作零声母，如：乌 ɔ⁴⁴ | 王 ɔŋ¹³ | 羊 iũ¹³。也有部分读为［h］，如：雨_落_hɔ²² | 园 huĩ¹³。这应是保留闽南话白读的层次。

---

① 温昌衍：《客家方言》，广州：华南理工大学出版社，2006年，第38页。
② 李新魁：《上古音晓匣归见溪群说》，《学术研究》，1963年，第3期。

2. 韵母演变特点

（1）光德（九社）方言韵母四呼不全，没有撮口呼［y］，遇摄合口三等鱼部、虞部读作［u］韵，如：于ʒu¹³｜喻ʒu²²｜如ʒu¹³；或［i］韵，如：鱼hi¹³｜巨ki⁵¹｜须si⁴⁴。

（2）保留了-m、-n、-ŋ三种鼻音韵尾及-p、-t、-k三种塞音韵尾，但部分鼻音韵尾与塞音韵尾并不完全对应，主要因为入声韵尾-t和-k有部分演变为喉塞音韵尾-ʔ，同时喉塞音韵尾又不稳定，表现为塞音韵尾演变的过渡阶段。

（3）有鼻化韵，咸、山、臻、宕、江、梗各摄部分阳声韵白读层读鼻化韵，如：衫sã⁴⁴｜丹tuã⁴⁴｜问muĩ²²｜粮niũ¹³｜胖pʰuã²²｜饼piã⁵⁵。

（4）果摄文读层开合均以［ɔ］韵为主，如：罗lɔ¹³｜左tsɔ⁵⁵｜婆pɔ¹³｜锁sɔ⁵⁵；果摄开口一等白读音为［ua］，如：拖tʰua⁴⁴｜大tua²²｜我ua⁵⁵；合口一等白读音为［ue］，如：果kue⁵¹｜过kue⁵¹｜火hue⁵⁵。

（5）假摄开合分明，二三等分明，开口二等字文读层读［a］，如：霸pa⁵¹｜妈ma⁴⁴；白读层多数读［ɛ］，个别字读为［ua］，如：把火~pɛ⁵⁵｜茶tɛ¹³｜沙sua⁴⁴；开口三等文读层读作［ia］，如：车tsʰia⁴⁴｜社sia²²；合口二等文读层读作［ua］，如：娃ua⁵⁵｜华hua¹³；白读层读［uai］，花huai⁴⁴｜瓜kuai⁴⁴。

（6）遇摄合口一等字主要读作［ɔ］，个别读作［u］，如：布pɔ⁵¹｜部pɔ²²｜兔tʰɔ⁵¹｜堵tu⁵⁵；合口三等字文读层主要读作［u］，如：庐lu¹³｜处tsʰu⁵¹｜住tsʰu²²；白读层读作［i］，如：旅li⁵⁵｜猪ti⁴⁴｜鱼hi¹³，或读作［ɔ］，如：雨落~hɔ²²｜芋ɔ²²｜无bɔ¹³。

（7）蟹摄开合读音分明，开口一二等文读层主要读［ai］，如：呆tai³³｜来lai¹³‖界kai⁵¹｜牌pai¹³；开口一等白读层读为［ua］韵，如：大tua²²｜蔡tsʰua⁵¹｜带tua⁵¹；开口二等白读层读为［e］，如：买be⁴⁴｜街ke⁴⁴｜矮e⁵⁵；开口三四等文读层读为［e］，如：体tʰe⁵⁵｜提te¹³；白读层读作［i］，如：世si⁵¹｜制tsi⁵¹｜ti²²｜米vi⁵⁵。合口一三四等读为［ue］［ui］，如：肺pʰui⁵¹｜桂kui⁵¹‖罪tsue²²｜岁hue⁵¹；合口二等基本读为［uai］，如：怪kuai⁵¹｜拐kuai⁵⁵｜快kʰuai⁵¹。

（8）止摄开口三等文读主要读作［i］，如：离li¹³｜池水~tsʰi¹³｜肢tsi⁴⁴；精组有读作［ɿ］的，如：咨tsɿ⁴⁴｜慈tsʰɿ¹³｜次tsʰɿ¹，应是受客家方言或普通话影响的结果。白读层读为［ai］［ue］，如：眉vai¹³｜屎sai⁵⁵｜悲pue⁴⁴｜皮pʰue¹³。合口三等主要读作［ui］，如：嘴tsʰui⁵¹｜亏kʰui⁴⁴｜肥pui¹³；白读为［ue］，如：吹tsʰue⁴⁴｜尾ue⁵⁵｜飞pue⁴⁴"。

（9）效摄开口一二等字文读主要读作［au］，如：草tsʰau⁵⁵｜扫sau⁵¹‖包pau⁴⁴｜貌mau²²，一等字白读读作［ɔ］韵，如：好hɔ⁵⁵｜嫂sɔ⁵⁵，二等字白读读作［a］，如：泡pʰa²²｜教~育ka⁵¹。三四等白读层为［iɔ］，如：表piɔ⁴⁴｜蕉tsiɔ⁴⁴‖钓tiɔ⁵¹｜尿iɔ²²；文读为［iau］的，如：消siau³³｜超tsʰiau²²‖邀iau⁴⁴｜料liau²²。

（10）流摄开口一等三等文读分明，一等文读层读作［ɔ］，如：剖pʰiɔ¹³｜贸biɔ¹³；白读层读作［au］，如：偷tʰau⁴⁴｜敲tʰau⁵⁵｜狗kau⁵⁵；三等字文读层读作［iu］，如：柳liu²²｜酒tsiu⁵⁵｜秋tsʰiu⁴⁴；白读层读作［au］［u］，如：臭tsʰau⁵¹｜流lau¹³｜负hu²²｜久ku⁵⁵。

（11）咸摄开合分明，较为完整地保留-m、-p韵尾，部分［-p］尾转变为［-ʔ］，但不稳定。开口一二等文读层基本读为［am］［ap/aʔ］，如：谈tʰam¹³｜盒apˀ¹³｜甲kaʔ⁵；白读层读作［ã］，如：三sã⁴⁴｜衫sã⁴⁴｜监kã⁴⁴。开口三四等文读层基本读作［iam］［iap］，如：尖tsiam⁴⁴｜添tʰiam⁴⁴｜猎打~lapˀ¹³｜贴补~tʰiap⁵；白读层读作［iaʔ］，如：粘taʔ⁵｜页iaʔ¹³。合口三等读作［uan］［uat］，如：凡huan¹³｜范huan²²｜法huat⁵。

（12）深摄也较为完整保留-m、-p韵尾，多读为［im］［ip］，如：心sim⁴⁴｜习sip¹³；还有个别读为［iam］［iap］的，如：针tsiam⁴⁴｜汁tsiap⁵。

（13）山摄开口一二等文读层读为［an］［at］，如：但tan¹³｜间kan⁴⁴｜达tat¹³，白读层读为［uã］，如：丹tuã⁴⁴｜弹tuã¹³｜盼pʰuã⁵¹。开口三四等文读层为［ien］［iet］，如：编pʰien⁴⁴｜免mien²²｜电tien²²；白读

为［ĩ］，如：变 pĩ⁵¹｜面 mĩ²²。合口一二三等文读为［uan］［uat/uaʔ］，如：团 tʰuan¹³｜幻 huan⁵¹｜专 tsuan⁴⁴ ‖ 括 kuat⁵｜发 huat⁵；白读为［uã］［uĩ］［uaʔ］，如：碗 uã⁵⁵｜泉 tsuã¹³｜串 tsuĩ⁵¹｜活 uaʔ¹³。

（14）臻摄开口一等和合口一三等文读主要读［un］［ut］，如：吞 tʰun⁴⁴｜本 pun⁵⁵｜粉 hun⁵⁵｜骨 kut⁵｜术 sut⁵；开口三等文读读作［in］［it］，如：贫 pʰin¹³｜邻 lin¹³｜栗 lit⁵｜侄 tit¹³；个别读作［en］［un］，如：彬 pen⁴⁴｜民 men¹³｜隐 un⁵⁵；白读层读［an］［at］，如：陈_姓tan¹³｜漆_{~布}tsʰat⁵。

（15）宕摄开口一阳声韵读［ɔŋ］［ɤŋ］，如：忙 mɔŋ¹³｜躺 tʰɔŋ⁵¹｜当 tɤŋ⁴⁴｜堂 tɤŋ¹³，也有部分读成［aŋ］的，如：挡 taŋ⁵¹｜莽 maŋ⁵⁵。入声韵读［ɔk］，如：膜 mɔk¹³｜落 lɔk¹³；开口三等文读读作［ɤŋ］［iaŋ］［iɔk］，如：肠 tɤŋ¹³｜良 liaŋ¹³｜削 siɔk⁵；白读读作［iũ］，如：上 tsiũ²²｜墙 tsʰiũ¹³｜箱 siũ⁴⁴。合口一三等文读读作［uaŋ］，如：慌 huaŋ⁵¹｜纺 huaŋ⁵¹；白读读作［aŋ］［uĩ］或［ŋ］，如：放 paŋ⁵¹｜房 paŋ¹³ ‖ 黄 uĩ¹³｜筐 kʰuĩ⁴⁴ ‖ 荒_开hŋ⁴⁴｜芳 hŋ⁴⁴。

（16）江摄多读作［aŋ］［ak］，如：棒 paŋ⁵¹｜窗 tʰaŋ⁴⁴｜壳 kʰak⁵；也有读作［ɔŋ］［ɔk］，如：撞 tsʰɔŋ²²｜降 kɔŋ⁵¹。入声韵白读层读［ɔʔ］，如：乐 lɔʔ¹³｜桌 tɔʔ⁵｜学 ɔʔ¹³。

（17）曾摄开口一文读层读作［an］［at］，如：曾_姓tsan⁴⁴｜等 tan⁵⁵｜墨 bak¹³；白读层读作［en］［et］，如：灯 ten⁴⁴｜肯_{~定}kʰen⁵⁵｜得 tet⁵；三等文读主要读［in］［it］，如：惩 tsʰin¹³｜证 tsin⁵¹｜熄 sit⁵；白读层读作［en］，如：橙 ten⁴⁴｜胜 sen⁵¹。

（18）梗摄开口二三四等文读有的读为［in］［it］，如：并 pin⁵¹｜碧 pʰit⁵｜析 sit⁵，也有读为［en］［et］的，如：萌 men¹³｜幸 hen⁵¹｜丁 ten⁴⁴｜迫 pet⁵｜敌 tet¹³。二三等白读有读为［ɛ̃］［ɛʔ］的，如：生_{~死}sɛ̃⁴⁴｜更_{五~}kɛ̃³³｜白 pɛʔ¹³｜百 pɛʔ⁵；也有读为［aŋ］［ak］的，如：彭 pʰaŋ¹³｜猛 maŋ⁵¹。三四等白读主要读作［ɛ̃］或［iã］，如：病 pɛ̃²²｜镜 kiã⁵¹｜声 siã⁴⁴；入声韵读作［iaʔ］［iʔ］，如：迹 tsiaʔ⁵｜滴 tiʔ⁵。

（19）通摄合口一等文读主要读作［ɔŋ］［ɔk］，如：冻 tɔŋ⁵¹｜洞 tʰɔŋ⁵⁵｜独 tɔk¹³；白读主要读作［aŋ］［ak］，如：铜 taŋ¹³｜聋 laŋ¹³｜读 tʰak¹³；三等多数读作［iɔŋ］［iɔk］，如：中 tiɔŋ⁴⁴｜用 iɔŋ²²｜菊 kʰiɔk¹³｜玉 iɔk¹³；少数读作［ɔŋ］［ɔk］，如：丰 hɔŋ⁴⁴｜逢 hɔŋ¹³｜肃 sɔk⁵；白读层读［aŋ］［ak］，如：蜂 pʰaŋ⁴⁴｜重_{~量}taŋ²²｜六 lak¹³。

3. 声调演变特点

光德（九社）闽南方言共有7个声调，上声不分阴阳，古平声、去声和入声大致按声母清浊分阴阳，浊上归浊去。

（1）古清声母平声字今读阴平44调，古次浊声母和全浊声母字今读阳平13调。如：玻 pɔ⁴⁴｜姑 kɔ⁴⁴｜杯 pue⁴⁴ ‖ 罗 lɔ¹³｜茶 tɛ¹³｜池_{永~}tsʰi¹³。

（2）古清声母及大部分次浊声母上声字今读上声55调，如：火 hue⁵⁵｜古 kɔ⁵⁵｜旅 li⁵⁵｜椅 i⁵⁵；古全浊声母和少数次浊声母上声字归入阳去22调，如：步 pɔ²²｜据 ki²²｜代_{朝~}te²²｜丽 li²²。

（3）古清声母去声字今读阴去51调，如：破 pʰua⁵¹｜架 kɛ⁵¹｜去 kʰi⁵¹。古全浊声母和次浊声母去声字今读阳去22调，如：祸 hɔ²²｜社 sia²²｜路 lɔ²²｜耐 nai²²。

部分阴上55读同阴去51，如：可 kʰɔ⁵¹｜楚 tsʰŋ⁵¹｜暑 su⁵¹；部分阴去51读同阴上55，如：戒 ke⁵⁵｜顿 tun⁵⁵｜故 kɔ⁵⁵。光德镇客家方言声调属第二类声调类型，即阴上阴去合流、阳上阳去合流①，因此，光德（九社）方言可能受周边客家方言影响出现阴上阳上、阴去阳去混同趋势。

（4）古清声母入声字今读阴入调5，古全浊声母入声字和大多数次浊声母入声字今读阳入调13，如：甲 kaʔ⁵｜法 huat⁵｜八 pɛʔ⁵ ‖ 叶 hioʔ¹³｜十 tsap¹³｜达 tat¹³。

---

① 李菲：《地理语言学视角下梅州客方言声调研究——基于梅州五县一市二区的语音规模调查》，暨南大学硕士学位论文，2015年。

四、大埔光德（九社）闽南方言的几个音韵问题

大埔光德（九社）陈氏迁自福建漳州，九社村地处广东省梅州市，受到客家方言大环境包围又因地理位置毗邻潮州，村民与潮州闽人有生意往来，所以光德（九社）方言在这样的历史背景及地理背景下不可避免地受到冲击，形成一种带有混合性质的漳州闽南话，且混杂有客家话和潮州话的成分，只是各自的比例有别。比较肯定的是，它依然以漳州话为主，客家话次之，潮州话略少。我们先从语音角度来讨论（词汇另文研究）。

1. 出现轻唇音声母［v］

闽南方言素有"古无轻唇"的特点，光德（九社）方言较之域内闽南话，出现唇齿浊音声母［v］，读作［v］声母的字主要来自明母、微母，与声母［b］［m］没有音位对立，可以算是声母［b］［m］的自由变体。但在新派发音人中声母［v］几乎取代声母［b］的位置，形成以［m］［v］为主、［b］为辅的状态，即声母［v］应正处于变化过程中。

我们认为轻唇音声母［v］的出现，客家方言影响只是因素之一，声韵配合关系也是催化的因素（读v的音节多为合口），尤其是微母字读作［v］，"微母字和匣影云以等声母字多混同为v声母"①，如：武vu⁵⁵｜万van²²｜物植-vut¹³｜望vaŋ²²。

2. 出现浊音声母ʒ

漳州闽语日母字读dz，但在光德（九社）闽南话已读为ʒ，条件是合口读ʒ，非合口则读dz，可视为同一音位的变体。ʒ的出现与客家话的大环境应有关联。

3. 浊音声母清化，送气音增多

闽南方言"全浊'并奉定澄群从床'七母多半变为不送气清音，小半变为送气清音。这一点跟普通话平声变送气清音，仄声变不送气清音不同，与客家话一律变为送气清音也不同"②。

光德（九社）方言中古全浊声母已全部清化，完全统计得到光德（九社）方言"并奉定从澄床群"七个古全浊声母字共计有效字数556个，其中送气音214个，不送气音342个，相对于闽南方言"多半读作不送气清音，小半读作送气清音"，虽然仍保留不送气音多于送气音的闽南方言特点，但送气清音比例已不适合用"小半数"来形容。通过与李如龙（1985）对中古全浊声母闽南方言今读的分析相比较，明显发现相对于多数闽南方言点而言，光德（九社）方言就送气声母数量呈现出大幅增加的现象，如：具kʰi⁵¹｜其kʰi¹³｜球kʰiu¹³｜罢pʰa⁵¹｜枇pʰi¹³｜谈tʰam¹³｜洞tʰɔŋ⁵⁵｜暂tsʰiam²²等。

再具体到光德（九社）方言今读今清化为送气声母的共214个字，（其中平声125个）不符合普通话"平送仄不送"的特点，而更倾向于客家方言的特性，即光德（九社）方言全浊声母清化后今读送气增多的现象与周边强势客家方言的渗入有重要关系。

4. 出现舌尖前元音

梅州客家方言大致有一套齿音声母ts、tsʰ、s和两套齿音声母ts、tsʰ、s｜tʂ、tʂʰ、ʂ(tʃ、tʃʰ、ʃ)之分，与齿音声母ts、tsʰ、s相拼的舌尖元音为ɿ，在客家方言中主要出现在遇摄合口一等模韵、三等鱼虞韵，蟹摄开口三等祭韵，止摄开口三等支脂之韵，且各地表现不一。

光德（九社）方言韵母读作舌尖元音［ɿ］的字并不多，且仅与齿音声母ts、tsʰ、s相拼，如：次tsʰɿ⁵¹｜迟tsʰɿ¹³｜梓tsɿ⁵¹，主要来自止摄支脂之三韵。

---

① 温昌衍：《客家方言》，广州：华南理工大学出版社，2006年，第38页。
② 袁家骅：《汉语方言概要》，北京：语文出版社，2001年，第225页。

就漳州域内闽南话而言，据马重奇（1997）研究，遇摄模韵读［ɔ］，三等虞鱼两韵读［ɔ］或［u］；蟹摄开口一二等读作［ai］，合口三等读为［ui］，白读［a］［ua］；止摄开口三等支脂之三韵读作［u］或［i］，没有舌尖前元音。又潮州域内闽南方言，据林伦伦（2015）研究，遇摄一等模韵文读为［u］，白读为［ɔ］，三等鱼虞文读读［u］，白读读［ɔ］［iu］，其中鱼韵还大部分读［ɯ］；蟹摄开口一二等文读［ai］白读［oi］，三等祭韵、四等齐韵文读［i］，四等齐韵白读［oi］；止摄开口支脂之三韵精照组字白读为［ɯ］。

舌面后不圆唇元音［ɯ］与舌尖元音［ɿ］在音质上略微相似，将林伦伦（2015：77）列举的37个韵母为［ɯ］的字与光德（九社）方言14个韵母为［ɿ］的字相比较发现，仅有"咨次瓷梓慈磁词寺嗣"剩下5个无法一一对应。但光德（九社）方言14个读为［ɿ］韵母的字在客家方言中均读作［ɿ］韵，即在字源上也相当一致。可见，舌尖元音［ɿ］在光德（九社）方言中的存在，受到客家方言影响的可能性更大。

5. 鼻化韵减少

"鼻化音是指发韵母时，在元音身上同时带有鼻音成分，气流不单从口腔流出，同时也在鼻腔流出。这样的音就叫鼻化音，发鼻化音的韵母称为'鼻化韵'"。① 闽南方言中，鼻化韵广泛存在，"漳州方言有14个鼻化韵，7个鼻化塞尾韵。其中从阳声韵演变而来的鼻化韵占多数，从阴声韵演变而来的占少数。从阴声韵演变来的大部分是受鼻音声母的影响。"② "汕头市话鼻化元音韵母15个。"③ 这里将入声分开处理得到汕头话14个鼻化韵和9个鼻化喉塞尾韵。

光德（九社）方言共计鼻化韵8个，较之域内闽南语呈现大幅减少现象，且同一发音人对同个字的发音无意识的时有鼻化时无鼻化，青派发音人鼻化色彩更减弱，似乎鼻化与否对表情达义并无本质上的影响。

6. 文白异读缺层

据马重奇（1996）："文白异读是指同一个来源的字在现代口语跟读书时有不同的音读。漳州方言的文白异读现象尤其严重，口语音和读书音几乎各自形成一个语音系统。"④ 光德（九社）方言迁自漳州，是一种带有混合性质的漳州闽南话，为检测离开域内的闽南方言文白异读情况，这里就马重奇（1996）文白异读进行完全统计，得到537对（1074条）文白配对条目对光德（九社）发音人进行调查。除去96条训读或已无法发音的词条共计978条，仍存在文白读配对的共计104对（208条），仅约占537对的5.2%，表现出离开域内闽南话在文白异读上的明显缺层。

就文白异读缺层的情况，这里再对385对（770条）文白混同条目进一步分析，发现除去60对（120条）读作其他音的条目，剩下325对（650条）文白混同条目，再将此650条条目与漳州闽南话相比，其中206条白读读作文读音，444条文读音读作白读音。这里将漳州方言中由于某种原因造成文读或白读缺失的情况称作"缺层"，即光德（九社）方言较之于域内漳州闽方言无论在文读还是白读上均有缺层，而文读缺层现象比白读缺层严重一倍。

此外，还有不少语音成分受到客家方言影响，如读如阴平的浊上次浊上声字，码 vɛ⁴⁴｜买 be⁴⁴｜鲤 li⁴⁴｜委 ui⁴⁴；来自山摄、臻摄、曾摄、梗摄的［en］韵，来自咸摄、深摄的［em］韵，来自山摄的［iet］韵，臻摄的［iun］［iut］韵，曾摄梗摄的［et］韵等。

---

① 李新魁：《广东的方言》，广州：广东人民出版社，1994年，第315页。
② 马重奇：《〈广韵〉韵系与漳州方言韵系比较研究》，《闽南方言·漳州话研究》，北京：中国文联出版社，2001年，第5期，第108页。
③ 林伦伦：《潮汕方言历时研究》，广州：暨南大学出版社，2015年，第62页。
④ 马重奇：《漳州方言的文白异读》，《福建论坛》，（文史哲版），1996年，第4期，第71页。

由于地缘上的关系，光德（九社）闽南话与周边的潮州闽语也有相似之处，主要表现在声调调值方面，据李永明的文章所述，潮州闽方言阳平调值为高平55调，今光德（九社）闽南话阳平为低升调13调，但有不少读作55调的，如：投 t^hau^{55} | 墘边 $kĩ^{55}$，又异于客家方言阳平11调值，我们认为这种现象受临近潮州闽方言影响的可能性大。又如止摄开口三等读作 [ui] 韵，如：医 ui^{44} 也有潮州闽语影响的痕迹。

　　在复杂的语言环境包围下，大埔光德（九社）闽南方言虽然并没有出现质变，但已处于濒危状态，且表现为"正在进行中的变化"，可以说是一个复杂且不稳定的语音系统。闽南话系统本身的复杂性加上客家方言和潮州方言的介入，致使光德（九社）方言中叠置的层次越来越复杂，表现为同一发音人在调查过程中对发音的不肯定性及不同发音人在语音上的差异性。

　　光德（九社）闽南方言在大环境包围下，已表现出严重的消磨现象，如有些字老年人可以发音，然年轻人已无法发音。年轻一代发音人虽继承了祖传闽南方言，但除了日常用字，其他字音已完全被客家方言取代。光德（九社）闽南方言已表现出闽客接触中闽南方言处于劣势状态的变异特征。

五、大埔光德（九社）闽南方言同音字汇

　　本字汇收录光德（九社）闽南方言生活中常用音节。以下首先按韵母排列，同韵母内再按声母排列，同声母内又按声调排列。字下加单横线__的表示白读音；字下加双横线⹀的表文读音。未知本字的用方框"□"表示。释义为小字齐下，举例时用中浪号"～"表现所释字。（其中，斜体为老年发音人可以发音而年轻发音人无法发音的音节）

ɿ

ts [44] 咨 [51] 梓

$t s^h$ [13] 瓷迟慈磁辞词嗣 [51] 楚次寺

s [44] 斯

i

p [44] 碑卑萆 [13] 脾庀 [55] 比 [51] 臂譬蔽闭箅陛泌痹箆 [22] 彼婢鄙弊币毙备柿~果

p^h [44] 披疲怌 [13] 琵枇 [55] 被~动

b [13] 迷~失媚 [22] 寐

m [13] 糜迷~糊谜

t [44] 诸朱蜘猪 [13] 除锄 [22] 箸伫弟痔治~安

t^h [13] 啼~鸡递 [51] 剃

n [44] 弥 [13] 倪尼 [55] 拈

l [44] 鲤 [13] 离篱~笆璃驴厘 [55] 旅汝 [51] 吕滤李吏铝 [22] 荔虑例厉严~励丽隶履利痢

ts [44] 祀知~识支~持肢姿脂之芝 [13] 薯睿 [55] 这姊煮挤止 [51] 智际制製济剂聚致旨至置址志痣

$t s^h$ [44] 趋稚痴 [13] 驰池永~徐持 [55] 翅鼠齿始 [51] 趣试式刺 [22] 饲~鸡（喂鸡）

s [44] 试考试施犀须需死尸诗 [13] 匙时 [51] 氏叙绪世~界

[22] 世出~誓逝四肆肄是序势系示视市

dz [22] 二贰字

v [13] 微 [55] 米 [22] 昧味

k [44] 支两~己几儿几乎机讥几几何车枝肌基箕 [13] 棋旗 [51] 拒矩妓举 [51] 锯巨距寄~寓继髻纪记杞忌既季 [22] 据已

k^h [44] 枢驱岐欺 [13] 栀奇~怪骑~兵其期啼~哭祈 [55] 技起岂 [51] 去俱启弃汽 [22] 器柿~子

ŋ [22] 语

h [44] 那嘘墟虚犧分熙嘻希稀 [13] 鱼渔 [55] 系喜 [51] 戏系

ø [44] 尹依 [13] 禹仪儿宜谊移伊夷姨而疑怡寅凝 [55] 倚椅雨~谷 [51] 议意异 [22] 遇艺义易耳以毅

u

p [13] 瓠煲 [55] 脬俯 [51] 斧釜富妇新~ [22] 孵

p^h [13] 葡菩辅 [55] 踣

v [13] 午 [55] 武舞 [22] 务

t [44] 都~是苎都~首蛛堆 [13] 厨橱 [55] 堵 [51] 杜

t^h [13] 涂

l [13] 卢庐 [55] 鲁 [51] 虏

ts [44] 诛株珠 [55] 主紫 [51] 署注蛀铸著注 [22] 自

tsʰ [13] 祠 [51] 处~理处~所此耻厝 [22] 住

s [44] 舒输师饲~料 [13] 殊 [55] 史墅 [51] 素诉暑竖赐树 [22] 柿~霜士仕事数数学

ʒ [44] 预 [13] 愉如于余与予儒于 [22] 誉豫寓宇羽喻裕

k [44] 箍 [55] 久韭 [51] 句 [22] 舅旧

kʰ [44] 区~地区~姓丘~丘姓 [13] 跍

h [44] 麸夫肤敷芙呼 [13] 浮~夸湖~壶瓠糊俘符扶池~塘 [55] 府浒乎 [51] 沪付咐赋赴附妇~女 [22] 互跗户护傅~师傅~姓腐~败腐~豆副负

ø [44] 巫诬侮 [13] 娱抚 [51] 鹉雾 [22] 有

a

p [44] 疤吧 [55] 把~握 [51] 霸坝

pʰ [51] 罢 [22] 泡疱

m [44] 妈

n [55] 哪~吒 [22] 那~英

l [44] 拉

ts [55] 爪~手 [51] 诈炸

tsʰ [44] 差叉 [13] 柴

dz [22] 也

k [44] 铰胶 [55] 狡 [51] 教~书教~校学校 [22] 咬

kʰ [44] 骹 [51] 窍

h [51] 孝戴~

ø [44] 阿~胶阿~爸鸦丫桠 [51] 坳

ia

l [13] 掠

ts [44] 遮 [55] 者 [51] 蔗

tsʰ [44] 车赊 [13] 笡斜 [51] 且

s [13] 邪畲 [55] 写 [51] 舍 [22] 社洒谢射麝

k [13] □举起 [51] 寄~存

kʰ [13] 奇~数骑~马 [22] 拘企徛站(训徛)立(训徛)

ŋ [13] 崖

h [44] 椅

ø [13] 爷 [55] 野 [51] 雅

ua

p [55] 簸~箕

pʰ [51] 破破暴曝

m [13] 麻痲

t [51] 戴带 [22] 大~夫大~小

tʰ [44] 拖

l [13] 箩 [22] 赖癞~皮

ts [13] 蛇 [55] 纸

tsʰ [51] 蔡 [22] 娶

s [44] 沙纱痧砂 [55] 徙

k [51] 寡挂卦盖杯~

kʰ [44] 夸垮 [51] 跨

h [13] 华中~ [51] 华~山

ø [13] 磨~刀 [55] 我娃 [22] 外

e

p [44] 胚螺丝~

pʰ [44] 批~评 [55] 稗~子

b [44] 买 [55] 卖

t [13] 堤题提 [55] 底短 [51] 抵帝 [22] 代~朝袋第地

tʰ [44] 胎 [13] 蹄啼 [55] 体 [51] 退替代~办

l [13] 螺犁黎 [55] 礼里理

ts [44] 多 [13] 齐 [55] 姐 [51] 榨 [22] 坐座侪

tsʰ [44] 妻初~七

s [44] 疏舐梳~头 [55] 洗 [51] 细

k [44] 街鸡 [55] 改~修戒~烟解 [51] 计

kʰ [44] 溪 [51] 契

h [55] 蟹 (51变55)

ø [13] 鞋 [55] 矮 [22] 会~睡

ie

ø [13] 牙芽 [51] 个~别颗届

ue

p [44] 悲杯飞~机飞~行 [13] 赔 [55] 跛 [51] 辈 [22] 背焙

pʰ [44] 胚坯 [13] 皮培陪 [51] 配倍佩 [22] 被~棉~

b [55] 每

m [13] 糜 [22] 妹

t [51] □跟缀~人去

ts [22] 罪

tsʰ [44] 吹炊 [22] 搋

s [44] 衰 [51] 赛税

k [55] 裹 [51] 果过~去告

h [44] 恢灰 [13] 蛔回茴和~尚 [55] 火伙 [51] 货岁 [22] 会不会

ø [44] 锅 [13] 梅~花枚媒煤玫莓 [55] 煨尾

ɛ

p [44] 巴 [13] 爬 [55] 把火~ [22] 耙父

pʰ [13] 芭琶杷 [51] 帕

m [13] 瞑 [22] 骂

t [13] 茶

l [51] 罅

ts [44] 楂渣灾斋 [51] 债 [22] 寨

tsʰ [44] 叉差岔 [13] 查

v [44] 码 [55] 马

k [44] 家加嘉佳~音 [55] 贾假真假 [51] 假放假架驾嫁价稼

h [44] 哮 [13] 虾霞 [22] 厦夏~天夏姓

ø [44] 亚 [55] 哑 [22] 下厦

ɔ

p [44] 宝播波菠坡玻褒 [13] 婆 [55] 簸~箕堡补甫保 [51] 布怖讣报 [22] 部步哺

pʰ [44] 铺~路 [13] 蒲脯菜~浮轻~浮起来仆 [55] 谱普 [51] 铺店 [22] 簿抱~囝仔

b [13] 无戊 [55] 亩母媒

m [44] 模摸偷偷~摸来~去 [13] 蘑魔摩摹毛 [51] 墓冒

t [44] 刀 [13] 途图 [55] 躲左~手肚肚子岛 [51] 倒 [22] 度长~渡镀道导度思~

tʰ [44] 挑~花 [13] 驼驮妥椭徒陶萄塗桃 [55] 讨土 [51] 吐兔套吐

n [13] 挪奴 [55] 恼脑 [22] 两

l [44] 蜗 [13] 罗锣骡胴啰 [51] 卤 [22] 路露鹭

ts [44] 组租资 [55] 左~右祖枣佐 [51] 做 [22] 助

tsʰ [44] 粗初~年 [13] 曹 [55] 础 [51] 糙醋措 [22] 造

s [44] 唆苏酥蔬疏梳~洗疏司公~丝私思伺 [55] 想~思锁琐所嫂

v [22] 磨石~帽

k [44] 哥孤姑篙菇呼~鸡 [55] 古牯鼓故 [51] 股稿固锢

雇顾

kʰ [44] 科估枯 [55] 许苦 [51] 可课库裤

g [13] 蛾鹅俄吴梧 [22] 饿五伍误悟

ŋ [55] 午

h [13] 湖蝴胡荷河何和~平豪壕毫 [55] 好耗虎 [51] 贺 [22] 祸雨落~号

ø [44] 乌污 [51] 奥懊澳懊 [22] 芋

ɔi

p [44] 表手~彪 [55] 表图~

pʰ [44] 标飘漂 [13] 嫖剽 [51] 漂票

b [13] 贸谋谬 [55] 妙

t [13] 朝潮爱~ [51] 钓

tʰ [51] 粜

ts [44] 蕉椒招~待 [51] 照

tsʰ [51] 笑肖

s [44] 霄云~烧相~往来 [51] 少少年

k [13] 茄

kʰ [22] 扣

v [13] 苗描 [55] 秒 [22] 庙

k [13] 茄乔侨桥荞 [22] 轿

ø [44] 腰幺~二三 [13] 摇窑 [22] 尿

ai

p [13] 排牌 [51] 拜拜年摆 [22] 败

pʰ [51] 沛派

m [13] 埋 [51] 迈勿

t [44] 呆 [13] 台 [22] 待治~鸡

tʰ [44] 筛苔 [13] 刮 [55] 癫~哥(麻疯) [51] 态太泰

n [51] 捺 [22] 耐奈

l [13] 来梨狸 [22] 内(训里)里

ts [44] 栽知通~知 [13] 再才材财豺脐 [55] 指 [51] 宰载一年半~载重~载满 [22] 在

tsʰ [44] 采钗差 [13] 裁 [55] 彩睬 [51] 菜

s [44] 腮鳃筛西狮 [55] 屎使驶 [51] 婿帅 [22] 侍

v [44] 歪 [13] 眉

k [44] 阶解该佳~哉皆楷 [55] 改~日 [51] 介界盖~世尬疥戒~指

kʰ [51] 概溉凯慨

ŋ　［13］涯［22］碍

h　［55］海［51］械懈［22］亥害坏

ø　［44］哀埃挨［51］爱蔼

ui

p　［13］肥［51］贝狈［22］吠

pʰ　［51］肺屁

t　［13］槌锤重~倒~来［51］对碓

tʰ　［44］梯推［55］腿［22］坠

n　［55］软

l　［13］雷［55］蕊［51］垒［22］累~劳~累~积~累~连~类

ts　［44］追锥~锥［55］水［51］缀~点~醉［22］赘

tsʰ　［44］催崔摧［13］垂［51］碎脆嘴翠悴粹喙

s　［44］虽衰［13］髓随隧［55］水［22］瑞

ʒ　［22］锐

k　［44］龟圭规［55］诡鬼［51］桂轨贵［22］跪柜

kʰ　［44］盔亏开［13］魁奎癸逵葵［51］溃气愧

h　［44］妃盃非挥辉徽［55］翡匪［51］悔汇废秽惠慧费汇沸

ø　［44］医委威［13］为维惟唯违围［22］卫位［55］为慰苇纬胃萎［51］讳畏谓

au

p　［44］包胞［13］雹［55］饱~满［51］豹鲍

pʰ　［44］抛［13］刨袍［51］泡炮［22］抱~不平

m　［13］茅锚矛［55］卯吼~怒~［22］貌藐

t　［44］兜篼［55］斗~量具［51］槽巢斗~争昼窦［22］豆逗痘

tʰ　［44］涛滔偷［13］头［55］投敨［51］透

n　［22］恼闹［55］老

l　［44］楼［13］捞楼篓流刘留硫琉馏［22］老缕漏

ts　［44］遭糟昭邹［55］蚤走［51］灶灶笊

tsʰ　［44］操抄［13］愁［55］草［51］躁奏凑丑骤丑臭兽

s　［44］骚稍［55］扫~地［51］扫~把哨沼嗽

k　［44］较~比~构购勾交郊勾沟［13］猴［51］遘［55］九垢狗［22］厚

kʰ　［44］䯧［55］口［51］考烤靠犒叩扣窦

ŋ　［44］藕［13］熬［51］偶［22］傲

h　［44］浩［13］醉淆［55］哭~夯吼嚣~［51］好~爱好~孝~敬

［22］效后

ø　［44］欧凹瓯［13］喉侯［51］呕怄［22］后~天后皇~

iu

t　［13］绸筹纣仇酬［22］柚丈釉稻谷

tʰ　［44］抽

l　［55］溜［51］榴［22］柳

ts　［44］皱周舟州洲［55］拏酒守~嗾［51］绉咒

tsʰ　［44］鬏秋［13］泅［55］手［51］宙［22］树就袖

s　［44］收首修羞［55］守~保［51］秀绣锈［22］受寿授售

dz　［13］又

k　［44］纠鸠究［55］灸［51］救

kʰ　［13］求球

h　［44］休［13］裘［51］朽

ø　［13］忧优幽尤邮由油柔揉鱿［55］舀友酉［51］诱幼［22］右佑柚釉

iau

m　［22］藐

t　［44］雕刁貂［13］朝条~椅［51］吊掉调~音~［22］调

tʰ　［44］挑~拨［13］调~和条~文［51］跳

l　［13］燎疗聊辽撩瞭［55］撩［22］寮寥了料廖

ts　［44］招~呼焦鸟~笼沼［55］鸟~花［51］罩剿

tsʰ　［13］潮~湿［22］超赵召

dz　［55］爪~鸡~

s　［44］消宵霄~硝销肖鞘屑萧萧搜捎［51］数~算数［22］韶绍邵

k　［44］骄娇矫［55］缴饺［51］玟［22］绞翘侥

kʰ　［51］翘

ŋ　［44］猫

h　［44］靴［13］嚣

ø　［44］邀妖［13］谣尧［51］扰要~重~耀

uai

k　［44］瓜鳖乖［55］拐~卖拐~脚［51］怪

kʰ　［51］会~会计刽桧绘快

h　［44］花［13］怀槐淮［51］化

ø　［22］画话~笑~话~讲~

大埔光德（九社）方言音系

ã

p [55] 饱~食~
pʰ [51] 绊冇中空
t [44] 担~水口现在 [55] 胆
n [13] 篮 [55] 榄
ts [55] 早
tsʰ [55] 炒
s [44] 三衫
k [44] 监膏羔糕 [55] 敢搞

ĩ

p [44] 边偏 [55] 扁 [51] 变
pʰ [51] 片~段 [22] 鼻
m [13] 绵棉 [22] 面~条
tʰ [44] 天
n [13] 年
ts [13] 钱 [55] 子 [51] 箭
s [22] 羡 [51] 搧扇
k [44] 墘乾边缘 [51] 见
h [13] 弦
ø [13] 丸圆 [22] 院

ɛ̃

p [13] 平和坪 [51] 丙柄 [22] 病
m [13] 明~年冥夜晚
t [22] 郑
tʰ [51] 撑杖
ts [44] 争 [13] 晴睛 [55] 井阱
tsʰ [44] 生~水青~草星流 [55] 醒 [51] 腥
s [44] 生~学~生~死牲~头 [55] 省~长省反 [51] 姓
k [44] 更五~庚耕 [55] 哽 [51] 径经
kʰ [44] 坑
ŋ [22] 硬

iã

p [13] 平~本 [55] 饼
m [13] 名 [22] 命
t [22] 定

tʰ [44] 听厅汀 [51] 疼
n [55] 领岭
ts [44] 正~月 [55] 淡咸整 [51] 正立~正~好
tsʰ [55] 请
s [44] 声 [13] 成城
k [44] 京惊惊 [13] 行行走 [55] 囝子女 [51] 镜 [22] 件键
    腱健勇~
h [44] 兄 [13] 蚁 [22] 瓦艾蜈
ø [13] 迎赢营 [55] 影

uã

p [44] 般搬 [13] 盘 [51] 贩半叛
pʰ [44] 攀潘 [51] 盼判审~ [22] 胖伴~随伴做~
m [13] 嫲 [55] 瞒满
n [51] 倕小鸡
t [44] 丹单 [13] 弹~琴弹子~ [51] 疸
tʰ [44] 滩摊 [51] 炭
n [13] 栏
ts [13] 泉
s [44] 山 [55] 产 [51] 散药~散分~
k [44] 歌干~饼乾肝竿杆官棺 [13] 寒 [22] 汗
kʰ [44] 宽 [51] 看~见看~守
h [44] 欢~喜 [22] 旱焊换~鸟
ø [22] 换交~换~水换金~ [51] 案碗

iũ

t [44] 张装 [13] 场 [55] 掌 [51] 涨账胀嶂
n [13] 娘粮 [55] 纽两 [22] 辆
ts [55] 蒋奖桨 [51] 浆 [22] 上~山上安~痒
tsʰ [44] 枪 [13] 墙 [55] 抢唱 [22] 匠象大~象印~像橡
s [44] 箱镶 [22] 想~法尚
k [44] 姜
kʰ [44] 腔
h [44] 乡
ø [13] 羊杨~梅洋 [22] 样

uĩ

p [22] 饭

m [13] 门 [22] 问

t [55] 转 [51] 屯 [22] 断

tʰ [51] 脱

n [22] 卵

ts [44] 砖 [51] 钻~孔钻~电

s [44] 荽酸荽 [51] 算

k [44] 光~圈

kʰ [44] 筐眶

ŋ [13] 桅危 [55] 伪 [51] 魏

h [13] 园 [22] 远遥

ø [13] 黄簧

uaĩ

k [44] 关 [55] 杆

ø [13] 拦横~直横~蛮~

am

t [44] 担~保耽 [13] 澹

tʰ [44] 贪坍 [13] 谈痰潭谭 [51] 探

n [13] 南喃

l [13] 蓝淋 [51] 览揽滥舰 [22] 缆

ts [44] 沾 [51] 斩 [22] 站车站

tsʰ [44] 参~加渗 [13] 蚕 [55] 惭惨 [22] 杉

s [55] 糁

k [44] 甘尴监柑 [13] 含淫~湿 [55] 感 [51] 鉴

kʰ [44] 堪龛勘 [51] 坎

ŋ [13] 岩

h [44] 蚶 [13] 衔含~包函 [51] 陷撼憾

ø [44] 庵 [13] 颔 [51] 暗

im

t [13] 沉

l [13] 林临

ts [44] 砧 [51] 浸枕

tsʰ [44] 侵深

s [44] 心 [55] 婶 [51] 沈审甚

k [44] 金襟 [55] 锦 [51] 禁不~禁~止

kʰ [44] 钦 [13] 琴禽

ŋ [13] 吟岑壬

ø [44] 音阴荫 [13] 淫~乱 [51] 饮 [22] 任

em

s [44] 森参人~

ø [44] 揞手覆

iam

t [13] 甜 [55] 点 [51] 掂店

tʰ [44] 添

n [13] 鲇 [22] 念脸

l [13] 廉镰帘 [22] 敛殓

ts [44] 尖簪针 [51] 蘸占占

tsʰ [44] 歼签签迁 [22] 暂渐

s [13] 潜 [51] 陕

k [44] 兼 [13] 黔咸 [55] 黔检 [51] 剑

kʰ [44] 谦 [13] 钳 [51] 欠 [22] 俭

ŋ [13] 檐严 [22] 染验酽

h [13] 咸嫌禅 [55] 险 [51] 喊

ø [44] 阉掩腌 [13] 闫炎盐 [51] 厌阎艳焰 [22] 揞撒粉末

an

p [44] 班斑平便宜鬓 [55] 板 [51] 颁扳版

pʰ [44] 藩番~禺 [51] 扮判~别拌

m [13] 蛮闽 [55] 擅浼 [51] 蔓馒鳗漫

t [44] 旦 [13] 但陈姓 [51] 诞 [55] 等

tʰ [44] 瘫 [13] 坛 [51] 叹毯趁

n [22] 难

l [13] 兰 [55] 懒 [22] 烂

ts [44] 曾姓增赠 [13] 曾~经层~次 [55] 绽 [51] 赞盏攒憎

tsʰ [44] 残单蝉塍田地 [51] 铲灿蹭

s [44] 删珊 [55] 疝

v [22] 慢万

k [44] 干~林奸橄艰间~空 [51] 锏 [22] 芥

kʰ [44] 刊牵

ŋ [13] 颜 [22] 岸

h [13] 韩还还书还有 [55] 罕~稀~ [51] 翰汉 [22] 限

ø [44] 安鞍 [51] 按

in

p [13] 平~安 [51] 禀秉并

pʰ [44] 拼 [13] 贫频屏 [55] 品 [51] 聘
m [13] 眠 [22] 面
t [13] 尘藤亭 [51] 镇振摇动 [22] 阵~势
n [13] 宁宁波
l [44] 磷鳞 [13] 龙~眼干 伶邻陵凌菱灵翎 [51] 赁伶 [22] 凛
ts [44] 珍诊疹征蒸拯津臻真精晶贞侦征 [51] 进晋振~动 震证症整 [22] 尽
tsʰ [44] 青~翠 亲~生 亲~家 称~心 称~呼 [13] 秦臣惩逞呈~文程~度 程姓 诚陈~列 [51] 颤 秤乘~机 乘~除 [22] 趁
dz [13] 仁 [22] 认
s [44] 辛新牲~畜 申升馨 [13] 神娠辰晨绳承蝇 [51] 讯肾迅圣
k [44] 今巾斤筋更~换 根鲸 [55] 紧 [51] 警竟 [22] 近~视 近远~
kʰ [44] 轻~年 轻~不重 [13] 芹 [51] 庆
h [51] 衅
ø [44] 缨莺鹦樱殷应~当 [13] 盈龈银 [51] 印引/应~用 映颖

un

p [44] 奔分~开 [55] 本 [51] 笨
pʰ [13] 盆坟 [51] 喷
t [44] 敦墩 [55] 顿囤盾 [22] 炖
tʰ [44] 吞 [13] 豚 [22] 钝不锋利
l [13] 仑伦沦轮 [22] 论~语 论~议
ts [44] 尊遵 [13] 船 [55] 抖准准 [51] 俊圳颤各各~ [22] 阵时~
tsʰ [44] 村椿春伸~手 [13] 储存纯醇 [55] 剩 [51] 寸蠢 [22] 俦
s [44] 孙 [13] 旬循巡询 [55] 笋榫 [51] 逊殉 [22] 顺
ʒ [51] 刃 [22] 忍韧允
k [44] 均钧君军郡 [13] 裙 [55] 滚 [51] 棍
kʰ [44] 昆坤 [13] 拳群琼 [55] 捆菌 [51] 困
h [44] 晕昏婚芬纷熏烟分~钟 熏 [13] 魂云浑~浊 浑~ [55] 粉~笔 粉~松 [51] 奋愤忿训 [22] 份
ø [44] 温瘟 [13] 闻 [55] 隐稳瘾 [51] 润韵运 [22] 混

en

p [44] 兵逼彬槟滨殡冰 [55] 扳
pʰ [13] 苹平~头 评朋凭萍~浮 萍~水相逢 [22] 凭
m [13] 民萌明盟铭 [55] 敏 [51] 闷孟 [22] 命
t [44] 颠登灯橙瞪丁钉叮 [13] 庭 [55] 等~次 [51] 订顶鼎长~辈 [22] 邓
tʰ [13] 腾澄停廷挺 [22] 澄
n [44] 胧奶 [13] 宁
l [13] 零铃 [55] 冷 [22] 令另
ts [13] 前~门 情 [51] 政 [22] 静靖净
tsʰ [44] 清~楚 清~明 千
s [44] 甥身星~期 伸~新 薪僧 [13] 成~功 成~做 [51] 胜性盛
k [44] 经念 经~纬 经~丝 [55] 卷简境景 [51] 劲梗耿敬
kʰ [44] 倾 [55] 肯~定 [51] 恳垦顷
h [44] 兴~旺 [13] 恒衡杏形型刑 [55] 肯不~ [51] 兴高~幸 [22] 苋
ø [44] 婴恩因英 [13] 闲

uan

t [44] 端 [51] 断煅 [22] 段缎
tʰ [13] 团
l [22] 乱
ts [44] 专 [13] 全
tsʰ [44] 餐川 [13] 传~达 [51] 篡喘篡
s [13] 旋 [55] 选 [51] 蒜
k [44] 观 [13] 悬 [55] 管馆 [51] 冠贯灌罐惯 [22] 县
kʰ [13] 权 [55] 款
h [44] 番~薯 番~被 欢~呼 [13] 烦繁凡帆犯桓环 [55] 反 [51] 缓幻 [22] 范范犯焕患
ø [44] 弯冤 [13] 荒然燃延言捻完顽湾员缘元原源袁 [55] 皖腕晚 [51] 挽阮 [22] 愿

ien

p [44] 鞭蝙 [55] 匾 [51] 辨汴办遍 [22] 便
pʰ [44] 编~主 篇 [51] 片~唱 骗辩瓣
m [22] 娩缅免勉
t [44] 癫 [55] 典腆 [51] 殿奠 [22] 电

tʰ [13] 填~空

l [13] 连联怜莲 [22] 练炼链楝恋

ts [44] 煎笺毡 [13] 前~进 [55] 栈剪展 [51] 荐践战

tsʰ [55] 浅癣 [51] 溅贱

s [44] 喧廯鲜~新,~朝 [13] 宣仙先 [51] 线羡信 [22] 善膳

k [44] 绢肩坚捐趼间~房 [51] 券建 [22] 健~康

kʰ [44] 圈 [13] 乾 [55] 倦 [51] 劝遣卷犬

ŋ [44] 研

h [44] 轩掀 [13] 贤悬眩玄 [55] 显 [51] 宪献 [22] 现

ø [44] 姻咽渊铅胭 [13] 援沿辕 [51] 雁晏演堰燕宴怨

iun

k [51] 谨

h [44] 欣熏勋

ø [51] 咏

aŋ

p [44] 浜崩 [13] 房~间房~姓帆 [51] 放棒

pʰ [44] 芳蜂~王 [13] 庞彭膨棚蓬

b [22] 梦

m [44] 蚊 [13] 盲氓 [55] 蠓莽 [51] 蟒忘猛 [22] 忘

t [44] 东冬 [13] 铜筒同~合 [55] 等~人 [51] 挡顶紫 [22] 重~量

tʰ [44] 窗囱 [13] 虫桐~油 [55] 桶 [51] 荡

l [13] 侬~人聋笼 [51] 弄

ts [44] 鬃 [13] 丛 [51] 稷棕

tsʰ [44] 葱仓~皇

s [44] 松~轻 [51] 送

v [22] 网望

k [44] 蚣工公~鸡 [13] 雄鸭~仔 [51] 项~链 [22] 共

kʰ [44] 慷空破~孔 [51] 抗

h [13] 行银行杭 [22] 巷

ø [44] 罾翁渔~ [13] 红

ɔŋ

p [44] 枫 [51] 榜绑捧奉

pʰ [13] 滂鸿冯 [51] 谤

m [13] 忙芒茫亡虹 [22] 妄

t [13] 桐梧~树童同~胞 [55] 党档董 [51] 冻栋 [22] 动

tʰ [44] 通 [13] 塘 [55] 洞统 [51] 倘躺烫趟瞳

n [13] 农~村脓囊

l [13] 郎廊狼隆 [51] 垅垄 [22] 朗浪

ts [44] 综崇 [55] 总碾 [51] 壮

tsʰ [44] 苍冲聪 [13] 丛 [51] 创 [22] 闯撞

s [51] 爽宋

k [44] 公~安攻 [55] 讲 [51] 钢降巩贡汞

kʰ [44] 空~间 [51] 恐控

ŋ [44] 翁~老 [51] 昂

h [44] 丰封峰锋风蜂~起疯 [13] 航皇虹弘轰宏烘洪逢凰缝~裁,~隙 [51] 讽 [22] 凤棒

ø [44] 翁丈夫 [13] 王

uŋ

m [13] 懵

t [51] 懂

əŋ

p [44] 帮邦

pʰ [13] 旁

t [44] 当 [13] 堂棠唐长~期肠 [51] 档当 [22] 荡丈

tʰ [44] 汤 [13] 糖

n [22] 裆瓤 [55] 女

ts [44] 赃妆桩打~ [51] 葬 [22] 藏脏状

tsʰ [44] 仓~库疮 [13] 床河~

s [44] 桑丧~事嗓丧~失霜孀 [55] 损

k [44] 冈岗刚纲缸江扛 [51] 杠港降

kʰ [44] 康糠 [51] 囥

iaŋ

tʰ [51] 艇

l [13] 良凉量梁粱 [22] 谅亮量数量

ts [44] 将庄章樟 [55] 长~生 [51] 酱将仗障瘴

tsʰ [44] 昌菖 [13] 淙 [55] 厂

s [44] 相~互双厢湘襄商伤 [13] 详祥常呈~报 [55] 赏偿 [51] 相~貌像 [22] 上

k [44] 疆僵缰姜 [13] 强 [51] 强

h [44] 亨 [55] 响饷享 [51] 向

ø ［44］央殃鞅~线［13］阳扬疡杨白~［55］壤养仰［22］
　　酿让

t ［5］滴［13］值~班
tʰ ［5］扯铁
n ［5］捏
l ［13］役差~裂力~争
ts ［13］舌
s ［5］塞~责
k ［5］砌寂
ø ［13］翼

uaŋ

k ［44］光~辉［51］广
kʰ ［44］匡［13］狂［51］旷况矿
h ［44］慌荒~凉［13］惶肪防［51］谎仿放妨纺仿彷访
ø ［44］瓮汪［55］枉往［22］旺

ioŋ

t ［44］中~间忠钟~情［13］层~出不穷重~复［51］中~暑
l ［13］龙~灯
ts ［44］春椶宗终钟~盅踪［55］种~类肿［51］种~田众纵
　　从中射~
tsʰ ［44］充［13］从~容从跟~松~树［22］像仲穿［51］铳
s ［44］菘［51］讼［22］诵颂
k ［44］弓躬宫恭供［13］穷［55］拱供
h ［44］胸凶［13］熊雄~辩
ø ［44］庸［13］榕荣绒融茸容蓉榕雍浓［55］永捅拥涌
　　勇［22］雍~菜用用处

aʔ

p ［5］北
pʰ ［5］拍
b ［5］肉密~斗
t ［5］帖答搭［13］踏贴~邮票
tʰ ［5］塔塌查~悬
l ［13］腊纳~出~
ts ［13］闸
tsʰ ［5］插
s ［5］萨煞［13］煠
k ［5］恰甲胛夹~照
kʰ ［5］蛤鸽
h ［13］合~真~
ø ［5］鸭压

iʔ

p ［5］鳖
m ［13］物~件

uʔ

t ［5］啄
tʰ ［5］凸突
l ［5］捋
ts ［5］捽
tsʰ ［5］猝

ɔʔ

p ［5］剥驳［13］勃
pʰ ［5］粕渣滓
t ［5］桌［13］着择
ts ［5］卓琢
s ［5］索
ø ［5］恶［13］学

eʔ

p ［5］八［13］拔~草
t ［5］掇
n ［5］暍
l ［5］劣
ts ［13］绝节~气
tsʰ ［5］妾切
s ［5］薛楔雪樧
h ［5］核歇
ø ［13］狭

ɛʔ

p ［5］百柏伯擘~开［13］泊漂~白
pʰ ［13］泊薄~魄
m ［13］麦脉
ts ［5］绩

tsʰ [5] 册

v [13] 袜月

k [5] 格空 隔

kʰ [5] 客

h [5] 吓

ø [5] 轭

iaʔ

tʰ [5] 拆 [13] 蝶

l [13] 掠

ts [5] 迹

s [5] 泄锡

k [13] 剧

ø [13] 额页

uaʔ

p [5] 钵拨 [13] 跋发~病

pʰ [5] 拨~河 泼

m [5] 抹

tʰ [5] 屉

l [13] 獭猎涉~ [051] 辣

ts [13] □甲~；蟑螂

tsʰ [5] 察撮

s [5] 杀

ʒ [13] 热~天

k [5] 割

kʰ [5] 渴阔

ø [5] 末 [13] 活

ioʔ

tʰ [5] 籴

ts [5] 借爵 [13] 石

tsʰ [13] 席草~

kʰ [5] 挠

h [13] 叶

ø [5] 约跃 [13] 药

ieʔ

ŋ [5] 挟 [13] 夹~子

ueʔ

s [5] 刷说小~

k [5] 刮倔郭

kʰ [5] 缺

h [5] 血

ø [5] 乙掘霍藿

uaiʔ

ø [13] 划计~

ap

tʰ [5] 塌

n [13] 纳采~

l [13] 猎打~

ts [13] 十拾

tsʰ [13] 杂查杂~

kʰ [5] 磕洽

h [22] 很

ø [13] 盒

ip

l [13] 笠

ts [5] 接执 [13] 揖缉辑

dz [13] 入

s [5] 袭 [13] 集习藉籍

k [5] 急

kʰ [5] 级及

h [13] 饰

ø [5] 挹~让

iap

t [13] 牒

tʰ [5] 贴补~垫 [13] 迭碟蝶谍

l [13] 粒

ts [5] 汁

tsʰ [13] 捷

s [5] 啬涩

k [5] 劫

kʰ [5] 歉

ŋ [5] 闪摄 [13] 聂

h [5] 穴腋 [13] 峡涉胁协侠

ø [5] 挹手~后 [13] 业

k [5] 骨 [13] 掘滑猾

kʰ [5] 屈

h [5] 忽 [13] 核龙眼~核~卵佛仿~佛拜~

at

p [13] 别~样

b [5] 捌

m [13] 沫

t [13] 达值~钱

tʰ [5] 踢

l [13] 瘌力出~

ts [13] 撤

tsʰ [5] 漆~布 [13] 贼

s [5] 塞~鼻虱

kʰ [5] 刻

et

p [5] 迫

pʰ [5] 碧 [13] 壁

b [13] 默密~度

f [13] 惑

t [5] 得德 [13] 特敌

l [5] 勒 [13] 肋历

ts [13] 择

tsʰ [55] 泽

s [5] 色 [13] 席~地

k [5] 阁 [13] 结打~

kʰ [5] 克

h [13] 核

it

p [5] 笔毕必

pʰ [5] 避匹僻辟劈霹

t [5] 的 [13] 蛰侄直殖植斥嫡笛狄

l [5] 栗

ts [5] 节~录褶秩质即鲫织截~击职责积脊~椎

tsʰ [5] 七疾戚漆~黑

dz [13] 日

s [5] 悉失息休~息~子熄惜疼爱惜可~夕释析分~析量词 [13] 蚀侵~实室翼翅膀适

k [5] 吉橘击激戟

kʰ [5] 乞极

ø [5] 一亦 [13] 逸译易液疫役~使

iet

p [13] 别区~

pʰ [5] 撇

m [13] 灭

l [5] 列烈 [13] 列

ts [5] 折哲折浙蚀日~截~头去尾

tsʰ [5] 彻撤

dz [13] 热~爱

s [5] 设

k [5] 蕨决揭结~婚

kʰ [13] 杰

ø [5] 越粤

ut

p [5] 不

tʰ [5] 突秃

l [5] 捋 [13] 律

ts [5] 卒 [13] 秫

tsʰ [5] 出

s [5] 戍戌术术述戌

v [13] 物植~

uat

t [5] 喝~采 [13] 夺

k [5] 括诀

h [5] 发法乏或 [13] 罚

iut

l [13] 律率绿录~记

ak

p [13] 缚腹~肚

pʰ [5] 仆覆伏 [13] 拍

b [13] 墨木目穆牧

m [13] 眼(训目)

tʰ [13] 读

l [13] 六陆大~

ts [5] 轧扎则侧

tsʰ [5] 测策 [13] 凿~空

k [5] 葛觉角革

kʰ [5] 壳 [13] 搭

ŋ [13] 鄂鳄岳

h [13] 合~并

ø [5] 沃浇灌押

ɔk

p [5] 博 [13] 薄~荷薄很薄

pʰ [5] 扑朴拍卜蚌 [13] 珀

m [13] 膜幕寞募

t [5] 剁督 [13] 独毒

tʰ [5] 托托铎

l [5] 搦 [13] 落骆鹿络乐

ts [5] 作酌绰 [13] 族凿~确~

tsʰ [5] 触束促

s [5] 速肃缩塑朔

k [5] 各搁国谷五~ □(罐子) 焗

kʰ [5] 哭~泣敲确酷

h [5] 复反 福辐覆伏 [13] 鹤幅复腹心~ 服袱复恢~

ø [5] 恶

iak

p [5] 壁

ts [5] 只迹眷~背 [13] 食

tsʰ [5] 赤

k [13] 屐

kʰ [13] 剧

ø [5] 益 [13] 逆

uak

kʰ [5] 扩

ø [5] 沃

iɔk

t [5] 烛竹筑

l [13] 略掠录~像

ts [5] 蜀祝叔足

tsʰ [5] 册尺谷~物 轴 [13] 逐

dz [5] 弱

s [5] 削宿粟 [13] 续赎属熟淑俗续

k [13] 局脚

kʰ [5] 曲 [13] 却菊

h [5] 畜~牧局 蓄 [13] 畜牲~

ø [5] 若 [13] 育辱玉狱欲浴

uɔk

kʰ [5] 廓窟

ø [13] 获

ŋ̍

h [44] 方芳荒开~

ø [44] 秧

m̩

ø [13] 梅杨~ [55] 姆 [22] 唔不

参考文献

[1] 曾南逸.泉厦方言音韵比较研究[D].北京大学博士学位论文,2013.

[2] 陈武远.九社印象：广东省大埔县光德镇九社村[M].深圳：海天出版社,2014：12.

[3] 大埔县地方史志编纂委员会.大埔县志[M].广州：广东人民出版社,2011：989.

[4] 丁声树、李荣.汉语音韵讲义[J].方言,1981(4).

[5] 高然.漳州方言音系[D].暨南大学硕士学位论文,1992.

[6] 广东省地方史志编纂委员会.广东省志·方言志[M].广州:广东人民出版社,2004:277.

[7] 黄雪贞.客家话的分布与内部异同[J].方言,1987(2):81.

[8] 吉川雅之.大埔县客家话语音特点简介[A]//李如龙,周日健.客家方言研究——第二届客家方言研讨会论文集[C].广州:暨南大学出版社,1998:158.

[9] 江俊龙.两岸大埔客家话比较研究[D].台湾中正大学中国研究所博士学位论文,2003:15.

[10] 李菲,甘于恩.大埔客家方言音系[J].嘉应学院学报(哲学社会科学),2014(03):18—21.

[11] 李菲.地理语言学视角下梅州客方言声调研究——基于梅州五县一市二区的语音规模调查[D].暨南大学硕士学位论文,2015.

[12] 李如龙.中古全浊声母闽方言今读的分析[J].语言研究,1985(1).

[13] 李新魁.古音概说[M].广州:广东人民出版社,1979.

[14] 李新魁.广东的方言[M].广州:广东人民出版社,1994.

[15] 李永明.潮州方言语音的内部差别[J].湘潭大学学报(社会科学报),1986.

[16] 林宝卿.厦门、泉州、漳州的语音差异[J].厦门大学学报(哲社版),1993(2).

[17] 林宝卿.漳州方言词汇(一)[J].方言,1992(2):151—160.

[18] 林伦伦.潮汕方言历时研究[M].广州:暨南大学出版社,2015.

[19] 林伦伦.潮汕方言历时研究[M].广州:暨南大学出版社,2015:26.

[20] 马重奇.《广韵》韵系与漳州方言韵系比较研究(上)[J].福建师范大学学报(哲学社会科学版),1997(3).

[21] 马重奇.漳州方言同音字汇[J].方言,1993(3).

[22] 马重奇.漳州方言研究[M].香港:纵横出版社,1994.

[23] 苏轩正.大埔、丰顺客家话的比较研究[D].台湾"中央"大学客家研究所学位论文,2010.

[24] 温昌衍.客家方言[M].广州:华南理工大学出版社,2006.

[25] 袁家骅.汉语方言概要[M].北京:语文出版社,2001.

[26] 詹伯慧.汉语方言及方言调查[M].湖北:湖北教育出版社,2001.

[27] 张淑敏.马来西亚吉隆坡大埔客家话词汇研究[D].暨南大学硕士学位论文,2014.

[28] 张振兴.漳平方言研究[M].北京:中国社会科学出版社,1992.

> 语言资源

广州市增城区语言资源概况

王晓珊

(暨南大学汉语方言研究中心　广东广州　510632)

【提　要】位于珠江三角洲地区的广州市增城区通行粤、客方言，还有少量的闽南语、畲语。本文主要介绍增城区的方言种类、分布情况以及大致的使用人口，以反映增城区语言资源的整体面貌，致力于语言资源的传承与保护。

【关键词】广州增城　语言资源　粤方言　客家方言

一、增城的地理历史

增城区是广州市市辖区，地理坐标为东经113°29′至114°0′，北纬23°5′至23°37′之间。其位于广东省中东部、珠江三角洲东北部、广州市东部，西面萝岗，东临惠州，北连从化，南与东莞隔江相望。

截至2017年底统计数据，增城占地面积约1616平方千米，常住人口约141万。增城区地势北高南低。北部以东北—西南走向的低山为主，占增城面积的8.3%。丘陵和台地主要分布在中南部，分别占增城区面积的35.1%、23.2%。南部是三角洲平原，加上河谷平原，占总面积的35.4%。由于地理位置的优越性，充足的光照和肥沃的土壤成为增城区盛产优质丝苗米、荔枝、乌榄、迟菜心等美食的优势条件，这些海内外驰名的美食也逐渐成为增城特有的文化标志。在历经撤县设市、撤市设区的行政区域改革后，增城深化了流通等各方面体制改革，实现了经济的稳定发展。铁路、公路、航路的逐渐密集，尤其是近年来政府拟建并落实的地铁13、16、21号线，加强了增城与广州各市区和周边城市的沟通与联系。

据增城城市馆资料，增城建县于东汉建安六年（201年），隶属于南海郡。因南海郡原辖六县，新设一县，故曰"增城"。1993年撤县设市，2014年撤市设区。自2013年调整行政区划后，增城区辖荔城街道、增江街道、朱村街道和永宁街道四个街道办事处，中新镇、石滩镇、新塘镇、小楼镇、派潭镇、正果镇、仙村镇七个镇，以及282个行政村和55个社区。

二、增城的语言资源

增城区通行粤方言和客家方言，少部分闽南语和畲语。据2005年调查，全区人口794295人，粤语使用者471704人，占总人口的59.39%；客方言使用者322591人，占总人口的40.61%。闽南语和畲语仅有几百人，属当地的濒危方言，暂不算入百分比。20世纪80年代末至90年代初，增城设15个镇，分别是荔城镇、新塘镇、永和镇、仙村镇、沙埔镇、宁西镇、石滩镇、三江镇、派潭镇、正果镇、小楼镇、福和镇、朱村镇、中新镇及镇龙镇。据增城地方志办公室1991年的调查，石滩、沙埔、新塘为纯粤镇，荔城、仙村、三江、永和、宁西、福和、镇龙、中新、朱村、小楼、派潭、正果为粤客夹杂镇。其中，仙村、三江、朱村主要讲粤方言，永和、宁西、福和、派潭主要讲客家方言，而荔城、镇龙、中新、小楼和正果则是粤、客方言势均力敌。2013年又一次调整了行政区划后，宁西、永和被划分出来成为永宁街道，与荔城、朱村、增江并列为四大街道，镇龙、福和并入中新镇，三江、沙庄（原沙庄街道）并入石滩镇，沙埔归入新塘镇，正果、小楼、派潭、仙村保留镇的级别。因此，按照新的行政区划来说，新塘镇为纯粤镇，其余街道和镇皆为半粤半客。其中，朱村街道、石滩镇、仙村镇主要使用粤方言，永宁街道、派潭镇主要使用客方言。

（一）增城的客家方言

增城最早是讲本地粤语（当地称"增城话""本地话"），后来大量客家人逐渐迁入增城北部和西北部的丘陵地带，客家话便成了另一种通行方言。客家人入增的历史可以追溯到北宋。据现编《增城县志·人口卷》记载，较早迁入增城的客家人是北宋进士古成之的祖父古全望家族，于南汉大有七年（934年）从广东河源迁至福和古屋。从明代开始，客家人大量迁入增城。资料记载，入增的客家人来自福建汀洲，广西，广东河源、新丰、博罗大罗陂、梅县、惠州、兴宁、紫金、龙川、英德等地。根据不同的划分标准，增城客家话也被分为不同的种类。从方音差异最小化的角度出发，根据先民来源的不同以及语音的实际情况，增城客家话分为程乡话和长宁话。王李英、罗兆荣合写的《增城客家话语音的内部差异》提到，操程乡话的客家人占全县总人口的30%左右，操长宁话的客家人占全县总人口的10%左右。由于正果镇的客家先民大多数来自梅县（旧称程乡县），以该镇的客家音为代表的客家话称为程乡话。长宁话以派潭客家话为代表，派潭镇的客家先民大部分来自新丰县（旧称长宁县），因此以派潭客家音为代表的客家话也相应地称为长宁话。程乡话使用者大多分布在正果、荔城、朱村、中新、镇龙、福和、永和、宁西、三江、小楼、仙村等地，长宁话使用者则集中于派潭、小楼。若按地域的标准划分，增城客家话有分正果客家、派潭客家、福和客家等。派潭旧称杨梅都，因此派潭镇的客家话也叫做杨梅话。有专家认为，程乡话、长宁话和杨梅话是增城客家三大语种。在经济、政治、文化等因素的影响下，粤方言在当地占有强势地位，它对增城两种客话也造成了不同程度的影响。例如，跟梅县话一样，程乡话没有撮口呼韵，而长宁话是有撮口呼韵的；程乡话古微母字念[v]，而长宁话古微母字念明母[m]，如巫、武、文、物等字。这些现象都表明长宁话受到粤语的影响要比程乡话大。

增城被广府片包围着，因此增城的客家人大都是双语使用者，尤其是年轻人。他们既会说自己的母语客家话，也能操着一口流利的粤语。一般情况下，客家人在家庭内部使用客家话，跟外面的人接触则使用粤语。这也导致了他们的客家话受到粤语的影响，混进了不同程度的粤语成分。另外，不同的客家话之间也容易相互影响。例如，因为长宁话与程乡话相距较近，或者两种客家话使用者相互结亲等原因，长宁话容易受到程乡话的影响，但仍然保留长宁话的面貌，《增城方言志》（第二分册）称之为"半长宁"。

（二）增城的粤方言

粤方言是大量客籍移民从外地迁入增城之前就已经存在的土著方言，因此也叫作"本地话"。陈卫强编著的《广州地区粤方言语音研究》中提到，在增城市，粤方言的使用人数约占总人口的61%，市内说粤方言的村落主要分布在增江两岸以及中南部的平原地带，其中南部的新塘、沙埔、石滩为纯粤方言区；仙村、三江、朱村的大部分，荔城、小楼、正果、中心、镇龙的半数或近半数，派潭、福和、永和、宁西的部分说粤方言。粤方言在增城境内有两个分支，一是以荔城街办为代表的增城话，一是主要集中在新塘镇的新塘话。增城话的分布范围以及使用人口远比新塘话来得多，除了新塘镇的新塘话以外的粤语都属于增城话。

就增城话来说，有老派和新派之分。老派增城话主要为中老年人使用，受到客家话的影响，与广州话保有一定距离，却与客家话有着某些相似的成分。詹伯慧提到，在声母方面，古匣母遇摄山摄合口一等字，如"壶、狐"，增城话跟客家话一样念[f]，而不像广州话一样念[w]；韵母方面，增城话跟程乡话一样没有撮口呼韵，而广州话是有撮口呼韵的；词汇方面，增城话存在一些客家话常用的词语，如落水（下雨）、鸡春（鸡蛋）。新派增城话则主要为青年人以及部分文化程度比较高的中年人使用，与老派增城话相比更接近于广州话，脱掉了某些跟客家话相似的成分。

（三）增城的小众方言

除了增城客话和增城粤语，增城还存在部分使用人数不多的小众方言，如闽南话和畲语。增城区南部鹤州村有一个闽南话方言岛，该村在20世纪90年代约有六百多人，讲闽南话的村民原居福建漳州，明末入粤到博罗，清乾隆间再迁来鹤州。暨南大学汉语方言研究中心于2013年7月下旬对该点方言进行过语音调查，得出了更为准确的迁移路线：鹤州先民先从福建漳州龙溪迁到惠州惠东，再到博罗仍图镇，最后定居于增城鹤洲，形成被粤客方言包围着的闽南话方言岛。随着语言的使用和发展，新派的鹤州居民已经很少使用甚至不会讲闽南话，而是改用增城话，只有老派居民才保留在家讲闽南话的习惯。

此外，增城境内还存在正果兰溪畲族聚居村民使用的畲语。日本学者中西裕树于2007年对增城正果镇畲族村进行了人口调查，包括吓水、通坑、榕树三个自然村，结果显示正果畲族村约有390人。畲语属于苗瑶语族畲语支，大多分布在福建、浙江、江西、广东、安徽等省份的部分山区。王远新提到，除了广东省的博罗、惠东、增城、海丰保留了部分本族语言，其他四省的畲族村民大多都废弃了畲语转而使用汉语方言。跟闽南话一样，新派畲语使用者大多是双语使用者，他们对外交际的语言是增城客话或者增城粤语。不同的是，畲族人使用的增城粤语或增城客话带有一定的畲语底层成分。而老派畲族人在家庭内部还有可能使用畲语。

三、增城方言的研究

（一）增城粤方言的研究

在20世纪80年代以前，广州地区粤方言的研究主要是对市区权威方言的研究，而对广州地区粤语次方言的研究较少。80年代后，粤语次方言的研究才慢慢进入国内学者们的视野，但是主要集中在语音方面，而且研究尚不深入。

20世纪80年代中期，詹伯慧、张日昇以及粤、港地区几位年轻学者一起对珠江三角洲地区进行了较为全面的区域性方言调查。随后，由广东人民出版社出版的《珠江三角洲方言字音对照》便于1987年面世。该书记录了增城荔城的粤方言语音材料，初步反映了增城话的语音面貌，为珠三角粤方言语音的研究奠定了坚实的材料基础。另外，同样由广东人民出版社出版的《珠江三角洲方言词汇对照》也记录了一定量的增城粤方言词汇。以上研究成果提及的增城方言均是作为广州地区粤方言中的县城次方言被纳入研究范围内，专门针对增城粤方言作出研究的是增城籍的华南师范大学教授何伟棠先生。何伟棠先后在《方言》中发表了《广东省增城方言音系》《广东省增城方言的变调》，前者归纳了以荔城街话为代表的增城话的声韵调系统，也指出了增城话与广州话的差别及其内部分歧；后者梳理了增城方言的两种连读变调，包括不引起语义变化的两字组、三字组连读变调以及具有语法意义的语法变调。

90年代，詹伯慧《广东境内三大方言的相互影响》一文从语音、词汇、语法上举例说明了广东境内粤、闽、客三大方言相互渗透、相互借用的情况，其中指出了老派增城话受到了客家方言的影响而具有某些接近客家话的因素，与广州话产生了一定的距离，并从声母、韵母、词汇三方面举例说明了老派增城话跟客家话相似而跟广州话不同的几个特点。该文为增城境内的语言接触研究提供思路。另外，何伟棠发表的《广东增城同音字汇》按照韵母—声母—声调的顺序总结了增城话的同音字汇，反映了增城方音的整体面貌。随后再次发表了一篇《增城方言的语法特点》，该文是为数不多的针对方言语法作出的研究，其结合了增城方言的变调情况，从人称代词的单复数、动词的完成体、动词的重叠形式、语气词的特点等方面讨论增城方言的语法特点。其次，在方言志的编撰上也颇有一番成就。增城籍的语言学家、华南师范大学的何伟棠和王李英主要承担增城方言志的策划和编写工作，两人对方言志的编撰作出了重要的贡献。增城方言志首次综合归纳增城方言在语音、词汇、语法方面上的特点，使增城粤语和增城客话的面貌清晰地呈现在读者面前，反映了一区双语的现象。何伟棠主编的《增城方言志》（第一分册）主要介绍增城粤方言。该书主要分为三章：第一章综述了增城的地理概况和历史沿革，也简单介绍了增城客话和增城粤语的地域分布和内部划分。第二章则是重点介绍增城粤语之增城话，包括它的音系及声韵调拼合关系、变调情况、增城话和广州话与中古音之间声韵调的共时历时比较、语音的内部差异及地域分歧、同音字汇、词汇特点、语法特点等各方面的内容，可谓是成果丰硕。第三章则重点介绍增城粤语之新塘话，主要包括音系特点、词汇特点、语法例句等内容。除了方言志，地方志也有介绍增城语言资源的篇章，如《广州市增城市志（1994—2005）》卷三十三的《语言风俗》《增城县志》卷三十四的《方言》，均对增城方言资源作出不同程度的描述。

到了21世纪，一边是逐渐出现了部分运用现代科学技术来具体分析语音方面的某个问题，如《第十届中国语音学学术会议论文集》便有《增城粤语的a和ɐ》一文通过采用共振峰数据分析的方法，考察了增城粤语的［a］和［ɐ］，比较了［a］和［ɐ］在鼻音韵尾［ŋ］和塞音韵尾［p］［k］前舌位高低、前后的不同。另一边则是逐步完善对广州地区粤方言语音方面的研究。这方面的代表作有陈卫强编著《广州地区粤方言语音研究》，该书主要运用田野调查法和比较法，实地调查了广州市郊的16个方言点的材料，在此基础上参考其他地区的粤方言材料和历史文献材料，既描写了各方言的语音系统和语音特点，又共时比较了广州地区粤方言的内部差异，并历时分析了广州市内粤方言的发展演变情况。其中，增城作为当时广州的一个县城，其粤方言也被纳入了研究范围。陈卫强先生选取了荔城镇桥头村、石滩镇塘头村、新塘镇岗头坊三个点进行田野调查，因此该书也可作为探究增城粤语的语音面貌和共时历时差异的材料。

总体上看，增城粤语的研究多集中在研究条件有限的八九十年代，而且多停留在语音描写层面，挖掘尚不够充分，作为增城粤语分支之一的新塘话的专门研究更是少之又少。

(二) 增城客家方言的研究

相比于强势方言增城粤语，增城客家话的研究会更少一些，并且同样集中在声韵调系统的平面描写上，更多深入问题依然有待挖掘。

最早提及增城客家话的应当数当地县志。《增城县志》的编辑出版可追溯到明嘉靖十七年，后来先后编修了五部《增城县志》。最新出版的是1995年于广东教育出版社出版的《增城县志》。其中记载着增城客家居民点、增城客家村落的开居情况、增城客家人的整体面貌、增城客家话语音系统等，是一本不可多得的考察增城客家话的工具书。

从20世纪90年代起，增城客家话研究得到了增城各级领导的大力支持，引起了学者们的关注，但同样以语音研究为主。1996年8月21日至23日，由增城人民政府支持赞助，增城电视大学与华南师范大学中文系联合主办，在荔城举办了第二届国际客方言研讨会。华南师范大学的王李英与增城电视大学的罗兆荣合写的《增城客家话语音的内部差异》收录在由李如龙、周日健主编的第二届客方言研讨会论文集《客家方言研究》中。该文总结了程乡话和长宁话的声韵系统，并比较了两者在声母、韵母、声调方面的异同及各自的内部差异，反映了增城境内的客家方言的语音面貌。跟增城粤语一样，增城客话也有一本方言志，即王李英主编的《增城方言志》（第二分册）。该书主要分为三个章节，对增城客家话的语音、语法、词汇进行了比较全面的介绍。第一章导言部分总述了客家人迁徙入增的历史、客家话在增城境内的分布情况以及增城两种客家话的内部差异；第二章则是重点介绍增城程乡话的特点；第三章则是着重说明增城长宁话的特点。无论是两者的内部差异还是各自特点，王李英都从语音、语法、词汇三个方面细细分析增城客话的情况，给想了解增城客话的读者提供了较为全面的参考材料。

进入21世纪，深圳大学客家学会把增城客家列为研究课题，学会会长张卫东教授与副会长刘丽川教授曾多次到增城进行调研考察，其成果尚未公布或正在公布。

(三) 增城小众方言的研究

相比于增城的粤语和客话，增城闽南话和畲语的研究要少得多。上文提到的《增城县志》《增城方言志》中仅仅是略微提到了闽南话和畲语的分布地点以及使用人口，因此在增城的小众方言这一块仍具有很大的研究空间。

关于畲语研究，已经有学者注意到增城正果兰溪的畲语仍保留本族语。20世纪八九十年代，陈其光对增城的畲语进行了调查，也发表了相应的成果。他的《畲语和客家话》以增城下水村畲语为例，从语音、语法、词汇三个方面举例说明畲语受到汉语的影响而存在与汉语客家话相似的因素。另外，在《中国少数民族语言·畲语》中，陈其光先生对增城下水村畲语的语音、语法、词汇的基本情况进行了描写，并指出畲语属于苗瑶语族瑶语支。

21世纪初，陈其光先生也在《汉藏语同源词研究（二）：汉藏、苗瑶同源词专题研究》中描述了增城畲语的语音系统。除了语音、语法、词汇基本情况的研究，另有学者对广东增城畲语的使用情况作出调查。如王远新的《广东博罗、增城畲族语言使用情况调查》通过实地访谈和入户调查获得相关资料和数据，对增城畲族语言的使用情况的研究作出了一定的贡献。作者通过调查对象的母语习得和语言能力、四种语言的使用情况、语言的使用场合以及交际话题等四个方面对增城畲语的使用现状作出了详细的说明，并从主观评价和行为倾向两个方面分析了畲族人民的语言态度，进而得出增城畲语得以保留的主要原因为民族聚居、婚姻制度以及对本族语的忠诚态度。

另外，关于增城闽南话的研究，暨南大学汉语方言研究中心2013年7月下旬对增江鹤州闽南话方言岛进行过语音调查，得出了比方言志所记载的更为详尽的迁移路线：鹤州先民先是从福建漳州龙溪迁到惠州惠东，再到博罗仍图镇，最后定居于增城鹤洲，形成被粤客方言包围着的闽南话方言岛。

四、结语

广州市增城区辖荔城街道、增江街道、朱村街道和永宁街道四个街道办事处，中新镇、石滩镇、新塘镇、小楼镇、派潭镇、正果镇、仙村镇七个镇，以及282个行政村和55个社区。新塘镇为纯粤镇，荔城街道、增江街道、朱村街道、永宁街道、中新镇、石滩镇、小楼镇、派潭镇、正果镇、仙村镇皆属粤客混杂。其中，朱村街道、石滩镇、仙村镇主要使用粤方言，永宁街道、派潭镇主要使用客方言，其余地方则是半粤半客。增城除了通行粤客方言，另存在两种使用人口较少的方言：增江鹤州的闽南话和正果兰溪的畲语。增城语言资源的研究主要集中在语音方面，专门研究增城粤客方言的学者和著作主要是王李英、何伟棠以及两人合力编著的《增城方言志》（第一、二分册）。增城的闽南话、畲语则较少人关注。总体来说，增城语言资源仍然有很大的研究潜能。

参考文献

[1] 王远新.广东博罗、增城畲族语言使用情况调查——保护濒危语言的重要途径[J].中央民族大学学报，2004（1）：115—125.

[2] 詹伯慧.广东境内三大方言的相互影响[J].方言，1990（4）：27—31.

[3] 何伟棠.广东省增城方言的变调[J].方言，1987（1）：44—48.

[4] 何伟棠.广东省增城方言音系[J].方言，1986（2）：133—138.

[5] 何伟棠.广东增城方言同音字汇[J].方言，1990（4）：32—45.

[6] 梁嘉乐.广州粤语语音比较研究[D].广东技术师范学院硕士学位论文，2016.

[7] 詹伯慧.客家方言研究的可喜成果——读王李英编著的《增城方言志》第二分册[J].语文月刊，1999（11）：16—17.

[8] 何伟棠.增城方言的语法特点[J].方言，1993（2）：148—155.

[9] 王茂林.增城粤语的a和ɐ[A]//中国语言学会语音学分会.第十届中国语音学学术会议论文集[C].2012：6.

[10] 王李英，罗兆荣.增城客家话语音的内部差异[A]//李如龙，周日健.客家方言研究——第二届客家方言研讨会论文集[C].1996：118—132.

[11] 邓晓华.论客家话的来源——兼论客畲关系[J].云南民族大学学报（哲学社会科学版），2006（4）：143—146.

[12] 陈晓锦，郑蕾.广州地区的客家方言[J].方言，2012（2）：172—177.

[13] 增城市地方志编纂委员会.增城县志[M].广州：广东人民出版社，1995.

[14] 何伟棠.增城方言志（第一分册）[M].广州：广东人民出版社，1993.

[15] 王李英.增城方言志（第二分册）[M].广州：广东人民出版社，1998.

[16] 陈卫强.广州地区粤方言语音研究[M].广州：暨南大学出版社，2011.

[17] 詹伯慧，张日昇，等编纂.珠江三角洲方言字音对照[M].广州：广东人民出版社，1987.

[18] 詹伯慧，张日昇，等编纂.珠江三角洲方言词汇对照［M］.广州：广东人民出版社，1988.

[19] 陈其光.畲语和客家话［A］//北京市语言学会.语言论文集［C］.北京：商务印书馆，1985：129—138.

[20] 中央民族学院少数民族语言研究所.中国少数民族语言·畲语［M］.成都：四川民族出版社，1987：447—459.

[21] 丁邦新，孙宏开主编.汉藏语同源词研究（二）：汉藏、苗瑶同源词专题研究［M］.南宁：广西民族出版社，2001：129—642.

闽东宁德市的语言资源

尤慧君

(暨南大学文学院　广东广州　510632)

【提　要】宁德市位于福建省东北部，全市通行闽东方言，主要分为南片侯官片和北片福宁片，北部地区还分布有泉漳片。宁德市各县（市、区）具有丰富的语言资源，除了闽东方言之外，还有闽南方言岛、莆仙方言岛、客家方言岛等多种语言资源。境内多民族聚居，特别是境内全国三大畲族聚居县（市），为畲语研究提供丰富的材料。

【关键词】闽东　宁德　语言资源

一、宁德市语言资源概况

宁德市位于福建省东北部，长江三角洲、珠江三角洲、台湾省三大经济区的中间位置。东向东海，与中国台湾地区隔海相望，西邻南平，南连福州，北接浙江省温州市。东西横距235千米，南北纵距153千米。全市陆地面积1.35万平方千米，海域面积4.46万平方千米。

2015年，宁德市辖蕉城区、福安市、福鼎市、霞浦县、古田县、屏南县、寿宁县、周宁县、柘荣县等9个县（市、区），有46个乡（含9个民族乡）、66个镇、13个街道办事处、183个居委会、2133个村委会。9个县（市、区）人口情况如下图：

县（市、区）	常住人口（万人）	城镇化水平（%）	出生率（‰）	死亡率（‰）	自然增长率（‰）
宁德市	287.00	53.60	14.00	7.00	7.00
蕉城区	44.36	63.20	14.40	7.30	7.10
福安市	57.20	62.00	14.00	7.00	7.00
福鼎市	53.75	57.20	14.05	7.00	7.05
霞浦县	46.45	45.00	14.30	7.20	7.10
古田县	32.89	42.10	13.30	6.70	6.60
屏南县	13.80	41.70	14.00	7.00	7.00
寿宁县	17.80	45.40	13.60	6.70	6.90
周宁县	11.80	47.90	13.80	7.20	6.60
柘荣县	8.95	59.80	14.00	7.10	6.90

根据《中国语言地图集·B12闽语》，宁德市方言片以粗线划分为三个部分，从左至右依次是侯官片、福宁片、泉漳片：

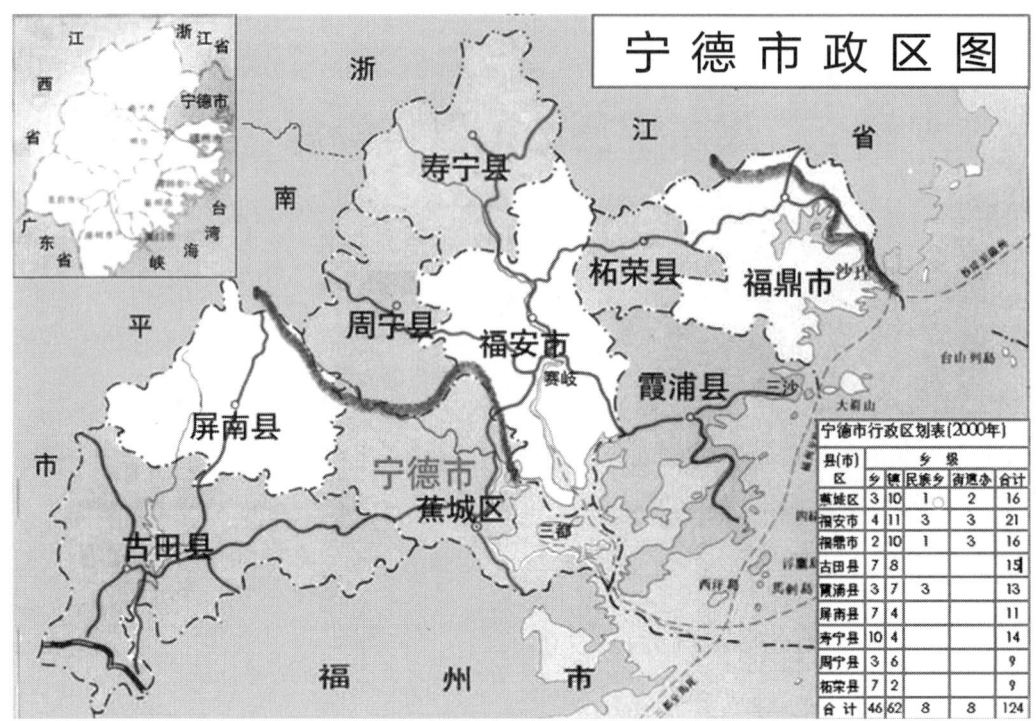

图　宁德市政区图

根据《中国语言地图集·B12闽语》，闽东方言主要分为南北两片，南片区包括福州市所辖的5区8县（市）和宁德市辖的蕉城区和古田、屏南两县；北片区包括宁德市的霞浦、柘荣、周宁、寿宁、福安、福鼎6县（市）。北片区面积14457平方千米，人口约200万，这一带相当于历史上福宁府的辖地。中华人民共和国成立初划为福安专区，专署驻地在福安，1971年改为宁德地区，专署驻地由福安迁到宁德。由于福安处全地区中心，作为闽东政治、经济、文化中心之一，福安话在闽东方言区的北片各县、市也通行无阻，是北片方言的代表。而福州方言在南片区通行，北片区的人也基本能听懂福州方言。

《中国语言地图集·B12闽语》把宁德方言归属闽东区侯官片。但秋谷裕幸认为宁德市蕉城区境内方言的性质与侯官片很不一样，而与福宁片更相近，因此应将蕉城区划归福宁片。

闽东方言区内部还有非闽东方言的分布点，如政和话（闽北方言）、"蛮锤话"（受吴语影响）、客话、闽南话（泉漳片）以及畲语等，语言资源十分丰富。

二、各县（市、区）语言资源分布情况

（一）蕉城区

蕉城区隶属宁德市（地级），位于福建省东北部，地处鹫峰山南麓、三都澳之滨，南邻罗源县，北接周宁县，东与霞浦隔海相望，东北紧邻福安，西与屏南、古田相倚。全境总面积1664.53平方千米。1992年，全区辖291个村（居）民委员会，总人口37.1万，有汉、畲、苗、回、壮、京、满、维吾尔、土家、傣、黎、白、瑶、高山等14个民族，其中汉族约占总人口的94.56%，畲族约占人口的5.38%。

宁德市蕉城区下辖10镇、4乡、2个街道办事处、1个国营华侨农场：蕉南街道、蕉北街道、城南镇、漳湾镇、三都镇、七都镇、八都镇、九都镇、霍童镇、赤溪镇、洋中镇、飞鸾镇、金涵畲族乡、洪口乡、石后乡、虎贝乡、东侨开发区。宁德市蕉城区人民政府驻地为蕉城。

《中国语言地图集·B12闽语》将宁德方言划入侯官片。但随着闽语研究的深入，学界现在一般将宁德方言划归福宁片，属于闽东方言北片，以宁德市府所在地蕉城区的城关话为代表。

宁德方言内部口音有明显的差异，大致可以分为蕉城音（也称为宁德话或城关话）、洋中音和霍童音。蕉城音一般能够通行全境，但蕉城音在洋中、霍童等宁德西北境交际会遇到不少障碍。城关话受毗邻的福州话很大影响，但又不全与福州话相同，而洋中音与霍童音（包括洪口乡和赤溪乡两地所说的话）则较大程度地保留了自己的特点。此外，宁德市的碗窑镇还是个闽南方言岛。

（二）霞浦县

霞浦位于福建省东北部，东濒东海，西接福安，北邻福鼎、柘荣，西南与宁德、罗源、连江隔海相望，素有"海疆重镇，闽东门户"之称。全境陆地面积1489.6平方千米，海域面积29592.6平方千米，为陆地总面积的19.9倍，海岸线长404千米，居全省沿海县市之冠。1990年末，全县辖6个镇、8个乡（含3个畲族乡）、295个行政村、2099个自然村，总人口459897人，有汉、畲、回、藏、苗、壮、瑶7个民族，汉族人口占91.11%，畲族人口占8.27%，居全省第二位，渔业人口占总人口的19.35%。县人民政府驻地松城镇。

2012年至今，霞浦县下辖2个街道和12个乡镇（含3个畲族乡）：松城街道、松港街道，长春镇、溪南镇、沙江镇、下浒镇、牙城镇、三沙镇、柏洋乡、北壁乡、海岛乡、水门畲族乡、盐田畲族乡、崇儒畲族乡。据2010年第六次人口普查结果，霞浦县总人口约53万。霞浦县境内有汉、畲、回、藏、苗、壮、瑶7个民族，畲族人口4.4万，占人口总数的8.4%，是福建省畲族人口数量第二位的县。

霞浦方言，属于闽东方言北片。霞浦方言以松城镇口音为代表，内部差异不大，基本在全县通行。霞浦方言与宁德市城关音大同小异，境内差异也较小，但边界地区由于历史原因和地理条件，讲的是邻县方言或是讲的方言带有过渡特征，与霞浦县城口音存在一定的差别。其中盐田乡北斗、南塘澳、水升、浒屿澳等村，讲的是带福安腔的霞浦话；柏洋乡洋中、大岭、阮洋、坑口、周厝坑、柘头、南山后、凤洋、西坑村，盐田乡西胜村和鹅湾、上钓岐自然村，州洋乡基亭下自然村，基本上是讲福安话或是带霞浦腔的福安话；牙城镇田家心村的上坪岗顶、下坪构顶、南墘、百步丘等自然村，基本上是讲福鼎话或是带霞浦腔的福鼎话；北壁乡东冲、上岐、下岐等村，讲的是霞浦腔的罗源话；北壁乡武岩、河山、盘前、池澳、北壁、会洋、铁炉四门桥等村，讲的是带霞浦腔的宁德话；下浒镇大部地区和溪南镇七星等村，讲的是带宁德腔的霞浦话。

县境内还分布有闽南方言、福州方言、莆仙方言、客家方言（俗称"汀州话"）四种方言岛。此外，还有畲族使用的畲话。闽南方言岛是霞浦境内最大的方言岛。据《霞浦县志》（1999），县内说闽南方言的人口约7.3万人，约占全县总人口的15%。境内分为三沙闽南话片与水门、牙城闽南话片两大片区：三沙闽南话片人口约3.7万人，分布于三沙镇大部地区和下浒镇延亭村、长春乡（今长春镇，下同）赤沙村、州洋乡（今松港街道，下同）鹤鼻头自然村；水门、牙城闽南话片（俗称"平阳话"）人口约3.6万，分布于水门乡水门、小竹湾、芦阳等18个行政村和部分自然村，牙城镇洪山、斗门、梅花、后山等19个行政村，三沙镇陇头、东山、浮山、八斗等村，崇儒乡岚下、亭头等村，柏洋乡黄土丘等村，州洋乡桥头、小岭、赤岸、长垄、后门洋等自然村。霞浦县内福州方言岛人口约1.4万人，分布于海岛乡各村和州洋乡北岐、长春乡斗米等村。莆仙方言岛人口约1800人，主要分布于溪南镇岱岐村和长春乡渔家地村。汀州话（客家话）方言岛人口约400人，主要分布于州洋乡福鼎楼自然村。境内畲族讲的是接近客家方言的畲话。畲族人内部交际时讲畲话，与汉族人交际时则使用周边的强势方言。

（三）福鼎市

福鼎市位于福建省东北部，东南濒东海、南面是霞浦县、西面是柘荣县（均通行闽语闽东区方言）、东北面是浙江省温州市苍南县、西北面是浙江省温州市泰顺县。地势由东北、西北、西南向东南沿海倾斜。全市陆地总面积1526平方千米，岛屿81个。1949年福鼎总人口20.93万，2007年增至57万。少数民族以畲族为主，1995年29313人，占总人口的5.52%。

福鼎市辖有3个街道，10个镇，3个乡（含1个畲族乡）：桐山街道、桐城街道、山前街道、贯岭镇、前岐镇、管阳镇、点头镇、沙埕镇、店下镇、白琳镇、秦屿镇、磻溪镇、嵛山镇、叠石乡、佳阳乡、硖门畲族乡。福鼎市人民政府驻地为桐山街道。

福鼎话是以福鼎县城桐山镇的桐山话为代表，故福鼎话也叫桐山话。它通行于县境内的桐山、桐城、管阳、点头、白琳、店下、磻溪、硖门等乡镇，使用人口达29万多人，占全县总人口的68%。此外，其他乡镇讲闽南话、福州话等方言的人也会讲桐山话，实际上，桐山话通行于福鼎全县。

福鼎话属于闽东方言的北片。福鼎县的北部、东北部与浙江省的泰顺、苍南交界，长期以来，浙江省的泰顺、瑞安、平阳、苍南、温州等市县的人民与福鼎县人民来往密切，福鼎话难免要受到浙江省相关方言的影响。

福鼎县境内除了桐山话外，还有闽南话、福州话、莆仙话（兴化话）、汀州话（客家话）等。闽南话主要通行于沙埕、前岐、贯岭、嵛山、叠石等乡镇，全县使用闽南话的人数达13万多，占全县总人口的30%，是福鼎县的第二方言。闽南话传入福鼎约有三四百年历史，因长期受桐山话的影响，福鼎的闽南话与厦门、泉州一带闽南话比较，自然有着明显的差异，它是具有"福鼎特色"的闽南话。县境内，不同地方的闽南话，也有一些不同，如沙埕的闽南话和贯岭的闽南话，就有一些语音、词语等方面的不同。

福州话（含长乐话）主要通行于秦屿镇，使用人口约1.5万人。福州话传入福鼎约有二三百年历史。与闽南话一样，福鼎的福州话同样受到桐山话的影响。因此，福鼎的福州话与现在福州城里人说的福州话亦有一些不同，它也是具有"福鼎特色"的福州话。

福鼎县除了桐山话、闽南话、福州话外，还有少数人讲莆仙话和汀州话。

此外，福鼎还有2.93万多的畲族人内部通行畲话。畲话接近于客家话，但与现在客家人说的客家话又有明显差异，它有少数古畲语的"底层"，有古客家话保存下来的成分，还有当地汉语方言被吸收的成分。畲族人在族内讲畲话，与汉族人交往时讲桐山话或闽南话，也有一些畲族人还会讲福州话。

（四）寿宁县

寿宁县位于福建省东北部。东面是浙江省温州市泰顺县（主要通行闽语闽东区蛮话片和吴语处衢片）、东南面是福安市、西南面是周宁县（均通行闽东区福宁片）、西面是政和县（通行闽语闽北区方言）、西北面是浙江省庆元县、北面是浙江省景宁畲族自治县（均通行吴语处衢片）。地势从西北向东南逐渐降低。全县总面积1425平方千米。1949年寿宁总人口9.4万，2007年增至26万。少数民族人口很少，大多数是畲族。1989年畲族人口为2296人，占总人口的1.07%。

寿宁县辖有4个镇，10个乡：鳌阳镇、南阳镇、斜滩镇、武曲镇、坑底乡、大安乡、犀溪乡、托溪乡、下党乡、芹洋乡、平溪乡、清源乡、竹管垄乡、凤阳乡。寿宁县人民政府驻地为鳌阳镇。

寿宁境内通行以县城鳌阳镇为代表的寿宁话，属于闽东方言福宁片。但由于县境地处崇山峻岭之中，长期以来，复杂的边界方言，给寿宁话以较大的影响，各种边界方言与寿宁话互相渗透。西部的芹洋、平溪等乡通行"蛮锤话"（也称"蛮讲"，属闽东区蛮话片），受到吴语一定程度的影响，并非正宗的政和话（属闽北区方言）；东南部的犀溪乡武溪村、漈坑村等通用的浙江泰顺话"蛮讲"，则是区别于接近泰顺城关话的泰顺话"平讲"；还有北部的景宁话，西北部的坑底乡和托溪乡大粟、渺洋等自然村通用庆元话，以及龙泉话（均属吴语处衢片），以及西南部的平溪乡三角洋、云务坑、白岩下、彭地等自然村通行"汀州话"（客家话），他们都不同程度地融入寿宁话，而那些边界地区寿宁人所讲的寿宁话，也自然融入了不少各自边界方言的成分，并带着不同的腔调讲他们的寿宁话，至于以鳌阳镇为代表的正宗寿宁话，也并非"与世隔绝"，它除了保留一些以福州话为代表的闽东方言南片以及以福安话为代表的闽东北片方言的基本特征外，也融入了一些边界方言的成分。从而构成了寿宁话既不同于福州话又不同于福安话的一个重要特色。

（五）福安市

福安市位于福建省东北部，地处鹫峰山脉东南坡，太姥山脉西南部、洞宫山脉东南延伸部分。东邻柘荣县、霞浦县，西连周宁县，北毗寿宁县、浙江省泰顺县，南接宁德市、三沙湾，总面积1880.1平方千米。全市总人口53万人，汉族人口占总人口的88.73%，有畲、回、藏、苗、壮、满、瑶、高山、京等9个少数民族，人口59242人，占总人口的11.27%，其中畲族人口58002人（手工汇总为57562人），占当年总人口的11.04%，为全国畲族人口最多的县（市）。

1990年，福安市辖有8个镇、8个乡、3个畲族乡：韩阳镇、赛岐镇、穆阳镇、甘棠镇、下白石镇、溪柄镇、上白石镇、社口镇、范坑乡、晓阳乡、城阳乡、潭头乡、溪潭乡、松罗乡、溪尾乡、湾坞乡、坂中畲族乡、穆云畲族乡、康厝畲族乡。福安市人民政府驻地为城北街道。

福安地处闽东北部中心。1912年以前，福宁州（府）的治所虽在霞浦，但霞浦地处边陲，交通不便，而福安则因其有利的地理位置逐渐发展成为闽东北部的经济、文化中心。至20世纪60年代，福安已成为闽东北部的中心城市，四周各县与福安的往来更加频繁，因此福安话也就成为闽东北片的代表方言。

福安话以福安市政府所在地的城关口音为代表，可通行全市各乡镇。城关以外的各乡镇所说的福安话与城关的福安话大同小异，仅县境边界一些村落所说的福安话因受邻县方言影响与城关的福安话差别略大。如北部范坑乡的蒲加山、东洋，潭头乡的柘头、下洋和社口乡的荣岭头等村受寿宁话的影响；范坑乡的上坪、半坑、八斗、古岭宅等村受浙江泰顺话的影响。东部上白石乡的佳浆和潭头乡的千诗亭、软岭、下坪、东岭洋等村受柘荣话的影响；松罗乡的郭厝、王隶、柳溪、南溪等村受霞浦话影响。西部下白石乡的大获、荷屿、外宅、行洋、南浦、长坑、福屿、东岐等村受宁德话影响。上述各村说的还是福安话，只不过带有邻县方言的色彩而已。个别村如社口乡首觅村通用客家话，另外还有穆云、康厝、坂中三个畲族乡通行畲语。

（六）柘荣县

柘荣县位于福建省东北部，东面是福鼎市，南面是霞浦县，西面是福安市（均通行闽东区方言），北面是浙江省泰顺县。地势从东向西逐渐降低。全县总面积544平方千米。1949年柘荣总人口4.2万，2007年增至10万。少数民族人口很少，1990年1526人，占总人口的0.17%，大多数的少数民族为畲族（共1517人）。

柘荣县辖有2个镇，7个乡：双城镇、富溪镇、城郊乡、英山乡、楮坪乡、乍洋乡、东源乡、黄柏乡、宅中乡。柘荣县人民政府驻地为双城镇。

柘荣话属闽东方言北片，柘荣话以柘荣县城关话为代表。说城关话的有双城、城郊、东源、富溪4个乡镇和楮坪乡的石咸、后楼，英山乡的英山、桦岭、凤洋、石鼓岚、田头洋、乍洋乡的宝鉴宅等8个行政村共5万多人，占全县总人口56%。其他5个乡因大部分行政村与邻县福鼎、霞浦、福安、浙江泰顺等市县接壤，受到邻县边界方言的影响：说话时带福鼎边界腔的有乍洋乡（除宝鉴宅行政村外）和城郊乡的坑里、东源乡的龟洋2个行政村，共8000多人，占全县总人口的9%；带霞浦边界腔的有宅中乡和东源乡的岚中行政村，共7000多人，占全县总人口8%；带福安边界腔的有黄柏、楮坪（除石咸、后楼2个行政村外）2个乡和英山乡的何家山、冈后坪、半岭、李家山4个行政村，共2万多人，占全县总人口23%；带泰顺边界腔的有英山乡的官安、熊状、上宅、王社、岭头和城郊乡熊透等6个行政村，共3000多人，占全县总人口4%。

除了这些闽东区方言以外，县境内还有移民带过来的闽南话和汀州话。畲族居住点还通行畲话（属客家话），但畲族人也会说当地汉族所说的方言。

（七）周宁县

周宁县位于福建省东北山区，东邻福安，西接政和，北连寿宁，东南与宁德接壤，西南与屏南隔溪相望，土地总面积1046平方千米。小（古镇）浦（城）公路横贯县境，是闽东通往闽北的咽喉。1988年，全县辖1镇8乡，140个行政村，总人口156498人，境内汉族占99%，少数民族主要是畲族。

周宁县现辖6个镇、3个乡：狮城镇、咸村镇、浦源镇、李墩镇、纯池镇、七步镇、泗桥乡、礼门乡、玛坑乡。县政府驻狮城镇。

周宁话属闽东方言北片。此外县内的泗桥乡通行的"蛮锤话"受到吴语很深的影响，也有人认为是吴方言。县内还有畲族人民之间通行畲语。

（八）屏南县

屏南属内陆山区县，东南与宁德市相连，东北与周宁县交界，北与政和县接壤，西北至西与建瓯县毗邻，西南至南与古田县相接。全境总面积约1470.67平方千米。2003年末，户籍人口18.13万人。

屏南县辖4个镇、7个乡：古峰镇、双溪镇、代溪镇、长桥镇、屏城乡、棠口乡、甘棠乡、熙岭乡、路下乡、寿山乡、岭下乡。县政府驻古峰镇。

屏南话属闽方言中以福州话为代表的闽东方言南片，接近古田话。由于历史原因和地理条件，屏南人和古田人交往密切。因此，屏南话和古田话在形成一个自具特色的小片的同时，又作为闽东方言中南片和北片之间的过渡片，它既具有南片话的主要特点，又具有北片话的某些特点。

屏南话可以分为里路话、前路话和下路话三个小片。屏南话以里路话为主体，里路片地处屏南县北部、西北部、东北部与中部，包括双溪镇、岭下乡、棠口乡和古峰镇以及屏城、寿山两个乡的一部分村庄，人口计8万多，占屏南县总人口的50%多。但西北部因与建瓯毗邻，使岭下乡的富竹、上楼、东峰、上梨洋、葛畲等村民都讲属于闽北方言系统的建瓯话，他们对外也会讲屏南话，但这种屏南话带有浓重的"建瓯腔"，岭下乡的谢坑村虽也讲屏南话，但他们口中的屏南话融入不少建瓯话与政和话成分。路下乡的发竹坑、秋园、岭头等村的屏南话也带有明显的"建瓯腔"。北部紧靠政和县边境的双溪镇坤头厂、下村等村的屏南话则受属于闽北方言的政和话的深刻影响，带有浓重的"政和腔"；而双溪镇的北村、深洋等村的屏南话亦带明显的"政和腔"。前路片与古田县北部边界接壤。因此，前路话受古田话影响最多。前路片地处屏南县的西南部与南部，包括甘棠、长桥两个乡以及路下、屏城、熙岭的部分村庄，人口计4万多，占屏南县总人口的25%左右。下路片毗邻宁德县西部，是受宁德话影响的区域，但下路话受宁德话影响不如前路话受古田话影响那么严重。从总体看，下路话也可以划归里路话，它与里路话仅有少数语音和单词的区别。下路片地处屏南县东南部，包括代溪乡以及黑岭、寿山两个乡的一部分村庄，人口计3万多，占屏南县总人口的18%左右。

屏南县还有700多畲族人居住在偏远的山村。他们在本民族内部，用畲语作为交际语，跟汉族人往来则使用屏南话。

（九）古田县

古田县位于福建省东北部，东面是宁德市蕉城区、福州市罗源县，南面是福州市闽清、闽侯二县，西面是南平市延平区，西北面是南平市建瓯市（县级市），北面是宁德市屏南县。地势西部、中部和北东部高，西南部低。总面积2377平方千米。1949年古田总人口17.52万，2010年增至43万。少数民族以畲族为主，1990年畲族人口7488人，占总人口的1.87%。

古田县辖有2个街道、7个镇、5个乡：城东街道、城西街道、平湖镇、鹤塘镇、杉洋镇、凤都镇、大桥镇、黄田镇、水口镇、凤埔乡、吉巷乡、大甲乡、卓洋乡、泮洋乡。古田县人民政府驻地为城东街道。

古田县境内主要通行古田话。古田方言属以福州话为代表的闽东方言南片。《中国语言地图集·B12闽语》把整个古田县境内的方言划归闽语闽东区侯官片。古田县方言除南部的水口镇人说福州话和闽清话，西部凤都乡的后溪和珠洋两自然村人（5000多人）说客话也说古田话（即双语区）外，全县通行以城关新城镇口音为代表的古田话。古田话内部分歧不大，仅大东地区大甲、鹤塘、杉洋乡的口音带有宁德腔与城关口音分别较为明显，其他各地比较一致。

据阮瑞芳的研究，就音韵而言，杉洋镇境内的方言可以分成三种：湖里村音、上半乡音和下半乡音。其中，位于杉洋最北部山区的湖里村音较为特殊，它和上半乡音、下半乡音之间的差异很明显。

（十）畲语

根据2010年第六次全国人口普查统计，畲族人口为708651人，福建省畲族人口365514人。宁德市俗称闽东，位于福建省东北部，宁德市是畲族的主要聚居地，畲族人口18.3万，约占全省畲族人口的1/2，全国畲族人口的1/4。宁德市现辖蕉城区，福安、福鼎二市和霞浦、柘荣、寿宁、古田、屏南、周宁六县，以及8个畲族民族乡：蕉城区金涵畲族乡，福安市穆云、康厝、坂中畲族乡，福鼎市硖门畲族乡，霞浦县盐田、崇儒、水门畲族乡。宁德市有全国三大畲族聚居县（市），其中福安的畲族人口6万多人，霞浦、福鼎各4万多人，福安市是全国畲族聚居最为集中的地区。

畲族是我国东南地区一个古老的少数民族，主要分布在福建、浙江、江西、广东、安徽等省。学术界对于畲语究竟属于苗语支还是瑶语支存在分歧，对于畲语和苗瑶语族中哪一种语言最接近有不同意见。游文良认为，畲族人使用两种语言，现居住在广东省博罗、增城、惠东、海丰等4县自称"活聂"的畲族，使用的是属于汉藏语系苗瑶语族的一种语言，其他占全国畲族总人口99%的畲族，包括闽东畲族，使用的是另一种语言，这种语言包含有古畲语成分（主要是壮侗语族语言成分和苗瑶语族语言成分）的底层，汉语客家方言的中层和畲族居住地汉语方言成分的表层，是一种多来源、多层次的混合型的语言。总之，关于全国大部分畲族民众所说的这种畲语的性质，学术界还存在争议。

宁德市不仅有丰富的闽东方言和非闽东方言语料，而且由于历史原因和地理条件，在方言临界区还存在不同类型方言的接触渗透现象，但学界对此还没有系统完整的调查研究。本篇对宁德市的语言资源进行整理之后，希望能对后续闽东宁德市的方言调查研究提供帮助。

参考文献

[1][日]秋谷裕幸.闽东区福宁片四县市方言音韵研究[M].福州：福建人民出版社，2010.

[2]陈芳.闽东方言研究的历史与现状[J].福建师范大学学报（哲学社会科学版），2015(6).

[3]福建省地方志编纂委员会编.福建省志·方言志[M].北京：方志出版社，1998.

[4]李荣.中国语言地图集[M].香港：朗文出版（远东）有限公司，1987.

[5]曹志耘.汉语方言地图集[M].北京：商务印书馆，2008.

[6]陈丽冰.闽东畲族语言使用现状调查[J].福州大学学报（哲学社会科学版），2016(6).

[7]黄哲武.宁德市地图册[M].福州：福建省地图出版社，2007.

[8][日]秋谷裕幸，陈泽平.闽东区古田方言研究[M].福州：福建人民出版社，2012.

[9]叶太青.福建宁德方言说略[M].阜阳师范学院学报（社会科学版），2012(5).

[10]福建省情网[OL].http://www.fjsq.gov.cn.

[11]李滨.闽东古田方言研究[M].厦门：厦门大学出版社，2014.

语音学研究

广州话的提顿词*
——兼论与其同源句末语气词声学特征区别

林奕高

（暨南大学华文学院/应用语言学研究院　广东广州　510610）

【提　要】 广州话的提顿词均同源于句末语气词，其句法分布存在几种比较特殊的情况：位于副词成分后、位于谓词成分后以及位于句首和句末。话题信息功能方面：提顿词"呢"主要起到转移话题或引进新话题的功能；"啊"主要起到承上强化话题的功能；"啦"主要起到多重话题的列举功能。本文还采用定量的方法，对比广州话提顿词及其同源的句末语气词，结果显示："呢"用作提顿词的频率远高于其作为句末语气词的用法，"啊"和"啦"的情况正好相反。另外，通过声学数据分析显示：一是提顿词"呢"的F0最大值、最小值及均值与其同源句末语气词"呢"的F0均存在统计学上的显著区别；二是前者的各项数值整体分布较后者的更为集中；三是在音强方面，两者的最大值、最小值及均值均不存在统计上的差别。

【关键词】 广州话　话题标记　提顿词　句末语气词

一、引言

话题理论成为汉语方言句法类型研究的重要框架，在这个框架下，汉语方言的句法类型尤其是话题特征的研究成为方言语法研究的重要内容。而话题标记是话题优先语言的重要特征，话题优先特征往往也体现在话题标记上。

本文以广州话自然口语为语料，观察广州话的话题标记。广州话的话题标记可以分为两大类：一类为句中语气词，也称为提顿词，主要有"呢［nɛ⁵⁵］""啊［a³³］""啦［la⁵⁵］"；另一类为词汇性话题标记，如"嘅话"等，这类不包括介词，只限于那些词汇意义相对虚化的词。本文将重点分析第一类，即"提顿词"类话题标记。以往的研究多从定性的角度对提顿词进行描述分析，如徐烈炯和刘丹青、屈承熹、袁毓林、郭校珍等学者的文章。本文除了描写分析广州话提顿词的句法结构和话题功能外，还将尝

---

* 本研究得到暨南大学华文学院"校区科研起步计划"项目资助。本文语料来自"广州话口语有声语料库"（约31万字），该语料源自广州电台清谈或访谈节目，链接：http://huayu.jnu.edu.cn/corpus6/Index.aspx，在此深表感谢。此外还包括本人另外录制广州电台谈话类节目及广州人日常对话（约10万字），声学分析语料主要采用此录音材料。

试结合定量的方法,分析对比广州话提顿词及与其同源的句末语气词在使用情况和声学特征上的异同。

二、广州话的提顿词及其来源

广州话作话题标记的提顿词主要有以下几个:

呢 [nɛ⁵⁵]、啊 [a³³]、啦 [la⁵⁵]

根据来源的差异,我们可以把提顿词分为两类:一类为与句末语气词同源的提顿词,也叫句中语气词,如北京话的"啊""呢""吧""嘛"等,在这类提顿词中,有些虚化程度已经比较高了,其语气词功能已经弱化,而主要是起到标记话题的功能,如上海话的"末";另一类为来源于其他非语气词类的提顿词,如徐烈炯和刘丹青的文章中提到,上海话来源于动词的"是"和来源于副词的"倒";郭校珍的文章中提到晋语同源于动词"了"的"佬"等。汉语方言中,有些只有第一类而没有第二类,有些两类都有,但一般来说,没有只有第二类而没有第一类的情况。从我们列举出来的广州话提顿词可以看出,广州话的提顿词只有第一类而没有第二类。

"呢"是广州话中最常用的提顿词,其用作句末语气词时,主要用于疑问句中。"啊"作句末语气词时有三种读音:[a⁵⁵] [a³³] 和 [a²¹],但只有"啊 [a³³]"能作提顿词(为论述方便,下文如无特别说明,文中提到的提顿词"啊"均指"啊 [a³³]")。"啊 [a³³]"是广州话唯一一个能用在陈述句、疑问句、祈使句和感叹句的句末语气词,如:

我中意佢啊。/你点解唔嚟啊?/过嚟啊!/好靓啊!

"啦"作句末语气词时也有三个读音:[la⁵⁵] [la³³] 和 [la²¹],只有"啦 [la⁵⁵]"能起到提顿词的作用。"啦 [la⁵⁵]"作句末语气词时,能用在陈述句、祈使句和感叹句中,如:

佢一早就来咗啦。/快啲过嚟啦!/你就好啦!

但"啦 [la⁵⁵]"的提顿词地位仍需进一步确认,理由如下:一是我们收集到的语料中,"啦 [la⁵⁵]"作提顿词的例子只有少数几个,并不常用(详见下文)。二是"啦 [la⁵⁵]"用作句中语气词时,常常表示列举,而不是起到标示话题的功能,如例(1)和例(2)。作提顿词的情况,可能只是有人在使用时,把它充当句中语气词表列举的用法作进一步的泛化,而这种用法只是一种苗头或趋势,并未泛化。三是作为提顿词最常用的用法——后置于名词或名词短语后,"啦 [la⁵⁵]"的使用并不像"呢"和"啊"那么自由,一般来说,用"啦 [la⁵⁵]"的例子可以用"呢"或"啊"来替换,如例(3)和(4),反之则不然,见例(5)和(6)。

(1)苹果啦,香蕉啦,芒果啦,都係我最钟意嘅生果。(表列举)

(2)北京啦,上海啦,广州啦,深圳啦,哩啲都係大学毕业生工作首选嘅城市。(表列举)

(3)即係我……我觉得依家係咪,我哋哩个社会嘅各种嘅渠道啦,可以好广泛咁接触。("啦"可用"呢"替换)

(4)譬如我哋公司呢,每一场嘅招聘会嘅一个数字统计啦,其实有百分之五十招聘负责人啦,会通过一啲网络招聘啊,委托招聘啊,甚至乎依家亦都……将来或者有个趋势就係——实时嘅视频招聘啊!("啦"可用"呢"或"啊"替换)

(5)电脑呢,就真係对我哋嘅生活影响非常之大。("呢"不能用"啦"替换)

(6)哇!狗同鸡点可以相提并论啊?狗啊,智商高好多嘎!("啊"不能用"啦"替换)

由此,我们可以看出,"啦 [la⁵⁵]"有用作提顿词的趋向,但还不是成熟的提顿词,最多只能算作准提顿词。

以上我们列举了广州话的提顿词，并简单介绍了它们用作句末语气词的情况。从中我们可以看出，除了"呢"以外，"啊"和"啦"用作句末语气词时，功能多样，可用于多种句式，是广州话重要的句末语气词，用作提顿词只是它们的"兼职"。

三、广州话提顿词句法分布的几个问题

徐烈炯、刘丹青通过考察，总结出上海话可以加和不能加提顿词的句法位置，基本情况总结如下：从语类上看，可以加提顿词包括，一般的名词和名词短语、时间处所词语、介词短语、谓词性单位和小句；不能加提顿词的只有纯粹副词性的单位和其他的虚词（句法功能词）。从句法位置上看，提顿词可以加在句子谓语动词前除副词性状语和形容词状语以外的各种成分后，包括主句和关系小句以外的其他小句，另外，句子谓语动词后有陈述关系的两个成分之间也可以加提顿词。不能加提顿词的句法位置包括：一是句子的主要动词（谓语动词）后，包括句末的动词（连同其形态成分）后、动词和它的宾语补语之间、整个VP后；二是关系从句（定语从句）中的各种成分；三是名词短语中的修饰成分（即处在定语位置的任何词和短语）；四是谓词短语中形容词性修饰成分，即作状语的形容词。对于可以加提顿词的情况，广州话与上海话相同；而对于不能带提顿词的情况，广州话有几种情况值得我们注意。

（一）后置于副词之后

先看下面广州话的例句：

（7）我一直呢，都希望有机会同你合作。（我一直希望有机会和你合作。）

（8）你千祈呢/啊，唔好同我客气。（你千万不要跟我客气。）

（9）佢哋一般呢，都係靠发信息联系感情啦！（他们一般靠发信息联系感情。）

（10）因为上班比较远，我通常呢，都会喺七点钟之前起床。（因为上班比较远，我通常会在七点钟之前起床。）

"纯粹副词性的单位和其他的虚词（句法功能词），在上海话中不能带提顿词。"徐烈炯和刘丹青的文章中提到：但在例（7）—（10）中，"呢/啊"前的"一直""千祈""一般"和"通常"都是副词，这种用法在广州话中很常见，这与上海话有点不同。由于广州话的提顿词"呢"和"啊"都来源于句末语气词，它们用在句中时，可能仍然带有语气词的功能，只是起到句中语气词的作用，而不是起到标记话题的功能。这不禁使我们产生疑问：副词后面到底能不能带提顿词？如果单从广州话出发来讨论这个问题，似乎比较困难，我们结合其他方言的情况来看。郭校珍指出，晋语中的提顿词"佬"也可以后置于副词之后，如：

（11）你快担水圪哇，不佬，咱行就没拉水哩。（你快挑水去吧，不然的话，咱家就没水喝了。）（转引自郭校珍文章中的例（108））

（12）桶一直佬是在井跟前放的来，今儿就不知道放到哪儿圪哩。（桶一直呢是在井前放着的，今天不知放到哪儿去了。）（转引自郭校珍文章中的例（109））

"佬"是晋语的提顿词，它同源于动词"了"，而非来源于句末语气词。例（11）和例（12）"佬"前的"不"和"一直"都是副词，这说明虽然上海话副词后不能带提顿词，但在其他方言是可以的。郭

校珍同时指出，由于"佬"在副词后一般不再有停顿，"佬"前的时间副词、频率副词语义明显指向句中的核心动词或修饰整个句子，加上副词本身仍可以焦点化，所以认为"晋语的时间副词、频率副词后虽然可以附着提顿词'佬'，但本身并未话题化，后附的提顿词也仅仅是提顿词，主要起强调对比焦点的作用，尚不是话题标记"。广州话副词后带提顿词的情况与晋语还不尽相同：首先，广州话副词带提顿词后一般都要有停顿，而晋语一般不停顿；其次，广州话的副词一般不能被焦点化，而晋语的副词可以被焦点化，下面我们尝试用在副词前加焦点标记——"係（是）"使副词成为焦点：

(7')? 我係一直呢，都希望有机会同你合作。

(8')*你係千祈呢/啊，唔好同我客气。

(9')*佢哋係一般呢，都係靠发信息联系感情啦！

(10')*因为上班比较远，我係通常呢，都会喺七点钟之前起床。

(12')晋语：桶是一直佬是在井跟前放的来。

话题本身不能成为句中的自然焦点，例（7'）—（10'）及（12'）分别在副词前添加焦点标记"係（是）"，使之成为句中的焦点。我们发现，广州话添加后句子接受度都不高，而晋语是可以的。这说明广州话提顿词前的副词不能被焦点化，与晋语不同。

从语音和句法表现来看，广州话的提顿词能后置于副词，但相关的副词能否充当话题，这还需要进一步讨论。一般来说，广州话能带提顿词的副词主要为时间副词、频率副词，当然，我们会质疑这些副词语义所指的对象常常是句中的主要动词或整个句子，但我们认为不能因此而否认其充当话题的功能，因为介宾短语置于句首时，也可以充当话题，而它同样也是修饰动词或者整个句子的。

另外，不仅是时间副词和频率副词，广州话的个别程度副词和语气副词也能带提顿词，如：

(13) 你稍微呢，将只手抬高小小啦！（你稍微把手抬高一点点吧。）

(14) 佢居然呢，望都唔望我一眼。（他居然看也不看我一眼。）

（二）后置于谓词

徐烈炯、刘丹青指出，上海话提顿词可以后置于谓词性单位，构成主话题和次话题，但不能置于句子的主要动词（谓语动词）后，但同时，他们也指出了一些例外的情况，如：

(15) 上海话：我希望末，大家一道去。（引自徐烈炯、刘丹青文章中的例子）

他们对此的解释是"这类动词不像一般主句的主要动词，而是习用程度比较高的一种小句，因为，即使是很普通的扩展，在加了提顿词后也很难进行"），如：

(16) 上海话：？我一直/老/真心/希望末，大家一道去。

广州话也出现像上海话一样，有些动词后能带提顿词的现象。

(17) 我希望呢，有机会同你合作。（我希望有机会和你合作。）

(18) 我觉得呢，呢件事有啲古怪。（我觉得这件事有些古怪。）

但是，广州话这些带动词的小句都可以扩展，而且这种用法非常常见，如：

(17') 我一直希望呢，有机会同你合作。（我一直希望呢，有机会和你合作。）

(18') 我硬係觉得呢，哩件事有啲古怪。（我总是觉得呢，这件事有点儿奇怪。）

(19) 咁啊，我又想话呢，其实移地恋同异地恋呢，有好大区别嘅！（这样啊，我又想说呢，其实移地恋和异地恋有很大区别的。）

(20) 所以你啱先话呢，每一个……即係好有能力嘅人呢，佢另一方面都会放大嘅！（所以你刚才说呢,每一个……就是很有能力的人呢,他另一方面都会放大的。)

我们赞同徐烈炯、刘丹青把这些动词看作习用性程度较高的一种小句这个看法,即使广州话这些动词所在小句能够扩展,扩展后的整个成分仍然可以看作小句。从例句中我们可以看出,在这些动词后充当宾语的往往是一个句子,而不是纯粹的一个简单的名词。因此,广州话动词后加提顿词的情况跟上海话相似,可把提顿词所在的小句看作是话题小句。只是由于广州话的提顿词均来源于句末语气词,其灵活度比上海话更强。

(三) 位于句首和句末

提顿词位于句首或句末,这似乎是不太可能的事,因为作为"话题—述题"这一结构,两者都是重要的组成成分,缺一不可。但在语用层面、实际的对话中,这两者之一能够被省略,下面是广州话的例子。

(21) A:啱先嗰个人系边个来嘎?(刚才那个人是谁来着?)

B:呢,咪系我中学嗰个同学咯。(不就是我中学那位同学咯。)

(22) 佢同我哋一起出去玩,你呢?(他和我们一起出去玩,你呢?)

(23) 成功咗当然好,如果失败呢?(成功了当然好,如果失败呢?)

(24) A:依家搞成咁你话点算?(现在搞成这样你说怎么办?)

B:你话呢(点算好呢)?(你说呢?)

先来看看例(21)"呢"位于句首的情况。"呢"位于句首只能在对话的次话轮,不能用于起始话轮。其位于句首时,有两个读音:[nɛ⁵⁵]和[nɛ³⁵],[nɛ³⁵]的读音只有在"呢"单独位于句首时才会读,"呢"用于句首其实是对前面话轮相关信息的省略,如果把省略的成分补充出来,则只能读[nɛ⁵⁵]。"呢"前所省略的话题一般只能是刚刚提到的直接话题,间接话题和隔了话轮的话题都不太适合。从例句中我们可以看出,其实提顿词位于句首并非表示其前面没有话题,而只是话题由于处在对话中承前省略了,可以将它们补出来,见例(21')。普通话的提顿词一般不能位于句首,只有把前述话题补充出来句子才能成立。当然,由于广州话的提顿词"呢"来源于语气词,位于句首的"呢"是起到语气词的作用还是起到标记话题的功能,或者两者兼有之,这仍值得我们作进一步探讨。我们暂未发现其他方言中有源于非语气词的提顿词可以置于句首的情况,如果这种情况存在,那将是广州话提顿词位于句首这一观点的有力支持。

(21') A:啱先嗰个人系边个来嘎?(刚才那个人是谁来着?)

B:(佢/嗰个人)呢,咪系我中学嗰个同学咯。(他/那个人呀,不就是我中学那位同学咯。)

如果说广州话提顿词"呢"位于句首是省略了话题,那么,其位于句末则是省略了述题。在广州话中,由于提顿词"呢"来源于句末语气词,因此,一般情况下,人们会把位于句末的"呢"看作是单纯的句末语气词。然而,实际的情况有可能并非这样,广州话位于句末的"呢"有可能不仅仅只是表达语气,还具有提顿词的功能。郭校珍指出了晋语和连城客家话提顿词位于句末的类似情况:

晋语:下雨佬勒?(要是下雨呢)

连城客家话:紧病(一般)时 nɛ³³?(要是病了的话呢)

"佬"和"时"分别是晋语和连城客家话的话题标记,且它们均非来源于句末语气词。在晋语和连城客家话中,这种提顿词后置于句尾的情况常常是后面还需要带一个语气词。因此,广州话的情况有可能是省略述题导致提顿词"呢"与句末语气词"呢"重合。我们可以尝试把例(22)—(24)中承前省略了的述题补充出来，见例（22'）—（24'），省略的述题分别是"同唔同我哋出去玩""点算""点算好"。补充述题后句子有两个"呢"，其中，第一个"呢"是提顿词，第二个"呢"是句末语气词。

（22'）佢同我哋一起出去玩，你呢，同唔同我哋出去玩呢？
（23'）成功咗当然好，如果失败呢，点算呢？
（24'）A：依家搞成咁你话点算？
　　　B：你话呢，点算好呢？

从另外一个角度我们也可以看出广州话句末的"呢"不是单纯的句末语气词，而有可能是话题标记和语气词的重合。如果话题是分句，第一个"呢"作为话题标记，可以用另一个非同源于句末语气词的话题标记"嘅话（的话）"替换，句子表达的意思保持不变。也可以在原句中添加"嘅话"，意味着把标记话题的功能从"呢"分离出来（排除话题标记连用的情况），"呢"只剩下表语气的功能，见例（23"）。

（23"）成功咗当然好，如果失败嘅话呢？

四、广州话提顿词的话题信息功能

徐烈炯、刘丹青指出，"提顿词有强化话题性的作用"，这是所有话题标记的共同功能。但具体到每个提顿词而言，它们又有各自的信息功能。汉语有提顿词的方言中，提顿词通常不止一个，而各个提顿词的信息功能往往各有侧重，形成互补。广州话的提顿词也具有同样的情况：提顿词"啊"所标示的话题常常是上文刚刚提到过，也就是对话双方已知的信息，其主要起到承上强化话题的功能，如例（6）。而提顿词"呢"所标示的话题常常是新信息、新话题，换句话说，"呢"主要起到转移话题或引进新话题的功能。"啦"作为提顿词尚不太成熟，其在句中主要起列举作用，因此我们暂不讨论。

我们先来看前面举到的例（6），之所以"狗"后的提顿词用"啊"，是因为前面刚刚提到过"狗同鸡""狗"是已经激活的信息，用"啊"主要起到强化话题的功能。如果改用"呢"，则显得有些别扭。

（6'）？哇！狗同鸡点可以相提并论啊？狗呢，智商高好多嘎！

再来看看下面的例子：

（25）件衫款式好靓，好新潮，你着起身几好睇，不过价钱呢，好似贵咗小小。（这件衣服款式很漂亮，很新潮，你穿起来挺好看，不过价钱呢，好像贵了点。）

（26）A：香港迪士尼好唔好玩啊？（香港迪士尼好不好玩啊？）
　　　B1：迪士尼啊，好好玩，我想再去多次。
　　　B2：*迪士尼呢，好好玩，我想再去多次。
　　　B3：迪士尼我仲未去过，唔知好唔好玩，海洋公园呢，我就去过几次，觉得仲可以。
　　　B4：？迪士尼我仲未去过，唔知好唔好玩，海洋公园啊，我就去过几次，觉得仲可以。

例（25）前面说的是衣服的款式好看，都是正面的评价，后面说到价钱，要作负面评价，话题要转移，所以"价钱"后用的是"呢"。例（26）A要问的是对"迪士尼"的评价，B1直接阐述对"迪士尼"的看法，话题没有改变，而是承上作答，所以用提顿词"啊"；B2的回答不太符合语感，因为话题没有发生转移或出现新话题，使用"呢"不太合适；B3因为由"迪士尼"这一话题转移到"海洋公园"，所以"海洋公园"后用提顿词"呢"比较合适，如果用"啊"——B4，则不太符合语感。

除此之外，提顿词一般还有一个共同的信息功能——对比功能，如：

（27）A：海洋公园同迪士尼你钟意边个多啲？（海洋公园和迪士尼你喜欢哪个多一点？）

B1：海洋公园有好多嘢睇，迪士尼呢，有好多嘢玩，我两个都钟意。
B2：海洋公园有好多嘢睇，迪士尼啊，有好多嘢玩，我两个都钟意。

例（27）对两个地方进行对比评价，所以用"呢"和用"啊"都行。

五、广州话提顿词与同源句末语气词的对比分析

以往对提顿词的研究一般都从定性的角度进行探讨，而从定量的角度来考察的几乎没有。本文拟从定量的角度对广州话的提顿词及与其同源的句末语气词作一个探索性的比较研究，一方面对比"呢""啊""啦"用作提顿词和句末语气词的频率；另一方面利用语音分析软件praat，提取主要提顿词"呢"的F0和音强数值进行对比统计分析，探讨句法位置和话语功能的差异是否会导致其在语音上的不同。

（一）提顿词与句末语气词出现频率比较

由于我们所使用的语料是根据口语录音整理而成，不像书面语那样可以有较明确的标点，因此，我们只能根据这些语气词所在的位置结合说话者表达的内容是否完整来断定其在句中还是句末，这其中有几种情况需要说明一下。

一是尽管语气词处于句尾，但说话者表达并不完整，只是由于其他说话者插话而导致表达中断，这种情况我们仍把处于句子末尾的语气词看作是句中语气词，如：

（28）A：但係佢就话一般如果……学咗英文已经好精通嘅啲人呢……（但是他说一般如果……学了英文已经很精通的人呢……）

B：嗯！（嗯！）

A：佢点解会身痕痕，想学多门呢？（他怎么会心动，想多学一门呢？）

（29）A：唔知喔！咁但係我哋发信息係便嘎！（不知道啊！但是我们发信息是便宜的。）

B：嗯！（嗯！）

A：而香港呢……（而香港呢……）

B：全世界最便，哈！（全世界最便宜，哈！）

A：打电话係最便嘅，短信係贵嘅！咁样！（打电话是最便宜的，短信是贵的。这样！）

例（28）的第一个"呢"和例（29）的"呢"我们算作句中语气词，而例（28）第二个"呢"则是句末语气词。

二是对于小句充当话题的情况，尽管有时光看语气词所在的句子本身已经可以独立成句了，但从更大的语境看，这些句子只是作为话题，整体的意思并未表达完整，那么，这些语气词我们算作句中语气词，如例（30）—（32）中带下横线的"呢"：

（30）男人呢，好奇怪！你要留得住佢个心呢，除咗有爱呢，有情，仲要有义。（男人呢，很奇怪！你要留得住他的心呢，除了有爱，有情，还要有义。）

（31）公交按站停车呢，除咗确保哩一个运输秩序之外呢，对公交确保准点率啊，同埋乘客嘅安全上落啊，都係要考虑到嘎！（公交按站停车，除了确保这一个运输秩序之外呢，对公交确保准点率啊，及乘客的安全上下啊，都是要考虑到的。）

（32）但係佢连嘢都冇得做呢，谈何安定呢？谈唔上嘎啦！（但是他连工作都没得做了，谈何安定

呢？谈不上的啦!)

三是单独的语气词，如果是"啊"，我们都当作句末语气词统计；"呢"单独置于句首的情况因为目前其是否起到话题标记功能的作用还存在争议，加上语料中只有极少数几例，我们暂不纳入统计。

另外，为了尽量避免因个人说话习惯、风格对统计结果的影响，我们的语料总共包括了29位说话人。下表是统计结果：

表1 提顿词与句末语气词出现频率比较

项目 位置	呢		啊		啦	
	次数	百分比	次数	百分比	次数	百分比
句中	653	83	84	12（16）	17	3（5）
句末	136	17	633（457）*	88（84）	604（293）	97（95）
合计	789	100	717（541）	100	621（310）	100

*："啊"和"啦"作为句末语气词时都有三个读音，括号内为与提顿词同音的句末语气词的数量及百分比，括号外为三个读音的总数及百分比。

从上表我们可以看出，"呢"用于句中的情况远远多于其用于句末的情况，而"啊"和"啦"的情况正好相反。超过八成的"呢"用作提顿词，只有不到两成用作句末语气词。而"啊"用于句末的情况超过八成，"啦"甚至超过九成。因此，我们可以说，广州话中，用作提顿词是"呢"的主要功能，而"啊、啦"的主要功能是用作句末语气词。从它们各自充当提顿词时是信息功能这一点我们也可以看出，在广州话中，引进话题、转移话题或者作为话题的焦点对比时，常常会使用提顿词，而在重引话题、强化话题时，提顿词使用则比较少，这也符合我们的语言习惯。当然，由于我们没有从历时的角度对这几个词的发展演变进行研究，因此，它们出现频率的差异是否存在更深层的原因仍值得我们去作进一步探讨。

（二）提顿词"呢"与句末语气词"呢"F0比较

由前述可以看出，"呢"是广州话中最常用的提顿词，"啊"和"啦"作提顿词的情况要比它少得多，因此，我们只选了"呢"作为语音实验分析的对象。考虑到性别对F0存在影响，而这种影响又不是我们实验考察的重点，因此，我们只选取了录音语料中男性所说的"呢"作为考察对象。我们从录音语料中随机选取了34个提顿词"呢"和26个句末的"呢"，对每个"呢"均作了语音标注，主要是包括"呢"的F0均值、F0最大值、F0最小值和音强均值、音强最大值、音强最小值，并对这些数据进行对比统计分析。

首先，我们来看看"呢"的F0最大值的分布情况。图1和图2分别是提顿词"呢"和句末语气词"呢"的F0最大值分布图。

从图中我们可以看出，提顿词"呢"的F0最大值集中分布在110—190Hz之间，而句末"呢"的F0最大值主要分布在110—230Hz之间，两者下限接近，但上限相差较大，换句话说，提顿词"呢"的F0最大值集中度要比句末"呢"的更高。

下面我们用单因素方差检验一下位置（因素）的差异对"呢"的F0最大值（应变量）有没有影响，这里的零假设为："'呢'的位置对它的F0最大值没有影响"，结果：$F=7.806$，$P=0.007<0.05$，检验结果否定零假设，说明"呢"的F0最大值与位置有关，也就是说，提顿词"呢"与句末"呢"的F0最大值存在显著差别。

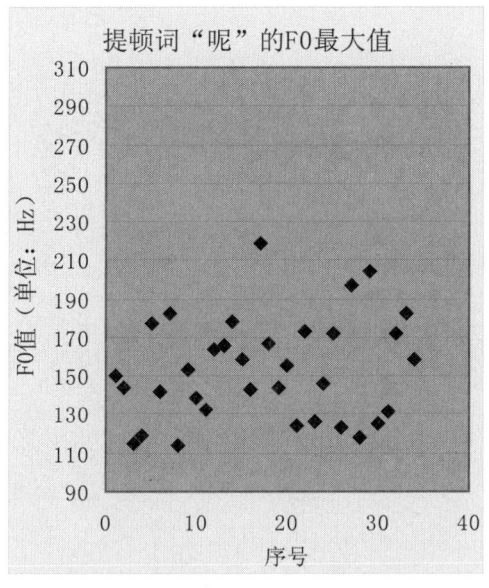

图1 提顿词"呢"的F0最大值

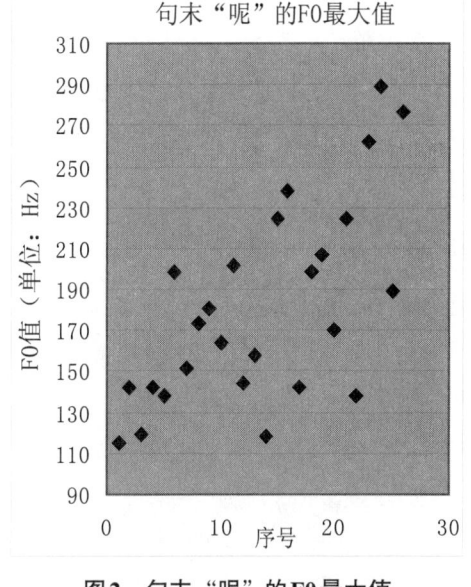

图2 句末"呢"的F0最大值

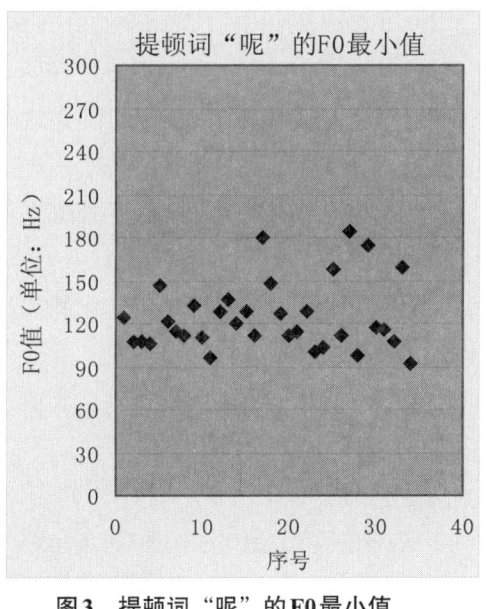

图3 提顿词"呢"的F0最小值

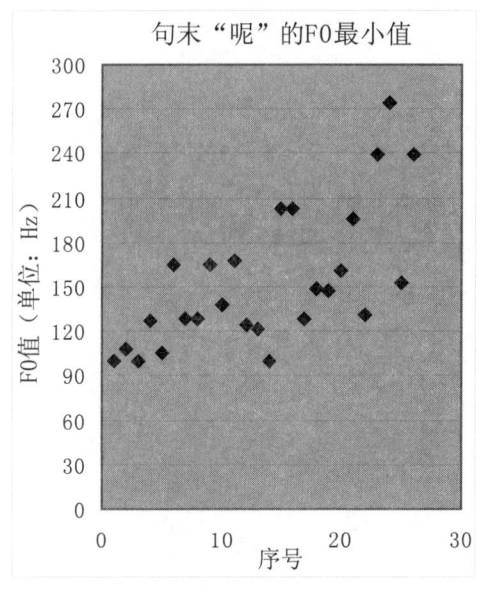

图4 句末"呢"的F0最小值

我们再来看F0最小值的情况。图3和图4分别是提顿词"呢"的F0最小值和句末"呢"的F0最小值的分布图。

从图3和图4我们可以看出，跟F0最大值的情况相似，提顿词"呢"的F0最小值分布比较集中，主要是在90Hz—150Hz之间；而句末语气词"呢"的F0最小值分布则比较分散，主要在90Hz—210Hz之间，尽管下限一样，但上限要大得多，因此，幅度要大近一倍。

同样，通过统计分析显示：提顿词"呢"与句末"呢"的F0最小值存在明显差别（$F=10.685$，$P=0.002<0.05$）。

接着，我们来看"呢"的F0均值的情况，图5和图6分别为提顿词"呢"的F0和句末"呢"的F0的分布图。

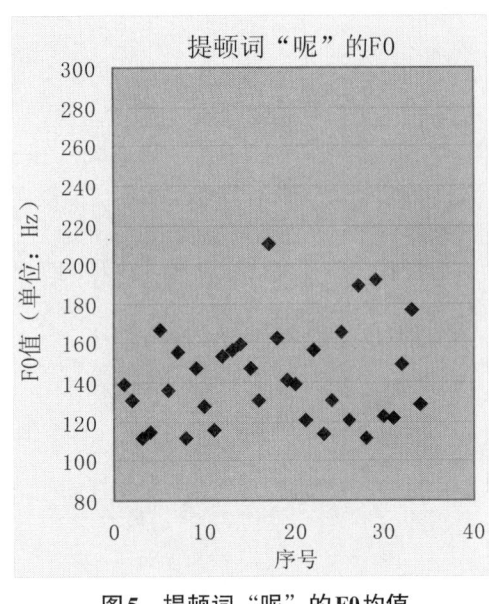

图5 提顿词"呢"的F0均值

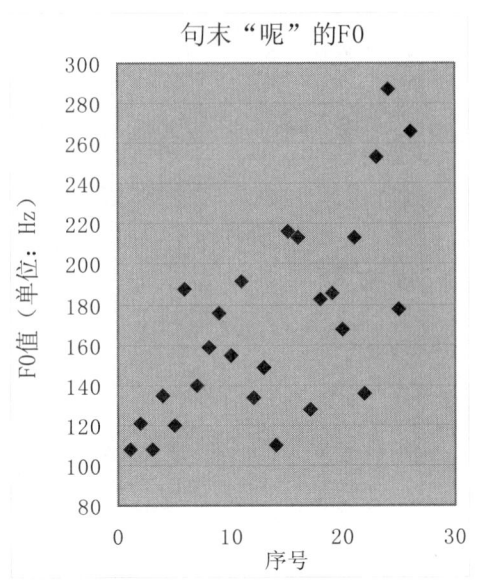

图6 句末"呢"的F0均值

从图5我们可以看出，提顿词"呢"的F0均值主要分布在110Hz—170Hz之间，而句末语气词"呢"的F0均值主要分布在100Hz—220Hz之间，提顿词"呢"的F0分布要比句末"呢"F0的分布集中得多。方差分析结果显示，F=7.244，P=0.009<0.05，说明提顿词"呢"与句末"呢"的F0均值存在明显差别。

从以上的对比分析我们发现，不管是F0均值、F0的最大值还是最小值，提顿词"呢"之间变化幅度相对句末"呢"来说更小，这说明提顿词"呢"的发音较句末语气词"呢"来得更稳定一些。提顿词"呢"一般都处于句中，因此，不管这个句子是什么句类，提顿词前面的成分一般都读为陈述语气，发音比较平稳；而句末"呢"作为句子的结尾，是疑问功能实现的关键，同时叠加说话者的情感，造成发音差异更大，稳定性更低。当然，造成这种差异的原因到底是由于句类差异，还是语气词所处的位置的不同导致的功能差异，抑或是其他因素造成的，仍值得我们作进一步探讨。

（三）提顿词"呢"与句末语气词"呢"音强比较

我们来看看"呢"的音强方面的差别。首先，看"呢"的音强最大值，图7和图8分别为提顿词"呢"和句末语气词"呢"的音强最大值分布图。

从图中我们可以看出，提顿词"呢"的音强最大值集中分布在70—75dB之间，而句末语气词"呢"的音强最大值也大多集中分布在70—75dB之间。提顿词"呢"的音强最大值分布似乎比句末语气词"呢"更为集中，但两者是否存在显著差异，还需进一步分析。

我们以位置作为因素，以"呢"的F0最大值为应变量，零假设为："呢"的位置对它的音强最大值没有影响，用单因素方差分析检验这一假设。结果显示：F=0.000，P=0.996，远大于0.05，说明假设成立，两者不存在明显差异。

接着，我们来看"呢"的F0最小值的情况，图9和10分别为提顿词"呢"和句末语气词"呢"的音强最小值分布图。

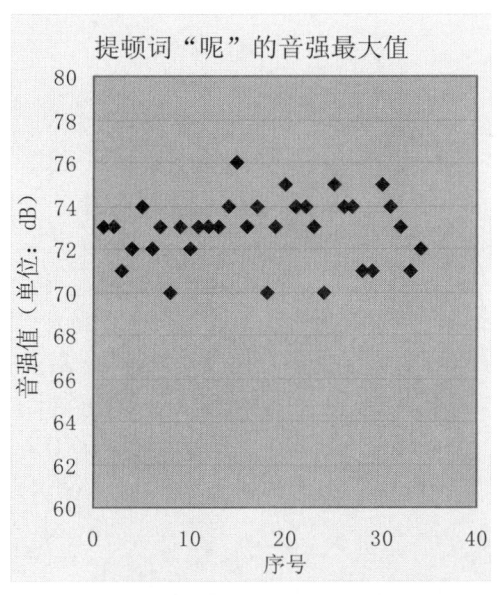

图7 提顿词"呢"的音强最大值

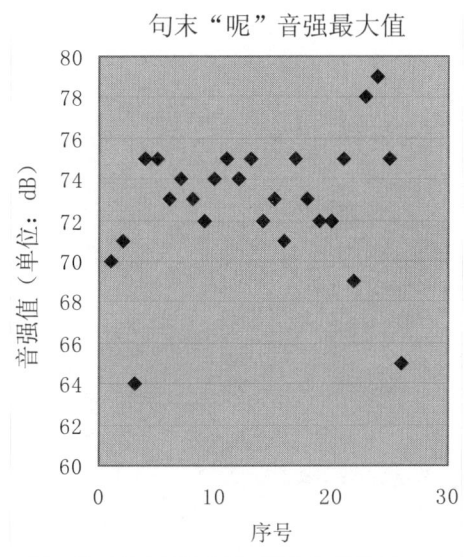

图8 句末"呢"的音强最大值

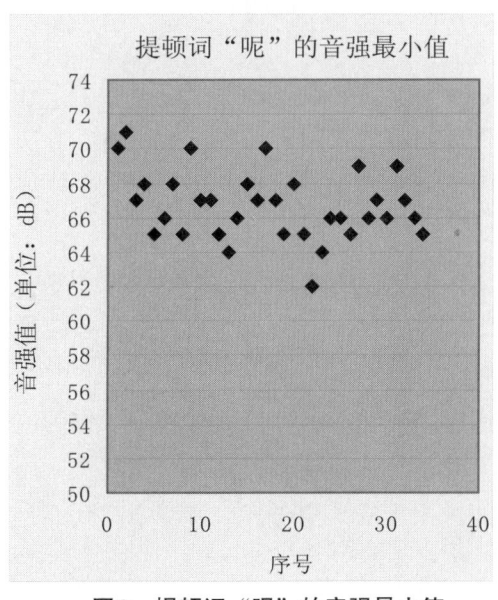

图9 提顿词"呢"的音强最小值

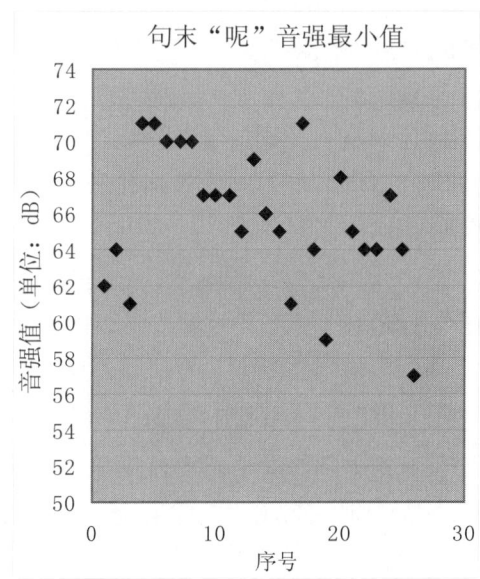

图10 句末"呢"的音强最小值

从图9和图10可以看出，两者分布的情况也比较接近，提顿词"呢"的音强最小值主要分布在64—70dB之间，而句末"呢"的音强最小值集中分布在61—71dB之间，从数值上看，两者相差不大。统计结果证实两者不存在明显差异（F=0.710，P=0.372>0.05）。

最后，我们来看看"呢"的音强均值方面的情况。图11和12分别为提顿词"呢"的音强分布图。

从图11我们可以看出，提顿词"呢"的音强主要集中分布在70—73dB之间，图12则显示，句末语气词"呢"的音强主要集中分布在68—774之间，光从数值上来看，两者的差别并不大，统计结果也证实两者并不存在明显差异（F=0.293，P=0.591>0.05）。

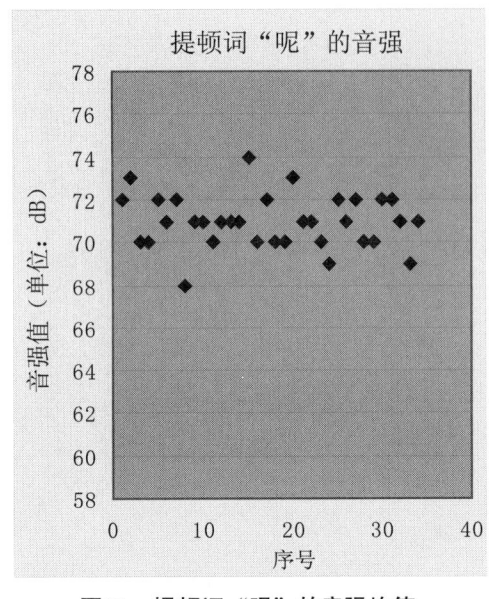

图11 提顿词"呢"的音强均值

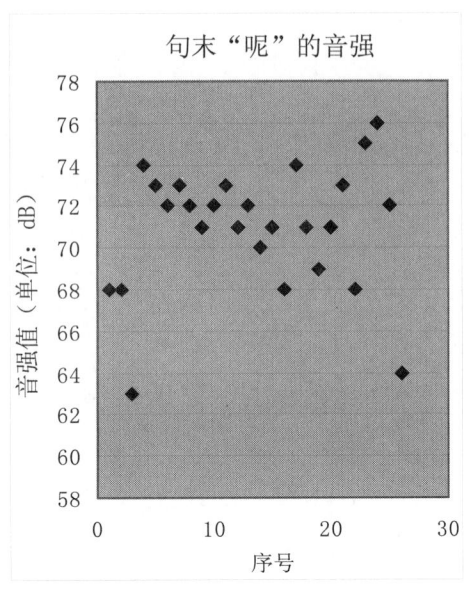

图12 句末语气词"呢"的音强均值

六、余论

本文对广州话提顿词的句法分布、话题信息功能等问题作了初步的探讨，并尝试用定量的方法对比了提顿词及与其同源的句末语气词在分布频率和语音特征上的差别。对于广州话的提顿词，主要还有以下一些问题仍需要我们作进一步探讨：

第一，广州话的提顿词均来源于句末语气词，"呢"是广州话中最常用的提顿词，其次是"啊"，还有向提顿词发展的"啦"，这些提顿词的发展在历时阶段经历了哪些演变。由于本文主要从共时平面上来探讨，无法回答这个问题，有待作进一步的考察。

第二，广州话的提顿词均来源于句末语气词，这使得它们应用在句中时，仍然摆脱不了作为语气词的一些属性，这些属性是否与它能够应用于一批副词、动词，甚至句首和句末有关系。当然，应用于句首和句末时能否把它当成话题标记这一点仍值得讨论，如果能进一步从其他语言或方言中找到不是来源于语气词的提顿词的例子的话则更有说服力。

第三，广州话中对"引进话题、转移话题"的提顿词"呢"的应用远多于"强化话题"的提顿词"啊"，这是由于语言内在需求决定的还是广州话有其他的话题标记形式作为弥补，这个问题需要对广州话其他形式的话题标记作全面的研究，并通过对比其他方言的情况后才能得到清晰的答案。

第四，对于这类同源但使用位置不同、有功能差异的词，尽管在语音形式上初步显示出差异性，但这种差异性是否还体现在其他方面，则需要更多量化的研究来证明。

参考文献

[1] 方梅.北京话句中语气词的功能研究[J].中国语文，1994（2）.
[2] 方梅.自然口语中弱化连词的话语标记功能[J].中国语文，2000（5）.
[3] 方小燕.广州方言句末语气助词[M].广州：暨南大学出版社，2003.
[4] 郭校珍.晋语的提顿词与话题结构[A]//话题与焦点新论[M].上海：上海教育出版社，2003.
[5] 刘丹青.粤语句法的类型学特点[J].亚太语文教育学报/Aisia Pacific Journal of Language in Education

（香港），2000，3（2）．

［6］刘丹青．语言类型学与介词理论［M］．北京：商务印书馆，2003．

［7］屈承熹．话题的表达形式与语用关系［A］//话题与焦点新论［M］．上海：上海教育出版社，2000．

［8］屈承熹．提顿词"嘛"与句末虚词"嘛"：语法分工与语用整合［J］．修辞学习，2008（5）．

［9］项梦冰．连城方言的话题句［J］．语言研究，1998（1）．

［10］徐烈炯．话题句的合格条件［A］//话题与焦点新论［M］．上海：上海教育出版社，2003．

［11］徐烈炯，刘丹青．话题的结构与功能［M］．上海：上海教育出版社，2007．

［12］袁毓林．汉语话题的语法地位和语法化程度——基于真实自然口语的共时和历时考量［A］//见话题与焦点新论［M］．上海：上海教育出版社，2003．

［13］袁毓林．话题化及相关的语法过程［J］．中国语文，1996（4）．

［14］Matthews, Stphen & Virginia Yip. *Cantonese: A Comprehensive Grammar*［M］．London：Routledge，1994．

《西华辞典》中的闽南话音系及其相关问题

张屏生

（台湾中山大学中文系　台湾高雄）

【提　要】从16世纪到19世纪，西方传教士曾编纂了一些闽南话辞书，这些辞书大部分都以厦门音系作为辞典编纂的主体音系。在1626年至1642年间，由西班牙道明会神父与马尼拉闽南人（唐人）[①]合作编写的《西班牙—华语辞典》（Dictionario Hispánico Sinicum）（以下简称《西华》）是少数采用漳州音的辞书。《西华》总共有1102页，27000多个闽南语词条，收集了四百年前海外闽南人的日常生活用语，是目前所见时代最早、搜罗词条比较完备的闽南话辞书。透过《西华》可以了解到最早的闽南话拼音系统，以及四百年前的闽南话拼音系统、语音和词汇现象。[②]笔者先将《西华》同音字表整理出来，归纳出《西华》的音系，再和其他相关辞书的音系作比较，并讨论相关问题。

【关键词】闽南话辞书　漳州音　西班牙闽南话

一、前言

从16世纪到19世纪，西方传教士曾编纂了一些闽南话辞书，这些辞书大部分都以厦门音系作为辞典编纂的主体音系。在1626年至1642年间，西班牙传教士为了向马尼拉教区内的闽南移民以及他们的原乡传教，由西班牙道明会神父与马尼拉闽南人（唐人）合作编写了《西班牙—华语辞典》。(Dictionario Hispánico Sinicum)（以下简称《西华》[③]），它是少数采用漳州音的辞书。《西华》[④]总共有1102页，27000多个闽南语词条，分别以词语、成语、短句、俚语等几种方式来呈现，收集了四百年前海外闽南人日常生活语汇，是目前所见时代最早、搜罗词条相当完备的闽南话辞书[⑤]。透过《西华》可以了解到四百年前的闽南话拼音系统、语音和词汇现象。

为了方便讨论《西华》编纂的相关问题，先将相关的闽南话辞书罗列如下：

（1）佚名（1626—1642），《西班牙—华语辞典》（本文简称《西华》）。

（2）Walter Henry Medhurst（麦都思），《福建方言字典》（本文简称《福建》），1837年。

---

① 这则信息参考了 https://tw.news.yahoo.com/四百年前西班牙人如何学闽南语 清大珍贵史料告诉你-080333469.html（查阅时间2019年3月10日）。
② 关于《西华》的概况可参阅台湾"中研院"2019年2月14日所公布的《穿越时空的"录音笔"：西班牙殖民时期新史料发表》一文（https://goo.gl/58Ix8K，查阅时间2019年3月10日），编排体例和书体样式请参考董忠司（2018），该文对于《西华》来龙去脉的相关问题已有充分的说明，本文不再重复。
③ 董忠司把这本辞书叫做《西中词典》。
④ 《西华》现保存在菲律宾马尼拉市区北部的圣多玛斯大学档案馆内。
⑤ 董忠司提到：《西华》的编排，有西班牙文、闽南语汉字、闽南语汉字音读、汉语官话音读四种文字或音标。所以里头也提供了当时官话的信息。

（3）Samuel Dyer（戴尔），《漳州方言词汇》（本文简称《漳州》），1838年。

（4）Elihu Doty（罗啻），《翻译英华厦腔语汇》（本文简称《翻译》），1853年。

（5）Carstairs Douglas（杜嘉德），《厦英大辞典》（本文简称《厦英》），1873年。

（6）De Grijs.C.F.M（赫莱斯）. en Fancken（佛兰根），《厦荷大辞典》（本文简称《厦荷》），1882年。

（7）Rev.J.Macgowan（麦嘉湖），《英厦辞典》（本文简称《英厦》），1883年。

（8）Dr.G. Schlegel（施莱格），《荷华文语类参》（本文简称《荷华》），1886年。

（9）George Leslie Mackay（马偕），《中西字典》（本文简称《中西》），1891年。

（10）Talmage（打马字），《厦门音个字典》（本文简称《打马字》），1894年。

（11）Campbell（甘为霖），《厦门音新字典》（本文简称《厦门音》），1913年。

（12）Rev Tomas Barclay（巴克礼），《厦英大辞典·补编》（本文简称《补编》），1923年。

这些辞书除了《西华》《福建》《漳州》《荷华》[①]采用漳州音以外，其他都以厦门音系作为辞典编纂的主体音系。《西华》所使用的音标符号独树一格，[②]和一般的罗马字辞书所使用的罗马字音标符号有很大的差异，如果没有通过全书精细的梳理，将无法看懂本书的音标。

笔者先将《西华》一书做成数据库，[③]然后再编制同音字表（参见附录一），整理出《西华》一书的音系，再和其他相关辞书的音系作比较，并讨论《西华》编纂的相关问题。

本文在音标使用上有两种方式，一种是用《西华》一书的罗马字音标，另外一种是国际音标，其中声母部分有/p、p^h、b、m、t、t^h、n、l、ts、ts^h、s、dz、k、k^h、g、ŋ、h/。零声母记音的时候不写出，列表的时候用ø。韵母部分的元音有/a、ɔ、o、ɛ、e、ɨ、i、u/，鼻化韵仅在主要元音上面加上鼻化符号"~"，例如："猫"niãu。"ʔ"表喉塞，调的部分以字型较小的数字来标示调值，本调写在该音节的右上角，变调标于该音节的右下角，例如"冬笋"$taŋ_{33}sun^{51}$。另外有些材料是以数字标示调类的情况的，改写时分别用字型较大的数字"1（阴平）、2（阴上）、3（阴去）、4（阴入）、5（阳平）、6（阳上）、7（阳去）、8（阳入）"标于该音节的右边（一律标本调），例如："冬笋"taŋ1 sun2，有时候为了兼顾调类和调值，就采用以下方式："冬笋"$taŋ1_{33}sun2^{51}$。

二、《西华》的语音系统

（一）声母

《西华》一书的声母，根据笔者的归纳如下：

表1 《西华》声母表

p 边	p^h 波	b/m 门/毛		
(*p*)	(*p^c*)	(*b/m*)		
t 低	t^h 他	l/n 柳/年		
(*t*)	(*t^c*)	(*l/n*)		

[①] 吴守礼提到《荷华》一书"……其所记音韵，全依据所谓'十五音'，即漳州音（实是漳浦音）"。

[②] 《福建》《漳州》和《荷华》的音标虽然类似，但其中仍有不少的差异，要细心比较才能发觉，而且《漳州》的音标都是斜体的字型，《西华》是书写体。

[③] 《佚名·西班牙—华语辞典数据库》是笔者和萧藤村合作完成的。

续表

ts 争 (*ch*)	tsʰ 出 (*chᶜ*)		dz 日 (*x*)	s 时 (*s*)
k 出 (*c/qu*)	kʰ 气 (*cᶜ/quᶜ*)	g/ŋ 语/雅 (*g/ng*)		
∅ 英				h 喜 (*h*)

（注：括号中的符号是《西华》一书中的符号。）①

1. 声母数量

《西华》的声母有15个（含零声母），现在的漳州腔大多数人也都有15个声母。其中b-、l-、g-和m-、n-、ŋ-是互补的。

表2　相关辞书声母拼写比较表

		1	2	3	4	5	6	7	8	9	10	11	12	13	14	15	16	17	18
	IPA	p	pʰ	b	m	t	tʰ	l	n	ts	tsʰ	s	dz	k	kʰ	g	ŋ	h	∅
1	《雅俗通》	边	颇	门	门	地	他	柳	柳	曾	出	时	入	求	去	语	语	喜	英
2	《西华》	*p*	*pᶜ*	*b*	*m*	*t*	*tᶜ*	*l*	*n*	*ch*	*chᶜ*	*s*	*x*	*c* qu	*cᶜ* quᶜ	*g* gn	*ng*	*h*	*∅*
3	《福建》	p	p'h	b	m	t	t'h	l	n	ch	ch'h	s	j	k	k'h	g	gn	h	∅
4	《漳州》	*p*	*p'h*	*b*	*m*	*t*	*t'h*	*l*	*n*	*tsh*	*c'h*	*s*	*j*	*k*	*k'h*	*g*	*gn*	*h*	*∅*
5	《荷华》	*p*	*p'*	*b*	*m*	*t*	*t'*	*l*	*n*	*ts*	*ch'*	*s*	*j*	*k*	*k'*	*g*	*ng*	*h*	*∅*
6	《翻译》	p	p'	b	m	t	t'	l	n	ts ch	ch'	s	j	k	k'	g	ng	h	∅
7	《厦英》	p	ph	b	m	t	th	l	n	ts ch	chh	s	j	k	kh	g	ng	h	∅
8	《英厦》	p	ph	b	m	t	th	l	n	ts	chh	s	j	k	kh	g	ng	h	∅
9	《厦荷》	p	p'	b	m	t	t'	l	n	ts	ts'	s	dz	k	k'	g	ng	h	∅
10	《中西》	p	ph	b	m	t	th	l	n	ts ch	chh	s	j	k	kh	g	ng	h	∅
11	《打马字》	p	ph	b	m	t	th	l	n	ch	chh	s	j	k	kh	g	ng	h	∅
12	《厦门音》	p	ph	b	m	t	th	l	n	ts ch	chh	s	j	k	kh	g	ng	h	∅
13	《补编》	p	ph	b	m	t	th	l	n	ts ch	chh	s	j	k	kh	g	ng	h	∅
14	教会罗马字	p	ph	b	m	t	th	l	n	ch	chh	s	j	k	kh	g	ng	h	∅
15	TLPA	p	ph	b	m	t	th	l	n	c	ch	s	j	k	kh	g	ng	h	∅

---

① 《西华》的音标都使用人工书写体，这种字体并不规范，在辨识上有部分很难判断。

续表

		1	2	3	4	5	6	7	8	9	10	11	12	13	14	15	16	17	18
	IPA	p	pʰ	b	m	t	tʰ	l	n	ts	tsʰ	s	dz	k	kʰ	g	ŋ	h	∅
16	台湾罗马字	p	ph	b	m	t	th	l	n	ts	tsh	s	j	k	kh	g	ng	h	∅

2. 送气音的记法

《西华》用"ᶜ"表示送气的符号,放在音节的上方,本文为了打字上的方便,将它摆在声母的右上方,例"pᶜ-",有的辞书用"h"(《厦英》),有的辞书用"ʻ"(《翻译》),有的辞书用"ʼh"(《福建》《漳州》)。

3. 齿音的处理

《西华》用 ch-、chᶜ- 表示 ts-、tsʰ-。但是《翻译》《厦英》《中西》《打马字》《厦门音》《补编》把和以 i 起头韵母相拼的齿音记成 ch-;和其他非 i 起首的韵母的齿音记 ts-。其实从音韵拼合的情况来看,ch- 和 ts- 是互补的情况,根本就不需要两套,《西华》的处理是合宜的。①

4. 舌根音的处理

《西华》的 /k-、kʰ-/ 分别用了 /qu-、quᶜ-/ 和 /c-、cᶜ-/ 来表述;其中和 /i/ /e/ 起头以及 /ŋ/ 韵母相拼的记成 /qu-、quᶜ-/,和其他的韵母相拼的记成 /c-、cᶜ-/。

5. 舌根鼻音 /ŋ-/ 的处理

在《西华》的 /ŋ-/ 有 /ŋ-/(ng-)、/ɲ-/(gn-)两套;和以 i 起头韵母相拼的用 gn-,和以 i 起头以外的韵母相拼的用 ng-,这两套是互补的。这种情况在满思谦(1959)《英客辞典》也有类似的处理。(参看张屏生的《满思谦〈英客字典〉客家话辞书编纂的音承及其相关问题》)

(二)韵母

《西华》的韵母是由 /a、o、e、i、u/ 5 个主要元音,/i、u/ 2 个介音,/i、u、m、p、n、t、ŋ(ng)、k、ʔ(h)/ 9 个韵尾所构组,排列如下:

表3 《西华》舒声韵对照表(黑色部分是《西华》的符号)

IPA	a 饱	ai 灾	au 包	ã 担	ãi 奈	ãu 貌	am 感	an 班	aŋ 桶
《西华》	*a*	*ay*	*au*	*aⁿ*	*ayⁿ*	*auⁿ*	*am*	*an*	*ang*
IPA	o 刀	○	○	õ 毛	○	õu 摸	om 森	○	oŋ 功
《西华》	*o*			*oⁿ*		*ouⁿ*	*om*		*ong*
IPA	e 把	ei 鸡	○	ẽ 病	○	○	○	○	○
《西华》	*e*	*ey*		*eⁿ*				*en*	
IPA	i 比	○	iu 抽	ĩ 添	○	○	im 音	in 因	iŋ 英

---

① 在《荷华》的序言就提到"Douglas(杜嘉德)转记系统最大的问题在于:他将 ts 声母的字标记为 ts 与 ch。但漳州和厦门话并没有这方面的差异,十五音中漳州字首音 ts 声母如'曾'tsing,Douglas 则转记为 Cheng,产生了 ch 与 ts 并不一致的情况。十五音对此字的标注是:声母'曾'tsing,以及韵母'经'king,亦即 ts(ing)加(k)ing。根据十五音,'曾'亦可以发成 tsan,因为'曾'的声母 tsing,和'干'的韵母 kan 相加,即是 ts(ing)加(k)an。因此,根据中文道地用法,'曾'可发成 tsing 或 tsan,但是 Douglas 却将第一个音转记为 cheng 而第二个转记为 tsan,这样的做法将具有相同声母的中文字拆散成两组发音,随意使用 ch 或 ts 两个在漳州方言里并没有区别的声母"。(《荷华》序言译文由杨孟蓉翻译所提供,谨此致谢。)

续表

《西华》	y	○	iu	iⁿ	○	○	im	in yn	eng
IPA	ia 车	○	iau 妖	iã 饼	○	iãu 猫	iam 点	ian 仙	iaŋ 昌
《西华》	ia ya①	○	iau	iaⁿ	○	iauⁿ	iam yam	ien	iang yang
IPA	io 钓	○	○	iõ 姜	○	○	○	○	ioŋ 中
《西华》	io yo	○	○	ioⁿ yoⁿ	○	○	○	○	iong
IPA					○	○	○	○	ieŋ 缘
《西华》					○	○	○	○	ieng②
IPA	u 牛	ui 非	○	○	ūi 砖	○	○	un 春	○
《西华》	u	uy	○	○	uyⁿ	○	○	un	○
IPA	ua 拖	uai 怪	○	uã 官	○	○	uam 泛	uan 专	○
《西华》	oa	uay	○	oã	○	○	uam	uan	○
IPA	ue 飞	○	○	uẽ 妹					
《西华》	ue	○	○	ueⁿ					
IPA				m̩ 媒					
《西华》				m					
IPA				n̩ 秧					
《西华》				n					
IPA				ŋ̍ 汤					
《西华》				ung③					
	9	4	4	11	2	3	5	6	6

表4 《西华》入声韵对照表（黑色部分是《西华》的符号）

IPA	aʔ 肉	○	auʔ 雹	○	○	○	ap 鸽	at 踢	ak 北
《西华》	a④		au	×			ap	ar	ag
IPA	oʔ 薄			õʔ 膜					ok 国
《西华》	o		×	oⁿ					og
IPA	eʔ 百			ẽʔ 脉					
《西华》	e			eⁿ					

① 《西华》有部分以i起头的音节会用y，例yn、yo、ya、yam……，找不出规律。
② 《西华》第775页"中缘人"tioŋ1 ieŋ5 laŋ5，"缘"的音可能是ien5。
③ 可能是因为/k/、/kʰ/《西华》用/qu/、/quᶜ/来表述，而/ŋ/《西华》用/ung/来表述，这样拼合起来变成/quung/、/quᶜung/。《西华》作者或许为了容易辨识而改成/queng/、/quᶜeng/，造成/kiŋ/、/kŋ/都记成/queng/，/kʰiŋ/、/kʰŋ/都记成/quᶜeng/，所以碰到相关的例字得要参考其他辞书和调查语料才能做出正确的判断；例"糠"记成/quᶜeng/要将它摆到/kʰŋ/这个音节，不能摆到/kʰiŋ/这个音节。
④ 一般闽南话的喉阴入和喉阳入有ʔ，罗马字音标大都写作/h/，《西华》没有标注ʔ，它是分别把这两个调用调类符号来表述的。

续表

IPA	iʔ 鳖		ĩʔ 物		ip 急	it 笔	ik 德
《西华》	*y*		*y"*		*ip*	*ir*	*eg*
IPA	iaʔ 壁	iauʔ 谑			iap 帖	iat 设	iak 鹊
《西华》	*ia* *ya*	*iau*			*iap* *yap*	*ier*	*iag* *yag*
IPA	ioʔ 尺						iok 曲
《西华》	*io* *yo*						*iog*
IPA	○					ut 骨	
《西华》	○					*ur*	
IPA	uaʔ 活					uat	
《西华》	*ua*					*uar*	
IPA	ueʔ 血						
《西华》	*ue*						
IPA							
《西华》	○						
IPA							
《西华》	○						
IPA							
《西华》	○						
	8	2	3		3	5	5

表5 相关辞书韵母数比较表

	辞书名称	阴声韵	鼻化韵	阳声韵	舒声韵	阴声ʔ	鼻化ʔ	-p、-t、k 入声韵	入声韵	总数
1	《雅俗通》	18	16	15	**49**	13	6	15	**34**	83
2	《西华》	17	17	17	**51**	10	3	13	**26**	77
3	《福建》	18	16	15	**49**	13	6	15	**34**	83
4	《漳州》	17	16	13	**46**	10	3	13	**26**	72
5	《荷华》	16	14	15	**35**	11	4	14	**29**	74

从表5可以发现到，《西华》《荷华》《漳州》韵母数偏少，原因如下：

（1）《西华》/ɛ、ɛʔ/和/e、eʔ/，/ɛ̃、ɛ̃ʔ/和/ẽ、ẽʔ/没有区分，而且鼻化加喉塞的韵母比较少。

（2）《漳州》的篇幅较小，收录的词汇（2421条）也很有限，其中还有一些有重复出现的词条，所以只有72个韵。

（3）《荷华》主要是收录文读音，所以白读层的音偏少。

如果像《厦英》等采取综合音系的作法，那韵母数就会超过一百以上。[1]

---

[1] 现代闽南话中韵母数最多的是诏安县南诏话，张以文的文章中提出，南诏话有舒声韵有56个，入声韵有38个，合计94个。

（三）声调

基本调类：漳州音系相关辞书都是 7 个基本调，相关资料的调值对照如下：

表6 相关辞书声调比较表

声韵调名	阴平	上	阴去	阴入	阳平	（阳上）	阳去	阳入
传统十五音调名	上平	上上	上去	上入	下平	（下上）	下去	下入
调序	第一声	第二声	第三声	第四声	第五声	第六声	第七声	第八声
	1	2	3	4	5	6	7	8
(1)《西华》	○	○	○	○	○	○	○	○
罗马字调号	´	`	^	⁄	—		ˇ	╲
(2)《福建》	**55**	**51**	**11**	**3**	**13**	缺	**33**	**13**
罗马字调号	´	`			^		—	'
(3)《漳州》	**44**	**53**	**31**	**44**	**35**	缺	**11**	**35**
罗马字调号	´	`			^		—	'
(4)《荷华》	**55**	**51**	**11**	**3**	**13**	缺	**33**	**13**
罗马字调号	´	`			^		—	'
(5)《漳腔》	**44**	**53**	**21**	**32**	**13**	缺	**22**	**121**
数字调号	1	3	5	7	2		6	8
(6)漳州(高)	45＞33	53＞45	21＞53	21＞55＞53	23＞33	缺	33＞11	121＞11
(7)漳州(马)	44＞22	53＞44	21＞53	32＞53	12＞22	缺	22＞21	121＞21
(8)漳州(杨)	34＞22	53＞34	21＞53	32＞53	13＞22	缺	22＞21	121＞21
(9)漳州(张)	35＞33	51＞35	11＞51	3＞5＞51	12＞33	缺	33＞11	12＞1/11
(10)龙溪(董)	14	53	31	31	212	缺	33	13
(11)漳州(周)	44	53	21	32	13	缺	22	12
(12)漳浦	55＞33	51＞55	11＞51	5＞5/51	313＞33	缺	33＞11	13＞1/11
(13)漳平	13/35＞33	51＞11	11＞**1/55**	13/3/1＞51/55	33＞33	缺	55＞11	55＞1/11
(14)诏安	55＞33	53＞35	11＞53	3＞5＞51	13＞11	缺	33＞31	13＞1/31
(15)长泰	55＞33	51＞55	11＞51	3＞5＞51	13＞33	缺	33＞11	33＞1/11
(16)角美	35＞33	51＞55	11＞51	3＞5＞51	13＞33	缺	33＞11	5＞1/11

表6中，(2)是洪惟仁的构拟①，(3)根据《漳州》内文的说明，(4)根据《荷华》序言的说明，(5)根据《漳腔》的内文说明，(6)参考高然的文章，(7)参考马重奇的文章，(8)参考杨秀明的文章，(10)参考董同龢的文章，(11)参考周长楫的文章，(9)笔者2009年调查的材料，(12)是笔者2008年调查的材料，(13)是笔者2011年调查的材料，(14)是笔者2008年调查的材料，(15)是笔者

---

① 洪惟仁用三度制，笔者将它转换成五度制。

1995年调查的材料，(16)是笔者2012年调查的材料。表6显示了漳州不同次方言中有几个差异：①阴平调①有高平调、升调两种调型。②阴入调有高促调、中促调两种调型。③阳入调有低升促调，②中促调、高促调三种调型。其他各种调类的调型差异不大。

三、《西华》一书的相关问题

（一）漳州音系相关辞书编纂的音系

（1）《雅俗通》"嘉"韵（《汇音妙悟》"西"韵）例字如"把爬父、马、差、纱、加家假价嫁低、牙芽、虾下夏"，《福建》《漳州》《荷华》都记ε韵；《西华》记e韵。漳州腔念ε韵，泉州腔、厦门腔、潮汕腔都念e韵，五寨念a韵。③这是漳州腔最鲜明的语音特征之一。但是《西华》的"嘉"韵和"伽"韵例字都记e韵。

（2）《雅俗通》"沽"韵（《汇音》"高"韵）例字如"晡补布哺步、普簿、图杜肚、兔吐涂、炉路、祖、所素、姑糊、箍苦库裤、五、呼虎、乌"，《福建》《漳州》《西华》记ou韵，泉州腔、漳州腔、厦门腔都念ɔ韵，潮汕腔念ou韵。漳浦、漳平、诏安念ou韵，五寨念uou韵，长泰念eu韵，陈井念io韵，海口念au韵。④

（3）《雅俗通》"居"韵（《汇音妙悟》"居"韵）例字如"猪⑤箸除、女虑、煮薯自、鼠处次、居举据锯、去、语、许鱼、预"，《福建》《漳州》⑥都记i韵，《西华》记u韵；漳州腔念i韵，⑦泉州腔念ɯ韵，同安腔念ɯ韵或u韵⑧，厦门腔除了"猪、鱼、箸、锄、去"念u韵之外，其他都念i韵。潮汕腔念ə韵，⑨碗窑念y韵。⑩这是《西华》和其他漳腔辞书最大的差异。

（4）《雅俗通》"伽"韵（《汇音妙悟》中的"科"）例字如"飞赔倍焙、皮被、尾未、吹炊髓（找）、税、果粿过馨（鸡~）、课（工~）、灰火岁货回"。"缺、月"《福建》《漳州》《西华》记ue/ueʔ韵；漳州腔、潮汕腔念ue/ueʔ韵，泉州腔念ə/əʔ韵，厦门腔念e/eʔ韵。

（5）《雅俗通》"稽"韵（《汇音妙悟》中的"鸡"韵）例字如"底题地、替、犁、齐众（多）、粞、洗细、鸡街疥鲑、溪契、挨矮鞋会"，《福建》《漳州》记为e韵，《西华》记ei韵；漳州腔念e韵，泉州腔、厦门腔念ue韵，潮汕腔念oi韵，台湾三峡念əe韵，浙江南麂岛念əi韵，⑪漳浦念iei韵，

---

① 笔者所调查漳州市区的阴平调都是升调，没有高平调的例子；林宝卿、马重奇、周长楫把漳州话的阴平调记成高平调，不知道是甚么原因。笔者在2012年调查角美镇鸿渐村，发音人大部分念55，少部分念35；但是当笔者进一步核实的时候，发音人总觉得念55才是正确的。

② 笔者所调查漳州市区的阳入调是低升促调12，有的材料记成121，喉阳入调有时候-ʔ会消失，这时候会和阳平调合流，笔者因此把阳平调和阳入调定成一样的调型。

③ 五寨镇位于平和县，笔者曾在2011年8月到五寨当地调查，发音人庄德旺（调查时年50岁，小学教师）。

④ 海口语料请参阅张屏生的文章。

⑤ 《西华》第820页，"猪"有tu1/ti1两读。

⑥ 《漳州》"薯"念tsu5，另外"猪"ti1/tu1、"箸"ti7/tu3、"煮"tsi2/tsu2、"四"si3/su3分别有两读。

⑦ 属于漳州诏安地区的闽南话"居"韵例字却和泉州腔一样念i韵，如龙海市的角美、厦门的禾山。

⑧ 台湾同安腔内部还有次方言的差别，"居"韵例字有的同安腔念i韵，像淡水；有的念u韵，像芦洲。

⑨ 潮汕腔中的潮州市念/ə/，这个韵在李永明《潮州方言》记/ɤ/、詹伯慧《潮州方言》记/ɯ/，在蔡同龢《四个闽南方言》中的揭阳记/ə/，蔡俊明《潮州方言词汇》中的揭阳也记/ə/。根据笔者在潮州市湘桥区的意溪镇、揭阳市榕城区调查的审音，这个韵的音值接近[ə]，汕头话念u韵。

⑩ 碗窑于宁德市飞鸾镇，笔者曾在2013年4月到宁德当地调查。发音人李木佛，(调查时年62岁，小学毕业)。碗窑把《雅俗通》"居"韵的字原来是念i（ɯ），后来受到闽东话的习染改念y。

⑪ 参见张屏生、吕茗芬的文章，南麂岛居民大都迁徙到台湾，笔者曾在2009年到屏东的高树乡调查南麂岛闽南话。

漳平、诏安念 ei 韵。

（6）《雅俗通》"稽"韵（《汇音》中的"杯"韵）例字如"买卖"，《福建》记 ei 韵，①《漳州》记 e 韵，《西华》记 ei 韵。漳州腔念 e 韵；泉州腔和厦门腔念 ue 韵，潮汕腔念 oi 韵，漳浦念 iei 韵，漳平、诏安念 ei 韵。

（7）《雅俗通》的"箴"韵（《汇音妙悟》中的"箴"韵）例字如"森参"，《福建》记 om 韵，《漳州》没有这个韵，《西华》记 om 韵，漳州腔念 ɔm 韵，泉州腔念 əm 韵，厦门腔念 ɔŋ 韵，潮汕腔念 im 韵，台湾高雄念 am 韵。

（8）《雅俗通》"巾"韵（《汇音妙悟》中的"恩"韵）例字如"斤巾筋根近、勤芹、银、恨"《福建》《漳州》《荷华》《西华》记 in 韵；漳州腔念 in 韵，泉州腔、厦门腔念 un 韵，潮汕腔念 uŋ 韵，②台湾三峡念 ɨn 韵。

（9）《雅俗通》"瓜"韵（《汇音》中的"杯"韵）例字如"瓜、卦、花、化、华、画话"，《福建》《漳州》《西华》记 ua 韵；泉州腔、厦门腔、潮汕腔念 ue 韵，漳州腔念 ua 韵，诏安念 uɛ 韵、海澄念 uai 韵。③

（10）《雅俗通》"官"韵、"观"（《汇音妙悟》中的"关"韵）例字如"关、横、悬、县"《福建》《漳州》《西华》记 uã 或 uan 韵；漳州腔念 uã 或 uan 韵，泉州腔念 ũi 韵，厦门腔念 ũi 或 uãi 韵，潮汕腔念 uẽ 或 uãi 韵。④

（11）《雅俗通》"更"韵部分例字（《汇音妙悟》中的"青"韵）如"柄平病、彭澎、争井、青星醒、生牲性姓、经更羹、坑、婴"，《福建》《漳州》《荷华》记 ɛ̃ 韵，《西华》记 ẽ 韵；漳州腔念 ɛ̃ 韵，泉州腔、同安腔和厦门腔念 ĩ 韵，潮汕腔念 ẽ 韵。这是漳州腔明显的语音特征，然而并不是所有的例字都可以成批的类推，只有"中古梗开二、梗开三、梗开四"的例字才会有这种对应。

（12）《雅俗通》"栀"韵部分例字（《汇音》中的"青"韵）在《福建》《漳州》记 ĩ 韵，例字的音韵地位为"中古山开三、山开四"，像"边、扁、变、染、年、见、棉、面、天、钱、圆、见"，《福建》《漳州》《荷华》《西华》记 ĩ 韵。这个韵在闽南不同的次方言都念 ĩ 韵，只有寮前念 ŋ 韵。⑤

（13）《雅俗通》"姜"韵（《汇音妙悟》中的"箱"韵）例字如"张长涨场丈、两量娘梁凉、量让、浆章掌酱痒上、枪厂抢墙象像匠、箱伤赏想、姜、乡香、养羊洋样"，在《福建》《漳州》《西华》记 iõ 韵；漳州腔念 iõ 韵，潮汕腔念 iõ 韵⑥，泉州腔、厦门腔念 ĩu 韵。其中"唱"念 tsʰio3 比较特别。这是漳州腔明显的语音特征，但是漳浦念 ĩu 韵，不念 iõ 韵。

（14）《雅俗通》"经"韵（《汇音妙悟》中的"熊"韵）例字"反爿（边）、冇（硬）、前、千、笼先、间肩拣裥、苋"，在《福建》《漳州》《西华》记 iŋ 韵，少数念 an 韵；漳州腔念 iŋ 韵，泉州腔念 ũi 韵，厦门腔大部分念 iŋ 韵，少数念 ãi 韵，潮汕腔念 ãi 韵，⑦同安念 ãi 韵。

（15）《雅俗通》"裈"韵（《汇音妙悟》"毛"韵）例字如"方饭、门问、转、软、砖钻、穿川（尻～）、光、卷管、卷、劝、荒昏园远、碗（手～）黄"，在《福建》《漳州》《西华》记 ũi 韵；漳州

---

① "买"在《福建》第13页有 be2、第24页有 bei2 两音；"卖"在《福建》第13页有 be7、第24页有 bei7 两音。
② 潮汕腔里头还有次方言，有部分念 əŋ 韵，像潮州市；有部分念 uŋ 韵，像潮阳。
③ 在《厦英》有收 uɛ、ɛ̃ 韵，但是都注明是漳浦的口音。
④ "县、悬"在潮汕腔里头还有次方言，有部分念 ũi 韵，像潮州市；有部分念 uãi 韵，像潮阳。
⑤ 寮前位于陆河县新田镇，是一个客家话地区的闽南方言岛，笔者曾在2008年7月2014年5月到当地调查，其他地区念 ĩ 韵的例字，寮前念 ŋ 韵，例"天"tʰŋ55，按照规律 ĩ > ŋ 会比较合理。
⑥ 潮汕腔里头还有次方言，有部分念 iẽ 韵，像潮州市；有部分念 iõ 韵，像潮阳。
⑦ 潮汕腔里头还有次方言，有部分念 ðĩ 韵，像潮州市；有部分念 ãi 韵，像潮阳。

腔念 ũi 韵，泉州腔、厦门腔和潮汕腔都念 ŋ 韵。这是漳州腔明显的语音特征。

（16）《雅俗通》"姜"韵（《汇音妙悟》"香"韵）例字如"长丈、良梁梁凉、亮谅量、将章漳、奖掌、将障、昌娼倡唱、商伤相想相像详常尚上、嚷、强（上声）、强（平声）、响享向、央殃养阳扬、约跃"，《福建》《漳州》《西华》记 iaŋ 韵；漳州腔、潮汕腔念 iaŋ 韵，泉州腔、厦门腔大部分念 ioŋ 韵，这是文读层的音。

（17）《雅俗通》"钢"韵（《汇音》"毛"韵）例字如"榜、当当长堂肠丈、汤糖、装庄、仓床、双床（笼~）、扛钢、糠匠"，《福建》《漳州》《西华》记 ŋ 韵；漳州腔、泉州腔、厦门腔、潮汕腔念 ŋ 韵，长泰念 õ 韵，雷城念 o 韵。①

（18）《雅俗通》"瓜"韵（《汇音》"杯"韵）例字如"花、化、话画"，《福建》《漳州》记 ua 韵；漳州腔念 ua 韵、泉州腔、厦门腔、潮汕腔念 ue 韵。

（19）其他有语音差异的零星例字：

① "血"在《雅俗通》《福建》《漳州》《西华》记 hueʔ4；漳州腔、潮汕腔念 hueʔ4，泉州腔和厦门腔念 huiʔ4。这是漳州腔和泉州腔的辨识度最高的例字。

② "呸"在《雅俗通》《福建》《漳州》《西华》记 pʰue3；漳州腔念 pʰue3，泉州腔、厦门腔、潮汕腔念 pʰui3。

③ "两"在《雅俗通》《福建》《漳州》《西华》记 nõ7；漳州腔念 nõ7、潮汕腔念 nõ7，泉州腔、厦门腔念 nŋ7。

④ "物"在《雅俗通》《福建》《漳州》《西华》记 mĩʔ8；漳州腔、厦门腔念 mĩʔ8，泉州腔念 mŋʔ8，潮汕腔念 muẽʔ8。

⑤ "百"在《雅俗通》《福建》《漳州》记 pɛʔ4，《西华》记 peʔ4；漳州腔念 pɛʔ4，潮汕腔念 peʔ4，厦门腔、泉州腔念 paʔ4。

⑥ "八"在《雅俗通》《福建》记 peʔ4，《漳州》记 pɛʔ4（第52页），《西华》记 peʔ4；漳州腔念 pɛʔ4，厦门腔、泉州腔念 pueʔ4，潮汕腔念 poiʔ4。《漳州》的念法比较特别。

⑦ "个"在《雅俗通》《福建》记 ge5、《漳州》记 e5，《西华》记 ge5/gue5；漳州腔念 e5，厦门腔、泉州腔念 e5，潮汕腔念 kai5。《西华》记 gue5 比较特别。

（20）"嘉"韵和"伽"韵的纠葛②

现在漳州话的"嘉"韵例字念 /ɛ/ 韵，"伽"韵例字念 /e/ 韵，《西华》却将这两个韵的例字都记成 /e/ 韵。在《福建》中这两个韵母是对立的，某些"嘉"韵的字编到"伽"韵；《漳州》分得很清楚，如下：

表7　相关辞书"嘉韵"例字比较表

《雅俗通》	《西华》（e）	《福建》（ay）	《漳州》（ey）	现在漳州音
把 pɛ2	把 pe2	把 pe2	把 pɛ2	把 pɛ2
帕 pʰɛ3	帕 pʰe3	帕 pʰe3	帕 ×	帕 pʰɛ3
裼 tʰɛʔ4		裼 tʰeʔ4	裼 tʰɛʔ4	×
贴 tʰɛʔ4		贴 tʰeʔ4	贴 ×	×

---

① 雷城语料请参阅张屏生（2014）。
② 在《厦英》所记录的闽南话各次方言中，除了有 ɛ、e 韵母的对立之外，还有 ue/uɛ 的方言差异；例："搵"uɛ1（第350页）、"枒"uɛ1（第350页），这是反映在《厦英》中所注记的"漳浦音"。

续表

《雅俗通》	《西华》（e）	《福建》（ay）	《漳州》（ey）	现在漳州音
父 pɛ7	父 pe7	父 pe7	父 pɛ7	父 pɛ7
爸 pɛ7	爸 pe7	爸 pe7	爸 pɛ7	爸 pɛ7
耙 pɛ7	耙 pe7	耙 pe7	耙 ×	耙 pɛ7
白 pɛʔ8	白 peʔ8	白 peʔ8	白 pɛʔ8	白 pɛʔ8
帛 pɛʔ8		帛 peʔ8	帛 ×	×
箔 pɛʔ8		箔 peʔ8	箔 ×	×
茶 tɛ5	茶 te5	茶 te5	茶 tɛ5	茶 tɛ5
㤉 tɛ5		㤉 te5	㤉 ×	×
汐 tɛʔ8	汐 teʔ8	汐 teʔ8	汐 ×	×
汐 tɛʔ8		汐 teʔ8	汐 ×	×
蛇 tʰɛ7		蛇 tʰe7	蛇 ×	蛇 tʰɛ7

笔者认为"嘉""伽"韵相混有两种可能：一、当时编纂《西华》所参考的漳州话这两个韵有分，①但是外国人受了自己母语的影响而无法区辨。二、当时的漳州话这两个韵已经混同。从语言演变的角度来看，前者的可能性较大。

（二）关于《西华》词汇收录的问题

1. 亲属称谓的特殊前缀

《西华》收录了"引"这个亲属称谓前缀，"引"多用于比自己年长的亲属称谓的背称。如下：

（1）第37页："引公"in2 koŋ1。
（2）第37页："引婆"in2 po5。
（3）第302页："引姆"in2 m̩2。
（4）第712页："引爹"in2 tia1。
（5）第522页："引哥"in2 ko1。

根据笔者2009年11月调查，现在漳州话的亲属前缀是"阮"/ŋ51/；例如"阮公"ŋ55 koŋ35、"阮妈"ŋ55 mã51、"阮父"ŋ55 pɛ33、"阮伯"ŋ33 pɛʔ3、"阮叔"ŋ35 tsik3、"阮舅"ŋ35 ku33、"阮兄"ŋ35 hiã35。②《西华》用"引"in2，③《漳州》用"阮"n̩2，泉州用"引"in2，金门用"俺"an2，马祖话用"依"i1，《西华》的用法和泉州一致。④

2. 漳州腔的次方言特色词

（1）第599页："娘奶"niõ5 lei2 母亲，背称。漳州叫"良奶"niɔ̃33 le51。
（2）第711页："娘父"niõ5 pe7 父亲，背称。漳州叫"良爸"niɔ̃33 pɛ33。
（3）第577页："酸柑"sũi1 kam1 橙。漳州叫"橙"tsʰiam5，泉州叫"橙"tsʰiaŋ13，潮阳叫

---

① 根据笔者调查，最接近《西华》闽南话音系的是龙海市的角美话；但是角美话的/ɛ/ /e/有区分。
② 漳州语料所记录的是发音人实际的发音。
③ 《西华》第303页收了"阮姆"guan2 m̩2这个词，但是"阮"音读不同。
④ 请参阅张屏生、吕茗芬、林春雨的文章。

"橙" tsʰeŋ55；台湾闽南话叫"柳橙（橙）" liu55 tiŋ55。①

（4）第561页："目滓" bak8 tsai2 眼泪。漳州叫"目滓" bak₁ tsai51。

（5）第957页："污渍" u3 tsu3 肮脏。漳州叫"瘖渍" i₅₁ tsi11。

（6）第958页："大家" tua7 ke1 婆婆。漳州叫"大家" tua₁₁ kɛ35。

3. 特殊的文化语词

（1）第281页："北仔" pak4 gia2 对北方人的蔑称。

（2）第414页："随嫁简（嫺）" sui5 ke3 kan2 旧时指随嫁的女仆，后来也有可能成为姨太太。

（3）第358页："缘钱" ian5 tsĩ5 用铅做的一种假钱，因为"铅"和"缘"同音，所以被用来象征幸福的信物，这种"铅钱"大的如旧的五角镍币，小的像一角镍币，质量轻而且薄。

（4）第456页："廿九冥（暝）昏" dziʔ8 kau2 mẽ5 hũi1 除夕夜。一般闽南话叫"二九暝" dzi7 kau2 mẽ5，客家话叫"三十暗晡" sam1 sip8 am3 pu1。

（5）第454页："五日节粽" gou7 dzit8 tseʔ4 tsaŋ3 端午节粽子。

（6）第666页："鹤老" hoʔ8 lo2 闽南族群的通称。②

（7）第847页："洗门风" se2 mũi5 hoŋ1 早期社会用来惩罚破坏婚姻或名誉的人的一种风俗，犯错者除了要有公开道歉赔罪的形式之外，还要有响应对方要求的物质报偿，这种方式就叫"洗门风"。

（8）第859页："月宫来" gueʔ8 kioŋ1 lai5 指女人来月事。笔者在东势大埔腔客家话调查过"月宫来" ɲiat5 kiuŋ33 loi11。

（9）第991页："过番" kue3 huan1 到南洋去。

（10）第690页："送尪上天" saŋ3 aŋ1 tsiõ7 tʰĩ1 送神上天。现在漳州话把神称作"尪" an35。

（11）第506页："奸操你母" kan1 tsʰo2 lun2 bo2 詈语。操你妈。这是反映庶民文化最鲜明的词汇。"操"可能记变调。"操"（贪）在漳州叫"趴" pʰiʔ3，泉州叫"驶" sai55，厦门叫"干" kan11，同安叫"呼" kʰɔ55，长泰叫"栽" tsai55，诏安叫"剟" toʔ13，潮阳叫"櫺" pʰu51，雷城叫"擘" pue451，文昌叫"擘" pue551。

（12）第506页："奸操你姐" kan1 tsʰo2 lun2 tsia2 詈语。操你妈。

（13）第510页："谏（操）恁厶（母）" tsʰo2 lun2 bo2 詈语。操你妈。

（14）第510页："谏（操）恁姐" tsʰo2 lun2 tsia2 詈语。操你妈。

4. 有一些词汇的音读和现在的漳州音有明显的差异

（1）第510页"恁" lun2 你们。现在漳州话念 lin51。因为《西华》的"汝"念 lu2，所以"汝等"③的合音念 lun2。比较特别的是泉州的"汝"念 lɨ55，"恁"念 lin55；芦洲的"汝"念 lu51，"恁"念 lin51；潮阳的"汝"念 lu51，"恁"念 liŋ51。

（2）第362页"瘰软疬" nũi2 lat8 淋巴结核。漳州念 li35 lat12。

（3）第329页"荄注（加箬）" ka1 tsu3 用咸水草编成的一种手提袋，也是乞丐用来乞讨的器具，漳州念 ka33 tsi11。

（4）第213页"韭菜" hui2 tsʰai3 韭菜。漳州念 ku35 tsʰai11。

（5）第911页"蟾蜍（蝥蜍）" tsiõ1 su5 癞蛤蟆。漳州念 tsiõ33 tsi13。

---

① "柳橙"同安腔念 tsʰiaŋ13，台湾普通话叫"柳丁"，这应该是从闽南话把"橙"念作"登" tiŋ1，"登"和"丁"同音 tiŋ1，使词语造成了类推讹误。

② 有人认为"hoklo"文献最早出现在美国汉学家卫三畏于同治甲戌年（1874年）所编辑的《汉英韵府》，但是《西华》更早。

③ "恁"也有学者认为是"汝侬"的合音。

（6）第911页"蟑蟁（蝥蚣）"tsiõ1 tsʰu5 癞蛤蟆。漳州念tsiõ̃₃₃ tsi¹³。

（7）第880页"蜂王"pʰaŋ1 oŋ5/pʰaŋ1 ũi5，"王"念ũi5，笔者只调查过电白县霞洞黎话念ui5，对应到泉州腔的 ŋ5，笔者没有调查到"王"念 ŋ5的音，只有在《厦英》（第301页）查找到"龙王"liŋ5 ŋ5（the god of the sea）这个音读。

（8）小称词尾"仔"在漳州腔念a2，泉州腔念kã2，潮汕腔念kiã2，南诏念ε2；《西华》的"仔"有三种形式：①ia2，例"梭仔"so1 ia2（第562页）、②gia2，例"姨仔"i5 gia2（第988页）、③niã2，例"番仔"huan1 niã2（第1088页）。①

5. 有一些词汇的词形和现在的漳州话有明显的差异

（1）第842页："萝苾菜"la5 bak8 tsʰai3 胡萝卜。漳州叫"红菜头"aŋ₃₃ tsʰai₅₁ tʰau¹²，厦门叫"萝卜菜"la5 pak8（tak8）tsʰai3。

（2）第820页："姆猪"m2 tu1、"母猪"bo2 tu1 母猪。漳州叫"猪母"ti₃₃ bo⁵¹。

（3）"乞"kʰit4（被）；现在漳州叫"予"hɔ³³，长泰叫"予"heu³³，泉州叫"传"tŋ¹³或"度"tʰɔ³¹，漳浦叫"予"kʰo³³，诏安叫"予"kʰou³³，潮汕话叫"乞"kʰik³。

（4）第528页："胶下"hiap8 he7 腋下。②现在漳州话叫"胳下空"ko₅₁ ε₁₁ kʰaŋ³⁵，笔者并没有调查闽南话有"腋下"这种说法，③一般客家话叫"手胳下"su³¹ kʰiap⁵ ha¹³。

6. 有一些词汇的词形和现在的泉州话相同

（1）第294页："盏篱"tsuã2 nĩ5 筅篱。现在泉州话叫"筅篱"tsuã₃₅ li³⁵，这是泉州腔的次方言特色词。

（2）第654页："姿娘人"tsu1 niõ5 laŋ5 女人。现在泉州叫"姿娘"tsɯ1 nĩu5，④漳州话叫"查某"tsa1 bɔ2。

7. 有一些词汇的音读和词形和现在的潮汕话相近

（1）第942页："泛"huam3，一般闽南话没有uam/uap，只有潮汕腔和诏安有这个韵，《西华》只有这个字注了uam，其他"犯、范、范、患"还是记uan韵，"法"记huat4。

（2）第642页："舞"记mõu7，一般闽南话没有这个白读音，笔者只在潮阳话调查过"舞虎狮"mõu₃₃ hõu₁₁ sai³³，有的学者写作"搣"。

（3）第621页："医药"ui1 ioʔ8，一般闽南话的"医"没有ui1这个白读音，只有在潮汕话调查过"医生"念ui₃₃ seŋ³³。⑤

（4）第109页："障生"tsiõ3 sẽ1 这样子。一般闽南话叫"按呢"an₅₅ nẽ⁵⁵。笔者父亲所说的潮阳话叫"障生"tsiõ₅₅ sẽ³³。

（5）第109页："向生"hiõ3 sẽ1 那样子。一般闽南话没有这个词，笔者父亲所说的潮阳话叫"向生"hiõ₅₅ sẽ³³。

（6）第568页："饼药"piã2 ioʔ8 肥皂。这是潮汕腔的次方言特色词。

（7）第140页："屎肚"sai2 tou2 肚子。现在漳州话叫"腹肚"pat₅ tɔ⁵¹，汕头市潮南区沙陇镇叫"屎肚"sai₅₃ tou⁵⁵³，大埔县光德镇九社村⑥叫"屎肚"sai₃₃ to⁵⁵。⑦

---

① 笔者将《西华》中的小称词汇集之后，发现念niã2是在小称词干是阳声韵的情况，念ia2和gia2就不容易找出规律。
② 《西华》除了"胶下"外，在第938页也收录了"胳腔下"koʔ4 kʰaŋ1 e7、"胶腔下"hiap8 kʰaŋ1 e7 表示"腋下"的词汇。
③ 萧藤村老师告知在闽南话也说"腋下"hiap⁵ e³³。
④ 潮汕话的女人也叫"姿娘"tsu1 niõ5。
⑤ 闽南话属于类似的音读像"衣"ui1（胎盘）、"布机"po3 kui1（织布机）。
⑥ 大埔县光德镇九社村是个闽南话方言岛，当地人说的是一种漳州腔闽南话。笔者在2013年7月曾在大埔县城调查过。
⑦ 萧藤村老师告知"屎肚"和"腹肚"意思不完全相同。

8.有一些词汇的词形和现在的客家话相近

(1)第38页:"浸死"tsim3 si2 被水淹死。一般客家话叫"浸死"tsim3 si2。一般闽南话叫"迬死"tu³³·si₁₁、"淹死"im⁵⁵·si₁₁。

(2)第105页:"穤米"ue5 bi2 一般写作"禾米"。

(3)第422页:"豆腐花"tau7 hu7 hua1 豆花。一般客家话叫"豆腐花"tʰeu3 fu3 hua1,一般闽南话叫"豆花"tau7 hue1。

(4)第656页:"伯婆"peʔ4 po5 父亲的伯母。一般客家话叫"伯婆"pak4 pʰo5,一般闽南话叫"姆婆"m2 po5。

(5)第958页:"家官"ke1 kuã1 丈夫的母亲。① 一般客家话叫"家官"ka1 kon1,一般闽南话叫"大官"ta1 kuã1,漳州话叫"大官"tua7 kuã1。

(6)第254页:"缚做长年"pak8 tso3 tŋ5 nĩ5 雇用为长工。"缚"或写作"瞨",用条约固定下来。"长年"在闽南话是指"经年久月",在客家话是指"长工"。从"缚做长年"这个词条来看,"长年"应该是指"长工"。

(7)第1009页:"团鱼"tʰuan5 hu5 鳖。因为"鳖"在客家话是"女阴"的忌讳词,所以大部分的客家话都把"鳖"改称"团鱼"tʰon5 ŋ5、"脚鱼"kiok4 ŋ5、"圆鱼"ian5 ŋ5。

(8)第471页:"茶炮"te5 pʰau3 可能是一种水果。② "莲雾"在屏东客家话就叫"茶泡"tsʰa¹¹ pʰau⁵⁵,菲律宾也常见。

9.有一些马来话外来语

(1)第50页"茣"字下收了"茣花"pue3 hua1、"菩茣"kit4 pue3、"桔贝棉"ka1 pua3 mĩ5、"桔贝纱"ka1 pua3 se1。《漳腔》第207页:"原指爪哇木棉树所产的棉花,现在也指攀枝花节的木棉。……",源自马来话kapok。

四、小结

根据笔者初步的观察,《西华》的音标符号系统,相较于和其他漳州系辞书还要更接近教会罗马字所创制的系统,《西华》的音系也和其他漳州系辞书非常接近,唯一较大的差别是来自于"嘉"韵和"伽"的混同。③ 在词汇上除了有收录一些漳州话的次方言特色词之外,也收入不同方言的词汇,如泉州话、潮汕话、客家话;董忠司认为《西华》是"综合漳泉、融合而成的一种偏漳的闽南语海上腔",这

---

① "家官"也有可能是"大家官"(公公婆婆)的缩读。
② "茶炮"的西班牙文写作fruta para cher。"莲雾"是来自于马来话jambu的外来语。
③ 根据笔者目前的调查,《西华》中的闽南话音系,和角美话有高度的一致性,除了《西华》/ɛ/ /e/不分,而角美/ɛ/ /e/有分这个特点之外。

主要是根据《汇集雅俗通》①上把"居"韵例字念u韵的判断，②实际上在词汇上的接触影响才更能说明《西华》所反映的语言复杂性。

参考文献

[1] 小川尚义.闽语日语大辞典[M]//洪惟仁.闽南语经典辞书汇编（第7、8册），台北：武陵出版有限公司，1993.

[2] 李毓中，陈宗仁主编.Dictionario Hispanico Sinicum（西班牙—华语辞典）[M].新竹：台湾清华大学出版社，2017.

[3] 吴守礼.福客方言综志——闽台方言史资料研究丛刊：12[M].未刊，1997.

[4] 周长楫.福建境内闽南方言的分类[J].语言研究，1986（2）：69—84.

[5] 洪惟仁.台湾文献书目解题·语言类[M].台北：中央图书馆台湾分馆，1996.

[6] 洪惟仁.十六七世纪之间吕宋的漳州方言[J].历史地理，2014（30）：215—238.

[7] 马西尼（Federico Masini）.闽南话—西班牙语词典——中国与西方早期语言接触一例（罗马所藏1602年手稿本）[M]//邹嘉彦，游汝杰主编.语言接触论集[M].上海：上海教育出版社，2003：211—228.

[8] 张屏生.闽南语辞典所列方言变体的处理回顾与发展[J].台湾语文研究，2010，5（2）：19—41.

[9] 张屏生.粤西闽语比较研究（一）[M].高雄市：阜盛文教事业有限公司，2014.

[10] 张屏生.海南闽语比较研究（一）[M].高雄市：阜盛文教事业有限公司，2017.

[11] 张屏生.满思谦《英客字典》客家话辞书编纂的音系及其相关问题[A]//第十二届台湾语言及其教学国际学术研讨会论文集[C].2018.

[12] 张屏生.福建省龙海市角美镇闽南话生活语汇稿[M].未刊稿，2019.

[13] 张屏生，吕茗芬.浙南南麂岛闽南话50年的语言变化[A]//第二届海外华人语言研究研讨会论文集[C].2010.

[14] 张屏生，萧藤村，吕茗芬.马偕·中西字典新编与论述[M].高雄：台湾中山大学，2015.

[15] 张屏生，萧藤村，吕茗芬.戴尔·漳州方言词汇新编与论述[M].高雄：台湾中山大学，2016.

[16] 张屏生，萧藤村，吕茗芬.打马字·厦门音个字典新编与论述[M].高雄：台湾中山大学，2017.

[17] 张屏生，吕茗芬，林春雨.闽南语亲属称谓词汇比较[A]//全国岭南语言资源保护暨亲属、社会称谓研讨会论文集[C].2017.

[18] 张耀文.汇集雅俗通十五音研究[D].台北师范学院应用语言文学研究所硕士论文，2004.

[19] 张以文.福建诏安闽南方言研究[D].台湾师范大学语文系硕士论文，2017.

---

① 1.卷六"柳．艍""汝"lu2。"海上腔"；卷六"柳．居""汝"li2。
　2.卷六"入．艍""乳"dzu2。"海腔"；卷七"入．栀""乳"dzī2。
　3.卷六"去．艍""去"k^hu2。"海腔"；卷六"去．居""去"k^hi3。
　4.卷六"他．艍""箸"t^hu7。"海腔"；卷六"地．居""箸"ti7。
　5.卷六"语．艍""遇"gu7。"海腔相"；卷六"语．居""遇"gi7。
　6.卷六"语．艍""语"gu2。"海腔"；卷六"语．居""语"gi2。
　7.卷七"求．茄""茄"kio1。"海腔"。

② 把"居"韵例字念成"艍"韵（u）就认为是泉州腔，这种判断如果在台湾的闽南话可以说得通，但是如果要扩及大陆的闽南话就会出现矛盾，就以"猪"字为例，台湾的泉州腔念ti1、澎湖同安腔念tu1，漳州腔念ti1。但是在大陆就复杂了，厦门市的旧禾山区、龙海市的角美镇念tu1，诏安县南诏镇念 ti1，角美、南诏都被归属到漳州腔。如果是这样，就不能说《西华》是"综合漳泉、融合而成的一种偏漳的闽南语海上腔"。

[20] 陈正统.闽南话漳腔辞典[M].北京:中华书局,2007.
[21] 邹嘉彦,游汝杰主编.语言接触论集[M].上海:上海教育出版社,2003.
[22] 杨秀明.漳州方言声调与地域文化研究[M].北京:中国社会科学出版社,2008.
[23] 董忠司.四百年前第一套闽南语音标系统的音读重构——《漳州语语法》和《西中词典》的语音系统(声调篇)[A]//第十二届台湾语言及其教学国际学术研讨会论文集[C].2018.
[24] 谢秀岚.汇集雅俗通十五音(文德堂本)[M].1869.
[25] 萧藤村,张屏生.《厦英大辞典》汉字版电子检索系统[J].未刊,2014.
[26] 萧藤村,张屏生.《英厦辞典》电子检索系统[J].未刊,2017.
[27] 萧藤村,张屏生.《福建方言字典》电子检索系统[J].未刊,2018.
[28] 萧藤村,张屏生.《西班牙—华语辞典》电子检索系统[J].未刊,2019.
[29] Campbell(甘为霖).厦门音新字典[M].台南:台湾教会公报社,1987.
[30] Carstairs Douglas(杜嘉德).厦英大辞典[M]//洪惟仁.闽南语经典辞书汇编(第4册)[M].台北:武陵出版有限公司,1993.
[31] Dr.G. Schlegel(施莱格).荷华文语类参[M].Leiden:E.J.Brill出版社,1882—1890.
[32] George Leslie Mackay(马偕).中西字典[M].台北:耶稣圣教会出版,1891.
[33] John Macgowan(麦嘉湖).英厦辞典[M].台北:南天书局,1978.
[34] Rev Tomas Barclay(巴克礼).杜嘉德厦英大辞典补编[M]//洪惟仁.闽南语经典辞书汇编(第4册)[M].台北:武陵出版有限公司,1993.
[35] Samuel Dyer(戴尔).*A Vocabulary of the Hok-Keën dialect as spoken in the county of Tshëang-Tshew—to which is prefixed a treatise on the Hok-keën tones*(漳州方言词汇),新加坡:Anglo-Chinese 出版社,1838.
[36] Talmage(打马字).厦门音个字典[M].1894.
[37] Walter Henry Medhurst(麦都思).福建方言字典[M]//洪惟仁.闽南语经典辞书汇编(第三册)[M].台北:武陵出版有限公司,1993.
[38] De Grijs.C.F.M(赫莱斯),En Fancken(佛兰根).厦荷大辞典[M].巴答维亚艺术与科学协会,1882.
[39] Elihu Doty(罗啻).Anglo–Chinese Manual with Romanized Colloquial in the Amoy Dialect(翻译英华厦腔语汇)[M].S.Well Williams,1853.
[40] Klöter Henning(韩可龙).*The Language of the Sangleys: A Chinese Vernacular in Missionary Sources of the Seventeenth Century*. Leiden: Brill, 2011.

附录一 《西班牙—华语辞典》同音字表

表1 《西班牙—华语辞典》同音字表（1）

韵	韵	a（a）			aʔ（a）
调	传统调名	①阴平	②上声	③阴去	④阴入
调	西班牙	´	`	^	ㄑ
p	pa	巴笆芭疤 T.貝（～钱）[197]	C.饱	霸豹	
pʰ	pʿa	枹[471] T.胞[脬]（生～）[152]			打怕[976]
b	ba				肉
m	m				
t	ta	礁 T.干燋[616] T.大（～夫）		罩[292]	搭榙 C.答[873]
tʰ	tʿa				塔[140]
n	n				
l	la		T.朥[106] 萝（～荙菜）[235]		
ts	cha	查（～ㄙ）[58]	早昨（～墓日）[124]		
tsʰ	chʿa	ㄨ[410] R.差	炒		插
s	sa	栅 T.栅[1104]			
dz	x				
k	ca	加胶铷[铰][279] T.桔（～贝）交[铰]（～剪）[280] 茭（～注）[329] 鹳（～鸽）鹥（～鹈）咖（～嗽）	夊[?][64] 绞[165]	C.教 T.教[激][115]	C.甲[605] T.甲[伶]（～伊好）
kʰ	kʿa	脚[骹] 咖（～啾）	巧	可[83] 叩[485] 扣[509]	洽[319] 可[389]
g	ga				
ŋ	ng				
h	ha	T.哮[540]		C.孝	喝[130] 哮[503]
∅	a	鸦亚[105]	殴		押 T.爊（火～）[589]

① "R."表文读、"C."表白读、"T."表替代字、"～"是省字符，在字右上方的字，是该字的正确写法，右上方数字是该字在《西华》书中的页码。

表2 《西班牙—华语辞典》同音字表（2）

韵	韵	a（a）			aʔ（a）
调	传统调名	⑤阳平	⑥	⑦阳去	⑧阳入
调	西班牙	—		ˇ	ㄑ
p	pa			罢	
pʰ	pʿa			T.泡[186]	
b	ba	癞猫			
m	m				

续表

t	ta				踏诧
tʰ	tʻa				迭
n	n				
l	la	*捞*莳臀[493]萝T.蟓（～蚞）[974]		T.捞（～水）[1015]	*猎[173]蜡历T.*辣腊肉
ts	cha				闸T.摄
tsʰ	chʻa	柴T.材（棺～）[113]			
s	sa				掤[236]T.炰煤[236]
dz	x				
k	ca			咬	
kʰ	cʻa				
g	ga				
ŋ	ng				
h	ha	T.携缡			T.箻[691]
∅	a	T.亚（～公）哑			匣C.盒

附录二 《西班牙—华语辞典》书影

图　本书影引自《西班牙—华语辞典》（第一册）第20页

▶ 词汇学研究 ◀

广东客方言亲属称谓"姐""姊"探析

陈燕辉

(暨南大学汉语方言研究中心　广东广州　510632)

【提　要】"姐"和"姊"是亲属称谓的核心词,本文从历时和共时两个角度考察二者在广东省客方言的使用情况,发现"姐""姊"在实际使用中均不同程度地保留了本义,亦发生语义转移扩大了词义和发生音变以区别意义。

【关键词】广东　客方言　亲属称谓　姐　姊

一、引言

胡士云提出,亲属称谓词是基本词汇中的核心词汇,具有较强的稳固性。所谓"亲属称谓",就是对与自己有亲属关系的人的称呼方式。它能够反映一种语言的特点及文化内涵。探析客方言的亲属称谓词,有利于深入观察客方言内部的差异。客方言是广东省三大方言之一,亦是唯一一个用民系来命名的方言。本文探讨广东省内客方言亲属称谓中"姐"和"姊"的用法。为方便观察,本文只列举含"姐"和"姊"的亲属称谓,该称谓若有其他说法的,在此也一并省略。除涉及到有区别意义的声调之外,不标调类或具体调值。关于本文的语料来源,粤西各方言点语料参照李如龙《粤西客方言调查报告》;河源市语料参照练春招、侯小英、刘立恒《客家古邑方言·河源》;粤北韶关始兴县语料参照郑蕾《始兴县客方言亲属称谓研究》,翁源县语料参照吴碧珊、甘于恩《广东翁源客家话亲属称谓研究》;部分参照其他已发表成果的语料已注明出处,其余语料由笔者调查获得。

二、"姐"和"姊"的历史演变

从诸多文献来看,"姐"是一个带有浓郁方言色彩的词。我国最早的一部词典《尔雅》和最早的比较方言词汇的重要著作《方言》中均未收录"姐",直至东汉许慎的《说文·女部》才有了记载:"蜀谓母曰姐,淮南谓之社。从女,且声,读若左。"三国魏张揖所作的《广雅》对《尔雅》进行补充,其《尔雅·释亲》:"姐,母也。"不过此处未说明使用地域。宋本《广韵》又提到:"姐,羌人呼母。"明代方以智《通雅》:"江南呼母为姐。"清代段玉裁《说文解字注》:"方言也,其字当蜀人所制。"有学者质疑,"姐"的方言义作为其本义值得商榷,本文认为这是可取的。其一,既然"姐"字最初为蜀人所用其,用意是用于称呼"母亲",那么将"母亲"作为"姐"的本义是可取的。其二,从能掌握的中土文献来看,"姐"有"女兄""姐姐"之义大约在唐宋,最迟在宋代。隋唐五代出现最多的是"弥姐""弥姐"是西羌人的复姓,《周书·卷一》:"都督弥姐元进规欲应悦,密图太祖。"到了李白《寄东鲁二稚子》:"小儿名伯禽,与姐亦同肩。""姐"有了"女兄"义,再到北宋苏东坡笔下有"成伯席上赠所出妓川人杨姐",宋代话本中大量出现"姐",如:"二姐却与一个后生名唤崔宁一同逃走,被人追捉到来。"可以肯定的是,最迟在宋代,"姐"字在中原地区已经有了其他义项,可以用来称呼同辈年长的女性或者妓女。

跟"姐"关系相当密切的一个词"姊",它的义项和用法相对固定,《尔雅·释亲》:"谓女子先生为姊,后生为妹。"南宋吴曾《能改斋漫录》里记载:"近世多以女兄为姐,盖尊之也。""姐"从宋代开始,表"女兄"义越来越普遍,但"姊"仍广泛使用。例如,宋代的《东坡文集》《全宋词》《资治通鉴》、元明两代的《金史》《辽史》、民初的《清史稿》等文献里"姊"是常见的一个词。另一方面,在能够反映当时口语情况的话本、小说、戏剧里,"姊"比比皆是。直到二十世纪三四十年代,新文学小说盛行,仍然能够在这些新文学作品中看到"姊"表"女兄"义。到了五十年代,"姊"在书面材料中很鲜见,而这时恰逢在全国范围内推广普通话,"姐"这才在普通话中替代了"姊"。

三、"姐"的使用概况及探讨

(一)"姐"的使用概况

一个词产生了新的词义并不意味着本义会完全消失,"姐"和"姊"都可以用来称呼比自己年长的有血缘关系的女性,在客家方言里,就能看到"姐"和"姊"其他词义。从辈分来看,"姐"的使用跨度较大,覆盖祖辈、父辈、平辈。我们先看仍保留"姐"的本义的父辈亲属称谓。

1. 以"姐"称父辈年长女性

"姐"的本义是"母亲"。李小平、曹瑞芳《汉语亲属称谓词"姐"的历史演变》中对"姐"在各方言的分布进行了统计,其发现,"姐"表"母亲"义主要分布在南方,"客家方言是所有汉语方言中以'姐'表母亲义分布区域最广的方言区",此外,湘语、赣语、闽语、平话等方言均可以找到不同程度上的例证。就广东省内所收集到的语料来看,以"姐"称母亲主要出现在粤北的韶关市地区。始兴县马市镇澄江镇称"母亲"为"姐老",称"干妈"为契姐,马市镇称"继母"为继父姐。

本文还收集到两个特例,一是粤中地区的惠州市博罗县柏塘镇称"姑姑"为"阿姐",二是韶关南雄称"阿姨"为"姨姐"。该种称呼的缘由尚不明。

表1 以"姐"称父辈女性使用情况统计

方言说法	普通话	方言点
姐姐	母亲	韶关始兴县司前镇、隘子镇
姐老	母亲	韶关始兴县澄江镇、太平镇
阿姐	母亲	河源市源城、龙川、连平、和平等县
契姐	干妈	始兴县马市镇澄江镇
后来姐	继母	河源市源城、龙川、连平、和平等县
继父姐	继母	始兴县马市镇

续表

方言说法	普通话	方言点
阿姐	姑姑	惠州市博罗县柏塘镇
姨姐	阿姨（比母亲大）	韶关南雄雄州

2. 以"姐"称祖辈

在所见语料中，以"姐"称呼祖辈的长辈现象较多，指称"祖母"多集中在粤北的韶关市；用以称"外祖父/母"为"姐公/婆"在广东省内分布广泛，下文将详细阐述。

表2 以"姐"称祖母使用情况统计

方言说法	普通话	方言点
姐姐	祖母	韶关始兴县司前镇、隘子镇、全南镇
老姐		韶关始兴县澄江镇、太平镇
阿姐		梅州大埔西河镇，韶关翁源龙仙、周陂、官渡、新江、铁龙、翁城、中村
娭姐		湖南南县、岳阳县、沅江、汨罗、湘阴、望城、长沙市、长沙县、株洲、祁东

3. 以"姐"称平辈

"姐"用来称与平辈中比自己年长的女性是后起义，最迟至宋代，"姐"已有"姐姐"的意义了。在现代汉语中，"姐"的义项主要有：①亲戚中同辈而年纪比自己大的女子（一般不包括可以称作嫂的人）。②称呼年轻的女子。在广东省内的客家方言亲属称谓里，称呼"姐姐"时，"姐""姊"都有，以"姊"称的主要有"阿姊、姊姊、大姊"，集中在粤东、粤西、粤北地区。以"姐"称的有"阿姐、姐姐"，集中在粤中地区。如下表：

表3 以"姐"称姐姐使用情况统计

方言说法	普通话	方言点
姐姐	姐姐	惠州博罗柏塘镇
阿姐		河源市连平县
阿姐		东莞东城镇
阿姐		梅州五华县大都镇、水寨镇、河东镇

（二）"姐"的使用特点及探析

1. 为何"姐"可以用来称呼不同辈分的女性呢？

可以从以下三方面解释：

第一，宗法制度下女性的称呼较简略。在殷商时代的甲骨文里卜辞笼统地称任何一辈的祖为"祖"，到了先秦，汉语称谓系统已经系统化，对祖父的称谓就有"祖父、王父、大父、王考、公"等五类，但不是所有的称谓都分得如此细致。由于宗法制是以男性为中心，男性一方的宗亲亲属可以区分得较详细，而对女性及其亲属就相对简略。基于这样的文化背景，"姐"用来指称祖母、外祖母、母亲、姑姑、阿姨、姐姐就可以理解了。

第二，"姐"的词义在发展过程中发生了迁移并扩大。张新艳《"姐""祖"同源考》认为，"姐"是由"且"发展而来，"姬周语和羌语发生分离后，羌语中的'且'，也就是'姐'，进入了亲属称谓系统，成为指称年长女性的称谓词，而汉语中的"祖"却保留古义，与汉语中称年长女性的称谓词不相干。'姐'重新进入汉语中使用，大概在汉代前后，因为汉魏已有称妇人为姐的现象"。庄初升《释"姐"》一文认为"在古代，'姐姐'也用来通称妇女，如元代，'姊姊'和'妇女的通称'二义应是"母亲"义的引申扩大"。类似的另一个亲属称谓"娘"，也发生过词义的转移，"娘"在《说文》时代，义项是"烦扰"。《集韵》："奴当切，音囊。又汝两切，音壤。义犹同。又同娘。"至现代，《古今汉语字典》中收录的"娘"的义项中又新增了"称长一辈或年长的已婚妇女"和"年轻妇女"两项。故"姐"可以指称"母亲、祖母、姑姑、阿姨、姐姐"，恰好符合汉语词汇的演变特点，而现代方言中又在演变过程中保留了其演变痕迹。

要特别说明的是，以"姐"称母的原因除了承袭本义之外，还有另外一种可能，为了回避某种意象而使用讳称。甘于恩指出"将父亲称为'阿叔'（电白羊角粤语有时称'阿叔/阿哥'），母亲称为'阿婶'，都是方言避讳现象（又叫'偏称'）在亲属称谓中的反映。这种避讳现象不独粤、客、闽方言为然，其他南方方言（如赣语）也有这种情况。讳称的使用大多是基于一种传统的认知心理，即家庭成员如果太亲，可能相克，不利于后代的成长，所以要故意将父母称疏远一点。"广西南宁、梅州西河均有地方称呼"父亲"为"阿哥"，称呼"母亲"为"阿姐"。以"姐"称母的这些方言点，该说法的缘由还有待深究。

2. 关于以"姐公/婆"称"外祖父/母"的设想

在祖辈中，值得注意的是，除梅州大埔县的茶阳镇、湖寮镇、西河镇等镇称外祖母为"婗姐、阿姐"之外，广东省内其他地方的客家话都称"外祖母"为"姐婆"，将"外祖父"称为"姐公"，这是客家话亲属称谓中统一度最高的一组称谓，且"姐"字可以用来指称男性长辈"外祖父"。可能是出于以下原因：

其一，"姐公/婆"的"姐"实际等于"祖"。首先，"姐""祖"从"且"发展而来，二者同源。"且"为上古鱼部清母上声，"祖"和"姐"在上古皆属鱼部精母上声字。其次，据罗香林等人考证，五代到宋初是客家民系形成的重要时期，宋末元初，客家人进入粤地，民系最终形成于明初。现有最早提及客家方言的正史是明嘉靖年间编修的《惠州府志》和《兴宁县志》，清代吴任臣的《字汇补》对明万历年间梅膺祚编的《字汇》进行了增补，多收俗字。《字汇补》其收录的"祖"的读音是"咨邪切"，读音与"姐"一致。所以，"姐公/婆"的"姐"很有可能就是"祖"，现在将其写成"姐公/婆"或是用字习惯。

其二，"姐"作为标志与"阿公阿婆"有区别意义。王玲玲利用北京大学CCL语料库及各类称谓词典归纳得出，"现代汉语中'祖母'的称谓方式主要有四类。其中，'婆'类称谓是历史最悠久的祖母称谓……'婆'指祖母及祖母一辈的亲属妇女"。书面材料"外婆"最早见于唐代。"公"指称"祖父"则出现于先秦。亲属称谓按血缘亲疏关系可分宗亲和外亲，广东客家人多称宗亲系里祖父祖母为"阿公阿婆"，称伯祖父母为"伯公伯婆"，称叔祖父母为"叔公叔婆"，外亲则会用"外"以区别，如"外家、外公外婆、外甥"等。"公/婆"表明是祖辈，"姐"本义就为"母亲"，这里的"姐"作为标志，功能和"外"字一样，用来区分宗亲和外亲，指的是非宗亲亲属。这样，"姐公姐婆"就能与"阿公阿婆"有区别意义了。邓晓华、李小芬在《论客家话》中论及客闽方言同源词以及历史层次问题时认为，客闽语有一批相同的口语常用语词汇与苗瑶、壮侗语同源。客家话"外祖母"的说法来源于畲语的"$tsia^3p^hu^4$"（外祖母）。客家话称"外祖父母"为"姐公姐婆"可能是早期与畲族语言密切联系的结果，同时也避免了与"阿公阿婆"混淆语义。

四、"姊"的使用概况及探析

在所收集到的语料中，如上文所述，"姐"和"姊"指称比自己年长的女性的说法并存，但"姊"占绝大多数，且读音上有三种读法，分列如下：

表4 "姊"的使用情况统计

方言说法	普通话	方言点
阿姊	祖母	翁源县仙南、江尾、坝仔三镇［tsi］ 河源市龙川县登云镇与和平县热水镇［a tsei］
阿姊、姊姊、排行+姊	姐姐	梅州市梅县、河源市和平县、廉江青平等地读［a tsɿ］或［tsɿ］； 阳西塘口、阳春三甲、信宜思贺、信宜钱排、廉江石角、化州新安、韶关南雄雄州等地读［a tsi］； 揭阳市揭西县读［a tsei］

据吴碧珊、甘于恩调查，韶关翁源县东北部仙南、江尾、坝仔三镇称"祖母"为"阿姊"，读为［tsi］/［tsɿ］，与这三个方言点交界的全南、始兴，"祖母"都称为"姐姐"（"她"是"姐"的异体字），"翁源客家话中指称'祖母'的'阿姊'究竟是用'姐姐'来称呼'祖母'，抑或是表'母亲'义的'姐'的音变？"此处尚未得出较确定的结论。

关于这几个方言点的材料，本文认为称"祖母"和"姐姐"的三种读音［tsi、tsɿ、tsei］对应的汉字均应是"姊"（本字为"姊"），而不是"姐"的音变。

首先，这三个方言点中的止摄一般读［i］，精组字一般读［ɿ］，从发音上看，［tsi、tsɿ］应该是"姊"在客方言里的读音，这种读法也出现在梅县，如："姊姊［tsɿ tsɿ］"，再如揭西县的"姊妹［tsi moi］"。"姐"是假摄麻韵开口三等字，而是"姊"是止摄开口三等脂韵字，假摄的主元音是a，而止摄的主元音是i，假摄的主元音要高化向止摄的主元音靠拢较难实现。《说文》："姊，将几切，女兄也。从女㞢声。"《字汇》里记载"姊"是"姊"的俗字。东晋郭璞记"江东、山越间呼姊声如市"，据郑伟考证，"长江中下游的早期侗台语（即古越语）在秦汉以后发生清化，很可能在魏晋时期，山越先民口中的'姊'义语素已经是清化的［pʰəi］或者［pəi］，故而此类读音在郭璞的耳中听起来跟汉语的'市'字读音无疑相同或非常近似，于是便有了'江东、山越间呼姊声如市'的文献记录。"将"姊"读成［tsɿ］，或是止摄细音脂韵之韵合流的表现。根据王力先生对唐宋两代韵部的分类，资思部的主元音ɿ与止摄开口三等的"姊"和"姊"的音韵地位是吻合的。

再看［tsei］的读法。跟止摄一样主元音是i的是蟹摄开口三四等字，客家话止摄开口三等有部分字跟蟹摄开口三四等合流，读如［ei］。例如，止摄开口三等的"筛［tshei］、舐［ʃei］、蚁［ŋei］"。从这两个摄的语音演变规律来看，这三个方言点都为［tsei］应该是"姊"而不是"姐"。所以，称"姐姐"和"祖母"为［a tsei］，写法应该也是"阿姊"。

那么，就出现一个新的问题，"姊"是否有"祖母"的义项？

从文献上看，"姊"只有表"姐姐（女兄）"的含义，没有表长辈女性"母亲"或者"祖母"的含义，但马丽《"姊"之流变考》提到"'姊'甚至可以忽视年龄差异，称呼上了年纪的妇女'老母'。"但是马只是对"姊"这一用法有所提及，并未给出确切的历史资料或现实语料的支持。

既然"姊"都分别可以用来指称同辈和长辈,是否会出现语义混淆的现象?答案是否定的,可以通过语音手段或语法手段来区别意义,如下表所示:

表5 "姊"的区别意义手段

方言点	祖母	姐姐	区别意义的手段
河源和平镇热水村、龙川县登云镇	阿姊[a tsei]	阿姊[a tsi]	语音手段
翁源仙南镇江尾镇	阿姊[a tsi]	排行+姊[tsi]	语法手段
翁源坝仔镇	阿姊[a tsʅ]	排行+姊[tsʅ]	语法手段

汉语方言中普遍存在着亲属称谓词的变读现象。为了区别意义,变读主要有两种方式,一种是构词方式的差异,属于语法手段。翁源仙南镇、江尾镇、坝仔镇三个方言点称"祖母"为"阿姊",称"姐姐"时,通过添加前缀,用排行来区别("大姊、二姊、三姊"),这是通过语法手段来实现区别意义。另一种方式是通过变读某音节的声母、韵母、声调来区别不同的称谓义,属于语音手段。如潮州的"阿妈"通过改变声调,读[a^{23}ma^{53}]时是"祖母",读[a^{23}ma^{55}]时是"母亲";再如翁源县"阿姨",读本调阳平调[a^{22}i^{41}]时是亲属称谓里的"阿姨",读去声调[a^{22}i^{45}]时是非亲属称谓"阿姨"。河源和平镇热水村、龙川县登云镇的"阿姊"读为[a tsei]时指称"祖母",改变韵母读为"阿姊[a tsi]"时指称"姐姐"。

五、小结

在广东省客方言亲属称谓中,"姐"和"姊"的用法都非常普遍。从历时角度看,"姐"沿袭了其本义"母亲",还可以用以指称祖辈、父辈年长女性、同辈年长女性;"姊"沿袭本义指称"姐姐",也可用于指称祖辈女性。从共时的地理分布来看,"姐"的本义"母亲"只在极少地区保留,用于指称"母亲"和"祖母"多分布在粤北的韶关市内,指称父辈其他女性长辈偶见于粤中的惠州和河源地区,指称"外祖父母"则在全省分布广泛,指称"姐姐"多集中在粤中的河源市惠州市。"姊"指称同辈年长女性"姐姐",在全省范围内除粤中河源惠州之外的地区分布较广;"姊"指称祖辈女性集中在粤北的韶关地区。

亲属称谓词能够反映一种语言的特点及文化内涵,考察"姐"和"姊"在广东省内的使用状况,有利于挖掘客家方言亲属称谓的说法,同时有利于深入观察其内部演变情况。

参考文献

[1] 胡士云.汉语亲属称谓研究[M].北京:商务印书馆,2007.
[2] 庄初升.释"姐"[J].汉字文化,1994(1).
[3] 郑伟.释古越语"市(姊)"及相关音韵现象——兼论《颜氏家训》"南染吴越"的词汇表现[J].中国语文,2018(2).
[4] 胡士云.说"爷"和"爹"[J].语言研究,1994(1).
[5] 张新艳."姐""祖"同源考[J].孝感学院学报,2009(1).
[6] 岩田礼.汉语方言"祖父""外祖父"称谓的地理分布——方言地理学在历时语言学研究上的作用[J].中国语文,1995(3):203—210.
[7] 林清书.湘方言的"娭毑"和客家方言的"姐"[J].龙岩学院学报,2006,24(1).

[8] 王玲玲."祖母"称谓的地理分布与历史发展[J].语言教学与研究,2014(3).

[9] 李小平,曹瑞芳.汉语亲属称谓词"姐"的历时演变[J].2012(2).

[10] 哈斯巴特尔.蒙古语"母亲""姐姐""妻子""女儿"等称谓词探源[J].内蒙古大学学报(哲学社会科学版),1995(3).

[11] 吴碧珊,甘于恩.广东翁源客家话亲属称谓研究[M].南方语言学,广州:世界图书出版广东有限公司,2016(11).

[12] 甘于恩.广东茂名地区方言亲属称谓研究[J].平顶山学院学报,2016,31(3).

[13] 郑蕾.始兴客家方言亲属称谓研究[D].暨南大学硕士学位论文,2011.

[14] 葛本仪,杨振兰.词义演变规律述略[J].文史哲,1990(6).

[15] 马丽."姊"之流变考[J].古籍整理研究学刊,2006(3).

▶语法学与方言语法◀

山东沂水方言的重叠

赵 敏

(暨南大学华文学院 广东广州 510610)

【提 要】山东沂水方言的重叠颇有特色,涉及的词类有名词、数量短语、动词、形容词、拟声词等。沂水方言的重叠不仅包含量的概念,也包含了感情色彩的意义。从"大小称"的概念来说,沂水方言的重叠可以看作为一种表示小称的语法手段。

【关键词】沂水方言 重叠 感情色彩 小称

沂水县位于山东省东南部沂山南麓,临沂地区北部,它东邻莒县,西与沂源、蒙阴两县交界,南与沂南县毗连,北与安丘、临朐两县接壤。根据钱曾怡《山东方言的分区》,沂水话属于胶辽官话中的东潍片,是胶辽官话最西线上的一个点。

沂水方言的重叠有其自己鲜明的特色,涉及的词类有名词、数量词、动词、形容词、拟声词等,这些重叠不仅包含量的概念,也包含了感情色彩的意义。本文对沂水方言几种有特色的重叠进行较详细的描写、分析。

一、名词重叠

普通话中"重叠式名词主要是亲属称谓。……亲属称谓以外的重叠式名词只有'娃娃、星星、宝宝'几个。"[①]除了与普通话相同的"爸爸(新派说)、妈妈(新派说)、哥哥、姐姐、妹妹"等亲属称谓以外,沂水方言的名词还有下列两类重叠式。

(一)A为普通名词

有两种类型:"A儿A儿"式和"AA子"式。

---

① 朱德熙:《语法讲义》,北京:商务印书馆,1982年,第26页。

1. A儿A儿式

眼儿眼儿　　窝儿窝儿　　缝儿缝儿　　盒儿盒儿　　本儿本儿　　面儿面儿　　水儿水儿
屋儿屋儿　　沫儿沫儿　　方儿方儿_药方_　套儿套儿　　刺儿刺儿
渣儿渣儿　　虫儿虫儿　　梢儿梢儿　　角儿角儿　　脚儿脚儿　　豁儿豁儿　　棵儿棵儿
包儿包儿　　边儿边儿　　棚儿棚儿　　蛋儿蛋儿　　尖儿尖儿　　布儿布儿

2. AA子式

眼眼子　　窝窝子　　缝缝子　　盒盒子　　本本子　　面面子　　水水子　　屋屋子
沫沫子　　方方子_药方_　套套子　　刺刺子　　渣渣子　　虫虫子　　梢梢子　　角角子
脚脚子　　豁豁子　　棵棵子　　包包子　　边边子　　棚棚子　　蛋蛋子　　尖尖子
布布子

与基式相比，上述两种类型的重叠式在感情色彩义上具有不同的特点，"A儿A儿"式有喜爱、亲昵的色彩，"AA子"式带有不太喜欢的色彩。

（二）A为表示事物形状的名词

格儿格儿　　条儿条儿　　杠儿杠儿　　丝儿丝儿　　毛儿毛儿　　点儿点儿

这类名词基式是表达事物的形状，儿化并重叠后的词语表示事物在花色、形状等方面的特点。重叠式在句中可以做谓语、定语、宾语，做谓语时后面都必须加助词"的"，做宾语时可以不加"的"直接指代事物，做定语修饰名词时，助词"的"可加可不加。例如：

（1）我买了个半大衣是红格儿格儿的。（我买了件中款大衣是红色方格的。）
（2）把山芋切成条儿条儿。（把土豆切成条状。）
（3）这个皮夹克领子是毛儿毛儿的。（这件皮夹克领子是毛状的。）
（4）他穿了条杠儿杠儿裤子。（他穿了条有杠纹的裤子。）
（5）条绒布儿都是有杠儿杠儿的，平绒布儿没杠儿杠儿。（条绒布料都是有杠纹的，平绒布料没有杠纹。）
（6）那个点儿点儿裙子不好看，穿上就和那珍珠鸡啊似的。（那个有点状花纹的裙子不好看，穿上就像那种珍珠鸡似的。）

二、数量短语重叠

数量短语中的数词限于"一"和"几"，重叠方式有两种："A儿A儿"式和"AA子"式。

（一）A儿A儿式

一/几把儿把儿　　几个儿个儿　　几棵儿棵儿　　一/几摞儿摞儿　　一/几绺儿绺儿
一/几堆儿堆儿　　一/几件儿件儿　　一/几捆儿捆儿　　一/几层儿层儿　　一/几股儿股儿
一/几筐儿筐儿

（二）AA子式

一/几把把子　　几个个子　　几棵棵子　　一/几摞摞子

一/几绺绺子　　　一/几堆堆子　　　一/几件件子　　　一/几捆捆子
一/几形层形子　　　一/几股股子　　　一/几筐筐子

（1）一把儿把儿韭菜，包不着包子。（一小把韭菜，没法包饺子。）
（2）馍馍就剩几个儿个儿了。（馒头就剩几个了。）
（3）就剩下一筐筐子了，都要了呗。（就剩一筐了，都要了吧。）
（4）种了二三十棵来，刮了一场大风，就活了乜几棵棵子。（种了二三十棵来着，刮了一场大风，就活了这几棵。）
（5）这个袄精薄儿薄儿，就一形儿形儿棉花。（这件棉袄非常薄，就一层棉花。）
（6）割乜一角角子镟饼，够谁吃的？（买这么一小块儿锅饼，够谁吃的？）

与基式相比，上述两种类型的重叠式在感情色彩义上具有不同的特点，"A儿A儿"式有喜爱、亲昵的色彩，"AA子"式有嫌弃其少的色彩。

三、动词重叠

沂水方言的动词重叠有两种类型。

（一）与普通话相同，单音节为"AA"，双音节为"ABAB"

看看　　听听　　想想　　歇歇　　热热　　吹吹　　炒炒
商议商议　打劳打听打劳　拾掇收拾拾掇　吆喝喊吆喝　施为修理施为

关于动词重叠的语法意义，很多学者做过研究，提出多种诸如"多次、尝试、反复、经常、持续、轻量、短时、不定量"等说法，其中朱德熙的说法为较多的人所接受，即"表示动作的时量短或动量小"。很多学者因此将动词的重叠从体貌的角度归入短时貌或尝试貌。辛永芬认为动词重叠表达一个可控制的量，短时貌和尝试貌与动词重叠的语义不完全对等，短时或尝试可以用动词重叠来表达，但动词重叠不总是表达短时或尝试。

在沂水方言里，动词重叠表示短时貌，即动作行为或变化所经历的时间短或指动作行为或变化所涉及的量小。动词重叠加"看看/试试"表示尝试貌。

1. 表短时貌。
（1）我洗洗手着再拿。（我洗一洗手再拿。）
（2）你快扫扫地。（你快扫一扫地。）
（3）我去换换衣裳。（我去换一下儿衣裳。）
（4）饭冷冷着再吃。（饭冷一冷再吃。）
（5）你把菜热热。（你把菜热一热。）
（6）你麻去□[tɕʰiə²¹³]□[tɕʰiə⁰]。（你赶快去躺躺。）
（7）冷冷，小狗儿等等。（大人在给小儿喂食时，饭菜比较热，要小儿耐心等待时常说的话。意为让饭菜先冷一会儿，小孩子先等一会儿。）

与普通话的动词重叠不同的是，普通话中的"AA"式中间可以嵌入"一"，语义和用法与"AA"式基本相同。但在沂水方言中，"AA"式中间不能嵌入"一"。另外，普通话还可以用动词后面加轻声的"一下"来表示短时貌。沂水方言中的"一下儿"没有这项用法，它依然停留在表示实在意义的补语阶段，尚未虚化。例如：

（1）他是属破车子的，砸一下儿才动一下儿。（他是好像破自行车那样的人，打一下才动一下。）

（2）我摁了一下儿摁不动。（我按了一下按不动。）

（3）你再使锤敲一下儿试试。（你再用锤子敲一下试试。）

也就是说，普通话表达短时貌有三种手段：AA、A一A、A一下，沂水方言只有一种：AA。

2. 表尝试貌。

（1）你吃吃中药看看。（你吃吃中药看。）

（2）你吆喝吆喝看看。（你喊一喊看。）

（3）你□[yã⁴²]□[yã⁰]看看。（你闻一下看看。）

（4）你抬抬腿试试。（你抬抬腿试试。）

（5）你往前走走试试。（你往前走走试试。）

（6）你敢乖乖我试试！我砸不杀你！（你敢碰一下我试试！我打不死你！）

尝试貌和短时貌往往交织在一起。王力认为动词重叠是表示时间极短，"由时间短可以生出'稍''略'的意思和'尝试'的意思"。李如龙认为"尝试貌表示动作行为的非正式性质和未定着状态。既是尝试，就未必十分周全，往往是短时进行的，因此尝试和短时常有关系而出现交叉"。

普通话中的动词重叠既可以表示短时也可以表示尝试，另外在动词重叠后附加轻声的"看"专职表示尝试。沂水方言表示尝试的手段是动词重叠再加"看看"或"试试"。

综上所述，我们认为，沂水方言的动词重叠与短时貌基本算是契合，但与尝试貌并不完全对等。

（二）普通话没有、沂水方言特有的动词重叠式

如下表所示。

表1　沂水方言特有的动词重叠式

重叠式	语义	例句
盼盼	盼望	闺女不来，我就情盼盼着。（女儿不来，我就老是盼望着。）
挺挺	凸出	挺挺着个大肚子，难看杀了。（挺着个大肚子，难看死了。）
翻翻	翻	划的这道口子可是不浅，肉都翻翻着。（割的这道口子可是不浅，肉都翻出来了。）
伸[sun²¹³]伸[sun⁰]	伸	狗热得伸伸着舌头。（狗热得伸着舌头。）
筒筒	流（鼻涕）	小孩儿筒筒着鼻子，他妈也不给擦擦。（小孩筒着鼻涕，他妈也不给擦一擦。）
探探	探	他探探着身子毂了半天。（他探着身子毂了半天。）
呲呲	呲	一说他，他就知道呲呲着牙喜。（一说他，他就知道呲着牙笑。）
拉拉	拉	那个要饭的拉拉着个巴棍子。（那个乞丐拖着个棍子。）
撅撅	撅	别撅撅着嘴。（别撅着嘴。）
鼓鼓	鼓	你那脸怎么鼓鼓着？（你的脸怎么是鼓的？）
龟龟	腰弯曲	他那腰都龟龟了。（他的腰都龟了。）
锅锅	腰弯曲	上铺太矮了，只能锅锅着腰。（上铺太矮了，只能锅锅着腰。）
虾虾	腰弯曲	我看着他待那来虾虾着腰找。（我看见他在那里弯着腰找。）

续表

重叠式	语义	例句
眯眯	眯	他天天眯眯着俩眼儿，就和睡不醒啊似的。（他天天眯着两个眼睛，就像睡不醒似的。）
拧拧	拧	走路别拧拧着身子。（走路别拧着身子。）
□[su²¹³] □[su⁰]	向前伸	她□[su²¹³]□[su⁰]个嘴，就知道吃，不知道干。（她伸着嘴，只知道吃，不知道干。）
绷绷	绷	看他绷绷着脸，就知道他待发邪。（看他绷着脸，就知道他要发脾气。）

上述"AA着"式中，能够充当A的单音节动词一般具有下面几个特征：（1）动作性。A是表示动作行为的动词，包括部分表示心理状态的动词。（2）持续性。A所表示的动作能够在短时间内持续。（3）一般为表示贬义的、不讨人喜爱的动作。

这类重叠式加"着"后的重叠式表示一种状态，具有描状的作用，功能上跟一个状态形容词基本相同。同时比单音节动词加"着"，在程度上有量的减弱；在感情色彩上，贬义与讨人嫌恶的色彩有所降低。

四、形容词重叠

（一）AA式

沂水方言部分单音节形容词A有重叠式"AA"，其功能是独具特色的。

众所周知，普通话单音节形容词A也有重叠式"AA"，但实质上是"AA的"式。《现代汉语八百词》指出，普通话的生动形式，修饰名词性成分时"无论哪种格式一般都必须带'的'"；作谓语或补语，一般也都要带"的"；修饰动词短语，一般都带"地"，只有少数AA式和AABB式可以例外，如"轻轻一推/慢慢说"。

沂水话的"AA"式不同，它是真真正正的"AA"式，使用时不能加"的"。

能进入这类"AA"式的单音节形容词不是很多，限于描写形状的几个形容词，如"长长长形""圆圆圆形""团团圆形""尖尖尖形""弯弯弯形""歪歪形状弯曲""扁扁扁形""瘪瘪形状扁平""斜斜"等。

沂水话的这类"AA"式可作定语或谓语、补语。作定语时的语法功能，与作谓语、补语时不相同。不管作什么成分，重叠后第二个音节都读轻声。

朱德熙先生指出，性质形容词（形容词的简单形式）作定语是限制性的，是作为分类的根据而存在的；状态形容词（形容词的复杂形式含重叠式等）作定语是描写性的，不是用来作分类的根据。

沂水话这类"AA"式与普通话完全不同。它作定语时，是用来表示事物的属性，说明事物的形状，具有分类的功能，而不是描写性的。例如：

（1）四方盒子里盛的是饼干，圆圆盒子里盛的是糖。（方盒子里盛的是饼干，圆盒子里盛的是糖。）

（2）长长茄子不如团团茄子好吃。（长茄子不如圆茄子好吃。）

（3）天井来一棵弯弯枣树。（天井里有一棵弯枣树。）

（4）那一溜尖尖屋顶的二起儿小楼都是青援食品厂的。（那一排尖屋顶的二层小楼都是青援食品厂的。）

（5）盆子叫他拽了地下，一脚踩扁扁了。（脸盆被他扔到地上，一脚踩扁扁了。）

(6) 画的这线怎么歪歪着?（画的线为什么是歪的？）

(7) 你斜斜着身子走，就过来了。（你斜着身子走，就能过来。）

例（1）"圆圆"与"四方"对举，显然"圆圆盒子"说的就是"圆盒子""圆圆"只是限制性的，是作为分类的根据，而并非着重描写盒子的状态。同样，例（2）的"长长茄子""团团茄子"也只是着眼于区分这两种茄子，一种是长茄子，一种是圆茄子。可见，沂水话"AA"式作定语，其功能是限制性的，与普通话截然不同。

（二）ABB的式

"ABB的"式由词干"A"和双音节重叠式后缀"BB"构成，"A"主要是形容词，也有名词转类的形容词如"水""山"等，和普通话的构成方式、用法基本相同。"A"与"BB"搭配的词语有些是和普通话一样的，有些则有其独特之处。如：

脆生生的、紧巴巴的、烂乎乎的、硬邦邦的、香喷喷的、酸溜溜的、辣侯侯的、甜丝丝的、热乎乎的、宽绰绰的、高扫扫的、高乎乎的、矮扑扑的、红迁迁的、黄乎乎的、蓝乎乎的、紫乎乎的、黄洋洋的、蓝荧荧的、疼乎乎的、壮实实的、结实实的、水冷冷的、水拉拉_{被水浸过状}的、湿拉拉的、起晾晾_{地面等干湿适中，不潮湿}的、软乎乎的、臭烘烘的、直勾勾的、急拉拉_{着急的样子}的、傻乎乎的、山乎乎土气的、白寥寥_{颜色有点白}的、咸喷喷的、凉镇镇的、凉飕飕的、臊乎乎的、文绉绉的、潮乎乎的、麻利利的、精拉拉_{仔细、认真}的、温乎乎的等。

在沂水话上述例子中AB也能成词的有：脆生、紧巴、烂乎、热乎、宽绰、高扫、壮实、结实、起晾_{干燥不潮湿}、文诌、麻利、温乎等。

"ABB的"式表示比较"A"，程度不及"怪A""岗（着）A"。可做谓语、补语、状语。例如：

（1）新屋宽绰绰的。（新房子比较宽绰。）

（2）地上起晾晾的，甭穿胶鞋。（地上比较干燥，不用穿胶鞋。）

（3）他奶奶七十九了还壮实实的，一点毛病没有。（他奶奶七十九了还挺壮实，一点毛病没有。）

（4）你把箱子捆得结实实的，省得掉了。（你把箱子捆得结实一些，免得掉了。）

（5）糊涂还温乎乎的，甭热。（玉米粥还温温的，不用加热。）

（6）西瓜搁了井水来拔着，吃起来凉镇儿镇儿的。（西瓜放在井水里凉着，吃起来凉凉的。）

（7）椒子炒肉咸喷儿喷儿的才好吃。（辣椒炒肉比较咸一些才好吃。）

此格式的变调规律是，"B"原来不管读什么调，重叠后一律变为"去声21＋阳平42"，但"A"不变。

（三）AABB的式

能重叠成"AABB的"的"AB"主要是形容词，如"窄巴、迂磨、急火、二忽、神道、木张"等，此外个别名词（如"朝巴_{智力低下者}；傻子""流球_{流氓}"）和个别动词（如"吱外"）也能进入此格式。例如：

窄窄巴巴的、迂迂磨磨_{磨磨蹭蹭}的、急急火火_{匆匆忙忙}的、二二思思_{犹犹豫豫}的、二二忽忽_{犹犹豫豫}的、吱吱外外_{小声说个不停状}的、朝朝巴巴_{有点傻}的、凑凑付付_{将将就就}的、神神道道_{装神弄鬼的样子或神经质}的、木木张张_{忘乎所以的样子}的、流流球球_{流流氓氓}的等。

"AABB的"可做状语、谓语,不做定语,亦极少做补语。主要描摹情状,有程度减弱的意味。例如:

(1)他急急火火的走了。(他匆匆忙忙地走了。)
(2)到底去还是不去?我一直二二思思的打不出谱来。(到底去还是不去?我一直犹犹豫豫地计划不出来。)
(3)这小孩儿吱吱外外的,磨了半天才走。(这孩子嘟嘟囔囔的,磨了半天才走。)
(4)他一下生就朝朝巴巴的。(他一出生就傻乎乎的。)
(5)那个女的叫人家哄了,这神神道道的。(那个女人被别人骗了,现在有些神经质神经病一样。)
(6)今晌午,家来还有俩包子,仨馍馍,剩的半锅姑渣子,凑凑付付也够了。(今天中午,家里还有两个包子,三个馒头,吃剩的半锅疙瘩汤。凑合着也够吃了。)

此格式的变调规律为第一个"A"声调不变,第二个"A"读轻声,"BB"一般是"上声33+轻声"。

(四)大AA—精AA式

"大""精"的意思相当于"怪很""岗(着)非常",因此,"大AA"与"精AA"都有加重强调程度的意味。

"大AA"的"A"与"精AA"的"A"往往是成对的反义词。"大"修饰表示某种程度"量大"的形容词,"精"修饰表示某种程度"量小"的形容词。常用的表示"远近、高矮、胖瘦、轻重、长短、粗细"等的单音节形容词都可以进入这个格式。比如:

大高高—精矮矮、大深深—精浅浅、大长长—精短短、大粗粗—精细细、大稠稠—精稀稀、大宽宽—精窄窄、大沉沉—精轻轻、大胖胖—精瘦瘦、大远远—精近近、大厚厚—精薄薄等。

这两个格式可做补语、谓语,不能做定语和状语。例如:

(1)乜包儿看着精轻轻,一提溜大沉沉。(这个包儿看着很轻,一提很重。)
(2)俺家离城还大远远,得坐车去。(我家离县城还很远,得坐车去。)
(3)这块布精短短,做不着褂子。(这块布很短,做不着上衣。)
(4)这口井大深深。(这口井很深。)
(5)她生了个闺女,长的大胖胖。(她生了个女儿,长得很胖。)
(6)恁舅大高高,找了个妗子精矮矮。(你舅舅很高,找了个舅母很矮。)
(7)夜黑晏那雪下得大厚厚。(昨天晚上的雪下得很厚。)
(8)新媳妇儿精细细。(新媳妇很苗条。)

此格式的变调规律是:平声字(阴平字和阳平字)重叠后第一个音节不变,第二个音节一律重读,且声调上扬,声调近似阳平42;非平声字(上声字和去声字)重叠后第一个音节不变,第二个音节一律轻读,近似轻声。

五、拟声、拟状词重叠

(一)AA的式

沂水方言的拟声、拟状词在普通话中往往没有相应的说法,多数写不出本字,要用同音字来代替。如:"出出的快跑(快走貌)""忽忽的快跑(快走貌)""遛遛的快跑(快走貌)""诌诌的快跑(快走貌）""呜呜的风声、哭声等""哈哈的大笑（笑貌）""嗷嗷的大声喊叫（哭叫貌）""呱呱的湿（滴水状）"等。二字重叠时，不管原来读什么调，一律变为阴平"213+阳平42"。

"AA的"一般只做状语或补语修饰动词。例如：

（1）他一看着_{看见}我就出出的跑了。（他一看见我就出出地跑了。）

（2）他刚骑着摩托车诌诌的上了城。（他刚骑着摩托车诌诌地上了城。）

（3）外头呜呜的刮大风。（外头呜呜地刮大风。）

（4）她一霎儿喜的哈哈的，一霎儿□[ɕiã⁵⁵]的嗷嗷的，情是癫了。（她一会儿笑得哈哈的，一会儿哭得嗷嗷的，好像是疯了。）

（5）□[tʰuə⁵⁵]在下过雨或雪的地里走了一天雪，鞋湿的呱呱的。（在雪地里走了一天，鞋湿得呱呱的。）

上述例子中，"AA的"或描摹动作状态的形貌，或描摹声音，十分生动形象。

（二）ABAB的式

在沂水方言中，构成"ABAB的"式的"AB"一般为拟声词，重叠后加"的"做形容词用。如：扑棱扑棱_{飞禽飞的声音、形态}的、呱唧呱唧_{咀嚼或脚踩泥地的声音}的、嘎吱嘎吱_{咬嚼酥脆食品或物件的关联处不润滑发出的声音}的、刚争刚争_{咬嚼酥脆食品发出的声音}的、吧唧吧唧_{咀嚼的声音}的、沙楞沙楞_{食品质地清爽如沙}的等。

"ABAB的"式主要描摹声音，有生动的意味。可做状语、谓语。如：

（1）我刚寻思去逮它，它就扑棱扑棱的飞了。（我刚想去逮它，它就扑棱扑棱地飞了。）

（2）这个西瓜好吃，沙楞沙楞的。（这个西瓜好吃，沙沙的。）

（3）吃饭别吧唧吧唧的。（吃饭别吧唧吧唧的。）

（4）大门一偎就嘎吱嘎吱的，得上点油了。（大门一推就嘎吱嘎吱的，得上点油了。）

（5）你嘴里刚争刚争的，吃的什么？（你嘴里咯嘣咯嘣的，吃的什么？）

此格式的"AB"都读为"21+轻声"。

六、结语

（一）关于沂水方言重叠的类型

刘丹青从不同角度将重叠的方式进行归类，比如从重叠式与基式的相同度分为完全重叠和变形重叠，从重叠手段的作用范围分为整体重叠和部分重叠等。

参照以上思路，按照沂水方言重叠式本身的构造，沂水方言重叠的类型可概括为以下三种：

（1）完全重叠。如"AA、A儿A儿、AABB、ABAB"。这种重叠覆盖的范围最广，名词、动词、形容词、拟声词都有这种重叠，其中名词只有这种重叠。

（2）不完全重叠。如"ABB"。这种重叠只在形容词中有。

（3）加缀重叠。如"一AA、AA子、AXY、AXYZ"。这种重叠覆盖的范围也很广。名词、动词、数量短语、形容词都有这种重叠。

（二）关于沂水方言重叠的语义功能

名词和数量短语的重叠是表示小称的语法手段。与没有重叠的基式相比，重叠后的名词与数量短语有表小和增添了感情色彩的小称意义。动词、形容词、拟声词的重叠式不管原来基式是什么词性，重叠之后都表示一种状态，具有描状的作用，功能上与一个状态形容词基本相同。显然，使基式状态形容词化应是重叠的基本语义功能。

石毓智认为，重叠是表达量范畴的一种语法手段，跟基式相比，重叠式都有程度量上的变化，或减轻或加强。我们认同这一论断。我们认为，沂水方言的重叠不仅包含量的概念，也包含了感情色彩的意义。从"大小称"的概念来说，沂水方言的重叠可以看作为一种表示小称的语法手段。

参考文献

[1] 李如龙.泉州方言的体［J］.动词的体,香港：香港中文大学中国文化研究所吴多泰中国语文研究中心,1996.
[2] 刘丹青.苏州方言重叠式研究［J］.语言研究,1986（1）.
[3] 刘丹青.汉藏语系重叠形式的分析模式［J］.语言研究,1988（1）.
[4] 吕叔湘.现代汉语八百词［M］.北京：商务印书馆,1999.
[5] 钱曾怡,高文达,张志静.山东方言的分区［J］.方言,1985（4）.
[6] 石毓智.试论汉语的句法重叠［J］.语言研究,1996（2）.
[7] 施其生.论汕头方言中的"重叠"［J］.语言研究,1997（1）.
[8] 施其生.汕头方言量词和数量词的小称［J］.方言,1997（3）.
[9] 王力.中国现代语法［M］.北京：商务印书馆,1985.
[10] 辛永芬.浚县方言语法研究［M］.北京：中华书局,2007.
[11] 张廷兴.沂水方言志［M］.北京：语文出版社,1995.
[12] 赵敏.山东沂水方言形容词的生动形式［J］.中国语文研究,2007（1）.
[13] 朱德熙.语法讲义［M］.北京：商务印书馆,1982.
[14] 朱德熙.朱德熙文集（第2、3卷）［M］.北京：商务印书馆,1999.

广东海丰鹅埠占米话疑问句探析

吴 芳

（深圳大学人文学院 广东深圳 518060）

【提 要】 占米话是一支带有混合性特征的方言，主要分布在粤中一带，根据性质可分为客味占米话和粤味占米话。海丰鹅埠占米话地处闽方言区，但却是一支粤方言。这支方言的疑问句形式多样，尤其在特指问的疑问代词以及正反问句的结构上，都与广州话有着较大的差别，这些差别也构成了鹅埠占米话颇具特色的语法系统。

【关键词】 鹅埠占米话 广州话 疑问句 比较

广东海丰鹅埠隶属汕尾市，现为深汕特别合作区中心区。镇内的方言主要有三种：海丰闽语、占米话、客家话，此外还有一支少数民族语言——畲语。"占米话"是一支比较特殊的汉语方言，主要分布于广东中部汕尾市海丰县与惠州市惠东县部分乡镇，此外，深圳市坪山新区也有个别村落存在这种"占米话"。一般认为占米话是"一种兼有白话、客家话、闽南话特点又自成体系的混合型方言"，根据我们的调查，占米话应是粤方言在粤东、粤中地区立足后，深受当地客家话、闽方言影响的一支土语。

"占米话"受周边强势方言的影响，在长期的语言接触中，其性质也随之发生变化。例如惠东县铁涌镇的占米话，就带有比较明显的客家话色彩，整体上应属于客家方言。而本文调查的海丰鹅埠镇占米话，虽方言中有闽语的色彩，但语音词汇语法上粤语的特征非常突出，所以应是一支粤语次方言。下文以鹅埠占米话为例，探讨占米话疑问句的特点。

一、疑问代词

鹅埠占米话是一支粤语，与以广州话为代表的粤语相比，它既有许多与广州话一致的特征，同时也有自身的一些特点。

表1 鹅埠占米话疑问代词表

指示内容	普通话	鹅埠占米话
事物	什么	咩mia^{41}/me^{41}、咩伙mia^{41}fo^{35}、乜met^5
确指的人	谁	哪谁na^{35}sui^{41}、乃谁nai^{44}sui^{41}
确指的人或事物	哪	乃nai^{44}/nai^{35}、哪na^{35}
处所	哪儿、哪里	乃头nai^{35}tʰɐu^{41}、哪啊位na^{35}a^{33}uɐi^{35}
数量	几、多少	几ki^{35}、几多ki^{35}to^{33}
程度	多	几ki^{35}
时间	多会儿	几时ki^{35}si^{41}

续表

指示内容	普通话	鹅埠占米话
性质状态方式	怎么、怎样	点□tim^{35}ŋan^{44}、□kian^{44}
原因目的	为什么、做什么、干什么、怎么	做咩tso^{21}mia^{41}、做乜tso^{21}mɛt^{5}、点□tim^{35}ŋan^{44}、□kian^{44}

在疑问代词上，鹅埠占米话主要有以下一些特点：

（1）鹅埠占米话的"咩"和"乜"两者同源，应是语流音变而形成的两种语音形式。

（2）疑问代词语素"乃nai^{44}/nai^{35}、哪na^{35}"的语法功能与普通话的"哪"基本对应。"乃谁"即"哪一位""乃头"即"哪里、哪儿"，例如：

①乃谁爱去广州啊？（谁要去广州呢？）

②其在乃头啊？（他在哪里呢？）

（3）疑问代词"几"事实上有两方面的含义：

①等同于普通话相应的数量疑问代词"几"，可与量词组合，也可直接跟名词，例如：

来啊几人啊？/来啊几只人啊？（来了几个人？）

②相当于普通话的程度代词"多"，后面与形容词搭配，例如：

本书有几靓啊？（这本书有多好啊？）

（4）表示性质状态方式的疑问代词有两种形式：点□ŋan^{44}、□kian^{44}。□kian^{44}应为点□tim^{35}ŋan^{44}的合音形式，两者在用法上基本一致：

①你点□ŋan^{44}唔食饭啊？（你怎么不吃饭呢？）

②□kian^{44}做呢？唔係嗰□ŋan^{44}做。怎么做呢？（不是那样做的。）

二、特指问句

鹅埠占米话的特指问句的用法与广州话比较接近，但在具体的疑问代词上，有自己的一些特色代词，试比较：

1. 表示原因、目的的疑问代词"为什么、做什么、怎么"

鹅埠占米话用"做咩/乜、做咩（啊）事、点□ŋan^{44}、□tian^{35}"。当中，"点□ŋan^{44}、□tian^{35}"对应着广州话的"点解"。

占米话：你做咩事唔答应其哦？（你为什么不答应他的呢？）

广州话：你做咩/乜唔应承佢哦？

占米话：你做咩唔做喇？（你怎么不做啦？）

广州话：你做咩唔做喇？

占米话：大海点□ŋan^{44}/□tian^{44}係蓝色嘅呢？（大海为什么是蓝色的呢？）

广州话：大海点解係蓝色嘅呢？

2. 表示事物的疑问代词"什么"

鹅埠占米话用"咩、咩伙、乜""咩、乜"用法与广州话一致，"咩伙"相当于广州话的"咩嘢"。

占米话：你乃去咩到位嬲？（你们要去什么地方玩啊？）

广州话：你哋去咩地方玩啊？/你哋去边度地方玩啊？

占米话：嗰只家伙係咩啊？（那个是什么东西啊？）

广州话：嗰只係咩嘢嚟？

占米话：你携啊咩伙啊？（你拿着什么啊？）

广州话：你攞住咩嘢啊？

3. 表示人的疑问代词"谁"

鹅埠占米话用"哪谁、乃谁、乃只"，广州话则用"边个""边位"。

占米话：扒龙船哪谁/乃谁报啊名喇？（龙舟赛谁报名了？）

广州话：扒龙舟边个报咗名喇？

占米话：哪谁/乃谁係头家啊？（谁是老板了啊？）

广州话：边个（位）係老板？

占米话：乃只唔来啊？（有谁不来了？）

广州话：边个唔来？

4. 表示性质状态方式的疑问代词"怎样"

鹅埠占米话用"点□ŋan⁴⁴、□tian⁴⁴"，广州话可单说"点"，也可用"点样"。

占米话：其煮饭煮成点□ŋan⁴⁴/□tian⁴⁴啊？（他的饭煮得怎样啊？）

广州话：佢饭煮成点（样）啊？

占米话：呢条题点□ŋan⁴⁴/□tian⁴⁴做哦？（这道题怎么做啊？）

广州话：呢条题点（样）做啊？

5. 表示处所的疑问代词"哪里"

鹅埠占米话用"乃/哪头、乃啊位"，广州话则以"边"表疑问，用"边度、边处"。

占米话：广东乃/哪头/哪啊位最好嬲啊？（广东哪里最好玩？）

广州话：广东边度/处最好玩啊？

占米话：嗰只泥水师傅嘅屋解在乃头/哪头啊？（那水泥工的家在哪里？）

广州话：（嗰）个泥水师傅屋企係边度/处啊？

6. 表示数量程度的疑问代词"多少"

占米话用"几"，该形式与广州话完全一致。

占米话：你啊班有几只男子仔？（你们班有多少男生？）

广州话：你哋班上有几个男仔啊？

占米话：哩种药你一日爱食几啊摆啊？（这药你一天吃几次啊？）

广州话：哩种药你一日要食几多次啊？

三、选择问句

选择问句中，与普通话的差别主要表现在连接选项的连词上，普通话主要用"还是"连接，鹅埠占米话也用"还是"，但在客观语流中，该连词第一个音节往往会脱落，变为"□是 en³³si⁴⁴、啊是 a³³si⁴⁴"，或者第二个音节整个脱落，只用"还"。此外，还常用"行是 haŋ⁴¹si⁴⁴"。广州话表选择问的连词主要用"定係、抑係"。一些占米人受广州话影响，有时会把"行是"中"是"换成"係"，说成"行係 haŋ⁴¹hɐi⁴⁴"。

占米话：你去，还/□en³³是其去？（你去还是他去？）

广州话：你去定係/抑係佢去？

占米话：今日食鱼行是食猪脚啊？（今天晚上是吃鱼还是吃猪蹄？）

广州话：今日食鱼定係/抑係食猪脚啊？

占米话：鹅埠中学今年考上大学嘅人多还是旧年考上嘅多哇？（鹅埠中学今年考试大学的人多还是去年考上的多啊？）

广州话：鹅埠中学今年考上大学嘅人多定係/抑係旧年考上嘅多啊？

两个选项的疑问句中，普通话在某些情况下可以省略连词"还是"，例如："你要包子？油条？""你去？他去？"但鹅埠占米话的连词一般不可省略，不可说成"*你食包？油条？""*你去？其去？"

此外，如果选项有三项或三项以上，第二个选择项的连词一般仍用"还（是）、行是 haŋ⁴¹si⁴⁴"，但第三个及以后的选择项则常用"或者"连接，例如：

你爱食包，行是食油条，或者食粽仔啊？（你要吃包子、油条，还是粽子？）

四、正反问句

鹅埠占米话正反问句不仅与普通话差别较大，与广州话也有比较明显的不同，颇有特色。这种正反问句中使用的否定词主要有两个，一个为"唔"，相当于普通话的"不"；另一个为"冇"，相当于普通话的"没有"。根据否定词的不同，我们也把鹅埠占米话的正反问句分为两大类别。

（一）"唔"类正反问

1. 动词正反问

该类正反问的谓语动词结构主要有四种形式：V唔V、V唔VO、VO+唔、V+唔，与普通话的形式相似。

（1）V唔V

□nau⁴¹乃作业你做唔做？唔做你唔好食喇！（这些作业你做不做？不做就不吃饭了！）

□nau⁴¹包烟你爱买唔买？（这包烟你买不买？）

（2）V唔VO

你合食唔合食饺仔啊？（你吃不吃饺子？）

你个钱爱还唔还我啊？（你那钱还不还给我啊？）

（3）V+唔

你爱去唔啊？（你去不去？）

你今晚夜爱来唔？（今晚他来不来？）

（4）VO+唔

你爱食油麻茶唔啊？（你吃不吃油麻茶？）

你爱食酒唔啊？（你喝酒不？）

但如果这类正反问句表动作的动词前加上一个助动词时，占米话与普通话还有一定区别，这种区别主要表现在"V唔V"和"V唔VO"两种形式。占米话的助动词主要用"爱"，上述两种形式主要是"爱V唔V"和"爱V唔VO"；普通话助动词主要用"要"，其形式主要用"要不要V"和"要不要VO"。

广州话"唔"类正反问的正反问句，没有以上占米话的第三、四种形式，只有"V唔V"和"V唔

VO"两种形式，同样的，这两种形式中表动作的动词前加上助动词时，与占米话又有所区别。除了否定词不同，广州话的表达形式与普通话基本一致，都是用"要唔要V""要唔要VO"。如上述句子可说成："哩包烟你要唔要买啊？""你要唔要食饺子啊？"

2. 形容词正反问

除了动词可正反问外，与普通话一样，形容词也可用于正反问句中，主要有两种结构。

（1）Adj+唔+Adj

□nau⁴¹摆□nia³³爸身体好唔好啊？（最近你爸爸身体好不好？）

□nia³³仔高唔高？（你儿子个子高不高？）

□nau⁴¹浅鹅好食唔好食啊？（这盘烧鹅好吃不好吃？）

（2）Adj+唔

□nau⁴¹浅鹅好食唔？（那盘烧鹅好吃不好吃？）

嗰件衫俏唔？（那件衣服漂不漂亮？）

广州话同样有"Adj+唔+Adj"的结构，但并没有"Adj+唔"的结构。

3. 可能式正反问

如果句子中的谓词带有表示可能的补语"得"时，鹅埠占米话则有两种结构："V+唔+V得""V得+唔"。

（1）V+唔+V得

与普通话"V得+V不得"不同，鹅埠占米话带"得"字补语的正反问句，表肯定的格式中，只有一个动词，动词后的"得"及其后连带的补语都不可出现；表否定的格式中，否定词要放在动词的前面，这种结构与普通话不同，但这方面与广州话是一致的。

占米话：□nau⁴¹件事讲唔讲得？这事情说得不说得？

广州话：哩件事讲唔讲得？

占米话：哩次考试考唔考得过呢？这次考试考得过考不过？

广州话：哩次考试考唔考得过呢？

（2）V得+唔

该结构与普通话相同，只有否定词不同，而这种结构广州话中并不存在。

①□nau⁴¹件事讲得唔啊？（这事情说得不？）

②哩次考试考得过唔诶？（这次考试考得过不？）

（二）"冇"类正反问

1. 动词正反问

这类正反问句结构相当于普通话的"有没有"，普通话常见的谓语动词结构为"有没有+V（O）""有+V（O）+没+V（O）"，鹅埠占米话具体的结构类型完全不同于普通话，主要有四种形式：有+V+冇、有+VO+冇、VO+冇、V+冇。

（1）有+V+冇

齐家都去啊啰，你有去冇？（大家都去了，你有没有去？）

其有去冇啊？（他有没有去？）

旧年你有归冇？（去年你有没有回家？）

其有走冇？（他走了没？）

(2) 有+VO+冇

其有买□件衫冇啊？（他有没有买这件衣服啊？）

今早你有食饭冇啊？（你有没有吃早饭啊？）

其乃有落班冇？（他们下班了没有？）

星期日你乃有去黄埠冇？（周日你们去没去黄埠？）

(3) V+冇

其家那去冇？（他现在去了没？）

其走啊冇？（他走了没？）

(4) VO+冇

你食饭冇？（你吃饭没？）

阿奶去海丰冇？（奶奶去了海城没？）

广州话也有对应的"冇"类正反问，除了否定词不同，广州话的形式与普通话基本一致。其主要形式为："有冇+V"和"有冇+VO""冇"相当于普通话的"没有"。各形式与占米话的几种形式完全不同[①]。例如：你今日有冇去啊？（你今天有没有去啊？）你有冇食过大树菠萝啊？（你有没有吃过菠萝蜜啊？）

2. 形容词正反问

同样的，形容词也可与这"冇"类结构构成正反问句，主要的结构为"有+adj+冇"，而普通话的表达形式为"有没有+adj"。

（1）□nia³³仔有高啲啲冇？（你儿子有没有长高啊？）

（2）家那个屋有平宜乃冇？（房价现在有没有便宜一些啊？）

广州话的表达方式仍与普通话一致，用："有冇+adj"。例如：你个仔有冇高啲啊？依家房价有冇便啲啊？

五、是非问句

本文的是非问句是以回答作为标准判断，鹅埠占米话的是动词形式为"係"，作答时，肯定式是"係"，否定式是"唔係"。从具体的问句结构上看，主要可以分为两大类，一类是谓语动词有明显标记格式的"係+唔係"；另一类以语气词作为标记。

1."係+唔係"式

谓语动词结构为"係+唔係"，语流中，否定词与是动词"唔係"常会合音，变为"係咪 hei⁴⁴mei²¹/hei⁴⁴mi²¹"，整体结构与普通话的是非问句的格式一致。疑问语气词主要用"啊"，占米话的这种是非问句结构与广州粤语基本一致。

（1）今日係咪七月七啊？（今天是不是七月初七？）

（2）你係咪东北人啊？（你是不是东北人啊？）

[①] 部分发音人承认"有冇+V、有冇+VO"这两种说法，自然语流中也曾出现这两种问句形式。但两种形式应是受到广州话的影响形成，由于这两种形式出现场合较少，因而本文暂不单独举例。

2. 语气词作为标记

主要有四个语气词"啊 a^{33}/a^{21}、咩 me^{41}/mia^{41}、架 ka^{21}、喇 la^{21}",必要时可加上表肯定的动词"係"。

(1)你家那归啊?(你现在回家吗)

(2)其係你老师啊?(他是你老师吗?)

(3)今日係七月七啊?(今天是七月初七吗?)

(4)今日係你生日咩?(今天是你生日吗?)

(5)你唔去咩?(你不去吗?)

(6)其唔食辣架?(他不吃辣椒的吗?)

(7)明早真嘅唔落水架?(明天真的不下雨吗?)

(8)你去啊广州喇?(你去了广州吗?)

(9)你唔买玩具畀细仔喇?(你不买玩具给儿子吗?)

事实上,不同的语气词在具体表达的语气上是有差异的,试比较:

(a)广东人会食老鼠肉咩?

(b)广东人会食老鼠肉啊?

(c)广东人会食老鼠肉架?

(d)广东人会食老鼠肉喇?

(a)句中纯粹是对"广东人会吃老鼠肉"这一事实表示疑问,惊讶的色彩比较淡。(b)句中的疑问多带有一种惊讶、惊觉的色彩,说话人并未意识到"广东人会吃老鼠肉"这一事实,因而猛然提问。(c)句中也带有惊讶,但这种惊讶接近不可置信、震惊的色彩,语气更强烈。(d)句表示对这一事实是否忠于客观存在需要进一步确定,不带其他感情色彩。

六、反诘问句

特指问、选择问、正反问、是非问都是有疑而问,但这四种疑问句形式有时也可以不表达疑问语气,而是表达否定或肯定的口气,这就是反诘问句。这种问句占米话和普通话、广州话的情况是一样的。

(1)你係来帮手,还係来搞搞震啊?(你是来帮忙,还是来捣乱?)

(2)你讲唔讲道理哦?(你讲不讲道理的啊?)

(3)难道你有钱冇到位使啊?(难道你钱没地方用啊?)

参考文献

[1] 陈思梅.海丰占米话语音、词汇比较研究[D].汕头大学硕士学位论文,2005.

[2] 李新魁等.广州方言研究[M].广东:广东人民出版社,1995.

[3] 林伦伦,潘家懿.广东方言与文化论稿[M].北京:中国文联出版社,2000.

[4] 杨必胜,潘家懿,陈建民.广东海丰方言研究[M].北京:语文出版社,1996.

[5] 周佳凡.深圳坪山占米话研究[D].厦门大学硕士学位论文,2014.

> 海外汉语方言研究 ◀

马来西亚泗里街省华人语言生活状况调查报告[①]

许婉虹　尤慧君

（暨南大学文学院　广东广州　510632）

【提　要】泗里街位于东马来西亚沙捞越洲中部，总人口117837人，其中华人34762人。该地华人社区通行多种语言和方言，不同的语言和方言和谐相处各得其所，造就了当地丰富多彩的语言生活。本文采用问卷法、观察法、访谈法等社会语言学的调查方法，考察泗里街华人的语言生活状况，并将调查结果与21世纪初的调查结果相对比，从中探求20年来马来西亚华人语言生活状况的变化。

【关键词】马来西亚泗里街省　华人　语言生活现状　对比

泗里街省位于东马来西亚沙捞越洲中部，原属诗巫省，称泗里街县。1973年升格为沙捞越第六省，称泗里街省，现管辖面积为4857平方千米，人口117837人。泗里街省内多民族混居，有伊班族、华族、马来族和马兰诺族等，其中伊班族人口最多，有59020人，约占全省总人口的50%；华族有34762人，约占全省人口29.5%，位居第二；马来族有12754人，约占10.8%；马兰诺族人口为11189人，占全省总人数的9.5%。[②]

大约在19世纪中期就有闽南人和广东人抵达泗里街，多以种菜蓄养家禽为生；20世纪初期，福州人抵达泗里街，开垦农场，大规模种植橡胶和胡椒。[③]

沙捞越洲相对于马来西亚的其他洲来说是一个相对封闭的地区，这里华人人数多且成社区聚居，各个籍贯的华人之间、华人与本地土著民族之间和谐相处，各个汉语方言和语言也在这片土地上各得其所、各尽其用。

[①] 本文为国家社科基金重大项目"海外华人社区汉语方言与文化研究"（14ZDB107）阶段性成果。2018年度广东省普通高校重点科研平台和科研项目（青年创新人才类项目）《粤籍来穗大学生语言态度和语言使用调查研究》（项目编号：2018WQNCX102）。
[②] 余悦胜：《泗里街华族史料集》，诗巫：沙捞越华族文化协会，2010年，第1—3页。
[③] 余悦胜：《泗里街华族史料集》，诗巫：沙捞越华族文化协会，2010年，第5页。

一、泗里街省华人的语言使用状况、语言能力及语言态度

（一）日常语言使用状况

东马来西亚沙捞越洲泗里街省华人区使用的汉语方言和语言有：广州话①（粤方言广府片）、四邑话（粤方言四邑片）、福建话（闽南方言）、福州话（闽东方言）、客家话、潮州话（粤东闽南方言）、兴化话（福建闽方言莆仙片）、华语（普通话）、英语、马来语、伊班话等。

本文运用社会语言学的相关理论，通过随机发放问卷的方法对泗里街省②华人的语言使用状况进行个案调查，本次调查共发放问卷200份，回收190份，其中有效问卷190份。调查对象中男性有95人，女性95人；20岁以下（包含20岁）131人，21—40岁19人，41—60有24人，60岁以上16人。被调查者的职业共有职员、商人、学生、教师、医务人员、家庭主妇、退休人员、务农8大类，另有6人未提供职业信息，其中学生人数最多，共132人，占调查总人数的69.5%；其次是教师，共24人，占调查人数的12.6%；职员8人，商人9人，家庭主妇4人，退休人员5人，务农2人。没上过学3人，小学文化程度5人，初中59人，高中100人，大专及以上学历23人。另选取部分调查对象进行深入访谈。个案调查后对调查结果进行统计分析，探究马来西亚泗里街华人社区的语言使用现状。

表1 马来西亚泗里街华人祖籍地情况

祖籍地	福建省							广东省							广西	海南	台湾	无提供
	福州	厦门	闽清	安溪	屏南	兴化	福建③	四邑	广州	揭西	大埔	客家④	潮安	广东⑤				
人数	47	9	6	1	1	1	3	10	7	4	1	2	1	12	3	1	1	80

被调查者中有110位提供了祖籍地信息。从表1可以看出，大部分被调查者的祖籍地是福建、广东两省，其中以福建省福州市的人数最多，共47人，其次是广东省四邑地区。另有少数人来自广西、海南、台湾。大部分的被调查者对自己祖籍地信息不甚了解，如"广东""福建""海南""福建厦门""客家"等不太明确的信息，仅少数年龄较大的第1和第2代华侨能提供详细的祖籍地信息。此外还有80人未提供祖籍地信息。

调查问卷中显示的马来西亚泗里街华人掌握的语言和方言总共有11种：广州话⑥（粤方言广府片）、四邑话（粤方言四邑片）、福建话（闽南方言）、福州话（闽东方言）、客家话、潮州话（粤东闽南方言）、兴化话（福建闽方言莆仙片）、华语（普通话）、英语、马来语、伊班话等。在我们收到的190份问卷中，被调查人的母语有10种：广州话（粤方言广府片）、四邑话（粤方言四邑片）、福建话（闽南方言）、福州话（闽东方言）、客家话、兴化话（福建闽方言莆仙片）、华语（普通话）、英语、马来语、伊

---

① "广州话"是调查问卷中的一个选项，指广府片的粤方言。根据笔者实地调查发现，泗里街华人中祖籍为广州地区的很少，主要都是来自四邑地区的。很多说自己讲广州话的其实都是操四邑片粤语。因此笔者在统计问卷数据时将广州话的选项都计入方言四邑片。
② 泗里街省辖区分为4个县，分别为：泗里街县、巴干县、马拉瑞县、如楼县。本文数据数据来源主要为泗里街县的问卷。
③ 有3人只标明祖籍地为福建而不知具体地区，本文根据问卷实际情况照实列出。
④ 有2人在祖籍地一项只标明客家而不知具体地区。
⑤ 有12人只标明祖籍地为广东而不知具体地区，本文根据问卷实际情况照实列出。
⑥ 本文根据实际情况将"广州话"和"四邑话"统计为1项，指当地人操的"粤方言四邑片"。

班话等。统计数据过程中我们将其归并为以下几类：祖籍地方言、华语、祖籍地方言和华语、福州话和祖籍地方言、福州话（祖籍不明）、伊班话和其他①。统计后得到的泗里街华人母语使用情况如表2。

表2 马来西亚泗里街华人母语使用情况

母语		祖籍地方言	华语	祖籍地方言和华语	福州话和祖籍地方言	福州话（祖籍不明）	伊班话	其他
人数		67	90	10	3	16	1	3
百分比②		35.2%	47.4%	5.3%	1.6%	8.4%	0.5%	1.6%
各年龄层人数及百分比③	≤20岁	24/18.3%	81/61.8%	10/7.6%	3/2.3%	11/8.4%	1/0.8%	1/0.8%
	21—40岁（人）	10/52.7%	7/36.8%	0	0	2/10.5%	0	0
	41—60岁	19/79.2%	2/8.3%	0	0	3/12.5%	0	0
	≥60岁	16/100%	0	0	0	0	0	0

从表2可以看出泗里街的语言使用情况还是比较多元的。将祖籍地方言作为母语的总共有67人，分布于各个年龄段，其中60岁以上的被调查者都认为自己的母语是祖籍地方言，41—60岁的被调查者中有79.2%的人认为自己的母语是祖籍地方言，21—40岁这一年龄层的被调查者中有52.7%的人如是认为，而在20岁以下这一年龄层中，仅18.3%的人认为祖籍地方言是自己的母语。由此可看出不同年龄段被调查者的语言取向，40岁以上的中老年华人普遍认为祖籍地方言是自己的母语，随着年龄的降低，将祖籍地方言作为母语的人数比例趋低，而将华语作为母语的人数则呈上升趋势，这从一定程度上反映了不同年龄层的华人对汉语方言和华语的接受和使用程度的转变。我们还看到有小部分人认为华语和汉语方言都是自己的母语，这是华语逐渐取代汉语方言成为泗里街华人社区最主要的交际用语的一个过渡阶段。

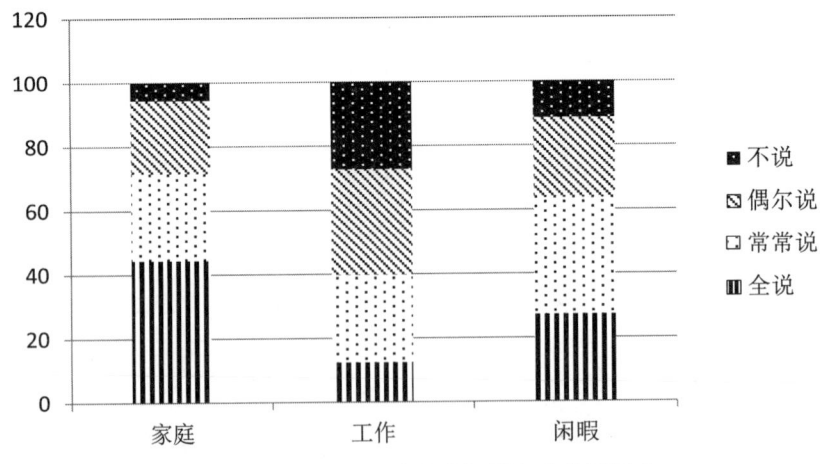

图1 马来西亚泗里街华人汉语方言使用场合

---

① 其他为被调查者认为母语有多种语言，比如伊班话、英语和华语都是自己的母语。
② 表2第2行百分比为每种母语人数占被调查者总人数的百分比。
③ 表2各年龄层百分比为某一母语某一年龄层人数占该年龄层总人数的百分比。

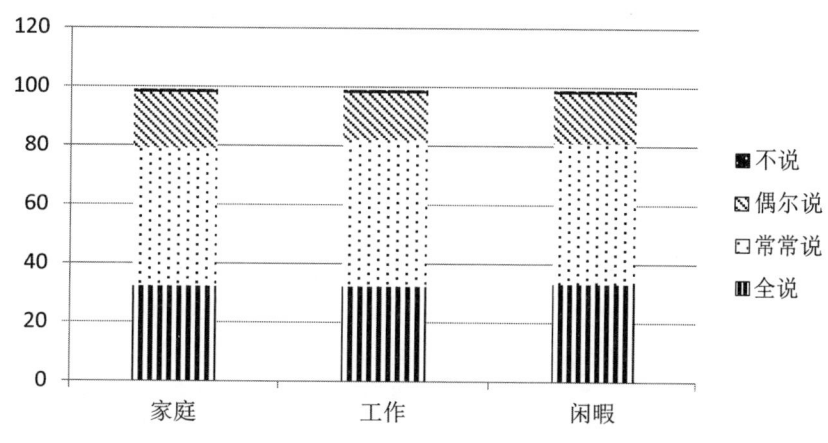

图 2 马来西亚泗里街华人华语使用场合

交际场合是影响语言选择的重要因素,交际场合的变更会影响语言的变更,交际场合的改变促使人们选择不一样的语言来表达自己的思想,也称"情景转换"。①从图1和图2我们可以看到,汉语方言主要的使用场合是家庭和闲暇场所,工作中汉语方言的使用机会较少。而华语则在各个场合都频繁使用,特别是在工作场合中,华语的使用频率比汉语方言在工作场合使用频率高一倍。

表 3 马来西亚泗里街华人最常用的语言和方言

	粤方言	福建闽南方言	华语	闽东方言
人数	16	13	144	17
百分比	8.4%	6.8%	75.8%	9.0%

马来西亚泗里街华人社区最常用的语言是华语,占日常生活使用语言和方言的75.8%;其次是闽东方言福州话,粤方言和福建闽南方言位居第三和第四。表3中所呈现的数据为第一常用的语言,不少人"最常用的语言和方言"这个问题中给出2种以上的语言,其中作为第二常用的是闽东方言有20次,华语以14次居次席,往下依次为英语4次,马来语3次,伊班话2次,福建闽南话、客家话各1次。

结合泗里街的语言和方言使用状况、使用场合和使用频率,笔者发现当地使用人数最多、范围最大的语言和方言依次是华语、闽东方言、粤方言、福建闽南方言。随着中国国际地位的提高和华文教育的普及,华语成为马来西亚华人的首要语言,大多数华人都能很好地掌握华语且将其作为主要的日常交际语言,使用频率高于其他语言和方言。总人口不到6万人的泗里街省总共有20所华文小学和1所全华文教育的独立中学,其他的国民小学和国民中学也全部开设了华文课,当地的华人90%以上有华校受教育经历,学校的华文教育促进了当地华语的发展。

另外还有福州话也是当地运用较为广泛的汉语方言,这是因为这里的福州籍华人人数较多且经济实力较强,加之当地的教堂、学校多为福州籍华人创办,所以福州话成为当地较为强势的汉语方言,不少其他籍贯的华人也会讲福州话且认同感较高。从表1中笔者看到有80位被调查者不清楚自己的祖籍地,其中大部分为20岁以下的青少年(67人),这些青少年中大多数人认为华语(50人)或福州话(18人)是自己的母语。而且,闽南人是最早来到泗里街的华人,当地的很多商店、餐饮业都是闽南人所有,因此闽南方言不可避免地成为当地日常使用的汉语方言。另外笔者在调查和访谈中发现当地华人家中能收到不少中国台湾地区的闽南语节目,大家平时很喜欢收看这些节目。当地有部分华人祖籍地是来自操粤

---

① 徐大明、陶红印:《当代社会语言学》,北京:中国社会科学出版社,1997年,第172—173页。

方言的地区，再加上中国广东特别是珠三角和港澳地区经济实力雄厚，经济地位迅速提高，粤方言通过中国"南大门"传到海外。而且港澳媒体和文化发达，很多人通过看粤语电影、听粤语歌学会粤方言。

（二）语言能力

年龄是影响人们语言使用情况的重要因素，不同年龄的人所使用的语言和对语言的掌握程度都不同。社会语言学认为人在社会集体中，个体在不同年龄段对社会集体有着不同的认同感，这在一定程度上会影响其语言。[①]笔者将被调查者划分为4个年龄组：20岁以下（包含20岁），21—40岁，41—60岁，60岁以上，分析不同年龄段人群的母语使用情况、掌握语言及方言数量、最流利的语言。

1. 不同年龄层的母语使用情况

表4　马来西亚泗里街不同年龄层华人祖籍地方言母语掌握情况[②]

祖籍地方言母语掌握情况	说得很流利	说得不流利	只会说一点	能听不会说	只会听一点	不会听也不会说
≤20岁（人数/百分比）	12/52.2%	5/21.8%	3/13%	0	3/13%	0
21—40岁（人数/百分比）	8/100%	0	0	0	0	0
41—60岁（人数/百分比）	19/95%	0	0	0	0	1/5%
≥60岁（人数/百分比）	16/100%	0	0	0	0	0

母语为祖籍地方言的有67人，母语掌握情况与年龄成正比，年龄越大，母语掌握得越好。从表4可以看到，20岁以下这一年龄层的祖籍地方言母语者对母语的掌握程度远不如其他年龄层的人；将华语作为母语的占总人数的47.4%，90%为20岁以下的青少年，第3代部分人和第4代及4代以上的绝大多数人将华语作为自己的母语，都是初中及以上文化程度，这些人中90%以上的人能流利使用华语。由此我们可以看到在马来西亚泗里街的华人中，青少年的汉语方言及语言能力急促下降，取而代之的是华语使用的流行。

2. 掌握语言和方言数量

只会一种语言的有19人，全都为20岁以下的学生。掌握2种语言和方言的有83人，其中有77人为20岁以下且均为学生，有5个是21—40岁的青壮年，还有1个是90岁的第1代华人，只会祖籍地方言和马来语。会3种语言和方言的有37人，其中20岁以下25人，21—40岁3人，41—60岁6人，60岁以上3人。这37人中有18人认为自己的母语是华语，9人认为自己的母语是福州话，5人的母语是福建闽南话，3人是四邑话，母语为广州话和客家话的各1人。掌握4种语言和方言的有26人，20岁以下7人，21—40岁5人，41—60岁6人，60岁以上6人，还有2人未提供年龄。掌握5种语言和方言的有13人，20岁以下1人，21—40岁的3人，41—60岁5人，60岁以上4人。掌握6种语言和方言的有5人，20岁以下1人，41—60岁3人，60岁以上1人。掌握7种以上语言和方言的有7人，21—40岁1人，41—60岁6人。

[①] 陈松岑：《语言变异研究》，广州：广东教育出版社，1999年，第148页
[②] 该表格中百分比为每一年龄层母语掌握程度人数占该项该年龄层总人数的百分比。

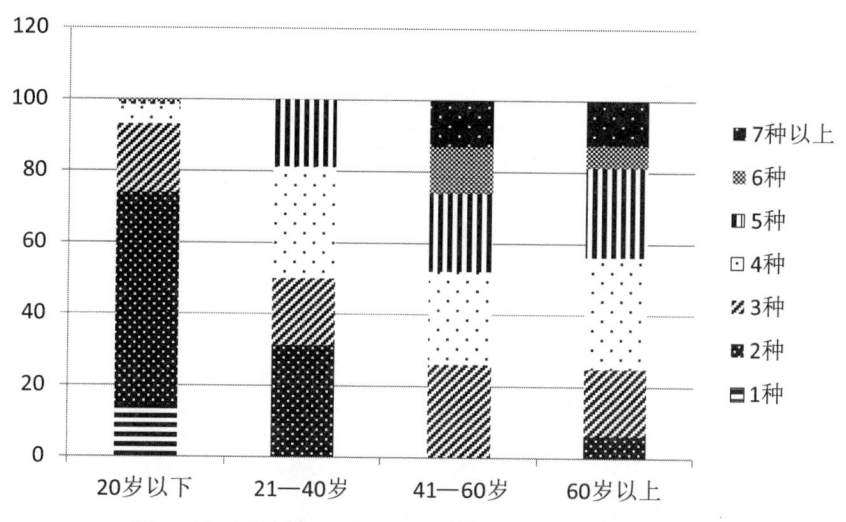

图 3　马来西亚泗里街不同年龄层掌握语言和方言数量

年龄和掌握语言数量有密切关系,40岁以上的人基本上能掌握4种以上的语言和方言。40岁以下的被调查者由于受个人教育程度、生活学习、工作环境等的影响,华语成为其使用最多的语言,在很多场合取代其他汉语方言而成为最主要的交际语言,其他汉语方言的交际场合被挤压也导致了使用人口的减少。

3. 最流利的语言

表5　马来西亚泗里街华人最流利的语言和方言[①]

最流利的语言和方言	粤方言	福建闽南方言	华语	马来语	闽东方言	客家话	兴化话
人数	16	17	137	1	12	1	1
20岁以下（人数/百分比）	6/37.5%	4/23.5%	110/80.3%	0	10/83.3%	0	0
21—40岁（人数/百分比）	2/12.5%	1/5.9%	11/8.0%	1/100%	0	1/100%	0
41—60岁（人数/百分比）	4/25%	5/29.4%	12/8.8%	0	2/16.7%	0	0
60岁以上（人数/百分比）	4/25%	7/41.2%	4/2.9%	0	0	0	1/100%

表5显示的是第一流利的语言和方言的数据,从中我们可以看到华语的人数最多且主要集中在20岁以下的青少年,其他年龄层的也都有分布且年龄越小所占比例越高;其次是闽南方言,70%以上认为自己最流利的语言和方言是闽南方言,主要集中在40岁以上的中老年人,但总体趋势也是随着年龄减少而人数递减;粤方言是情况比较乐观的汉语方言,21—40岁的中青年人数略有下降,但20岁以下的青少年粤方言最流利的比例有较大回升,这与媒体传播不无关系,另外与马来西亚的首都吉隆坡流行汉语方言也有一定的关系。据了解,福州话是当地使用较为广泛的汉语方言,福州公会还会组织福州话培训班教华人福州话,培训对象主要是青少年,这也就能解释表5中福州话最流利的人中有83.3%的人是20岁以下的青少年,这也可以看出闽东方言在当地的重要地位和是被接受程度比较高的汉语方言,仅次于华

---

① 该表格百分比为每一项人数占语言和方言总人数的百分比。

语。有部分人在问卷相应问题中写出多个选项,其中闽东方言福州话被提及数量最多为17次,华语次之为13次,往下依次为客家话5次,英语4次,马来语4次,伊班1次。由此可看出华语和福州话是当地较为流行和强势的语言和方言,当地的华人在本土化方面也有所体现,分别有4人和1人将马来语和伊班话作为最流利的语言。

(三)语言态度

1. 最喜欢的语言

表6 马来西亚泗里街华人最喜欢的语言和方言

最喜欢的语言和方言	粤方言	福建闽南方言	华语	英语	福州话	未提供
人数	13	11	144	2	12	8
百分比	6.9%	5.8%	75.8%	1.0%	6.3%	4.2%

最喜欢的语言和方言中,华语所占比例最大,接近总人数的四分之三,由此可见华语在华人社区的强势地位;其次是闽东方言,除了华语外,被调查者基本上都是以母语作为自己最喜欢的语言和方言,但有少数非福州话母语的人将福州话作为自己最喜欢的汉语方言。在访谈中我们了解到闽东方言是当地使用范围最广的汉语方言,福州籍华人自20世纪初期来到泗里街之后,开垦农场大规模种植胡椒和橡胶,经济实力迅速提升后在泗里街经营商铺、建教堂、办华文学校,逐渐取代闽南人和广东人成为当地人数最多的华人群体,在各个领域也占有一席之地。因此福州话被称为当地华人社区的主要交际语言,在华语来势汹汹的今天,闽东方言在泗里街仍然是除华语之外的第二大汉语方言。

2. 父母对子女母语学习的期待

表7 父母对子女母语学习的期待

父母对子女母语学习的期待	是否要求子女讲母语		是否被父母要求讲母语	
	是	否	是	否
华语母语者90人	83/92.2%	7/7.8%	46/51.1%	44/48.9%
非华语母语者100人	83/83%	17/17%	55/55%	45/45%

在父母对子女母语学习的期待中,大多数人都被要求且将要求子女学习母语。在华语母语者中有92.2%的人表示(将)要求子女讲母语,而非华语母语者(将)要求子女讲母语的比例低于华语母语者。非华语母语者中有55%的人被父母要求讲母语,而华语母语者这一项的比例低于非华语母语者,这从一定程度上可看出当地华人对华语的认同度较高,尽管不被要求讲华语仍能较好地掌握和使用华语,无论是华语母语者还是非华语母语者都是如此。

3. 掌握多语言和方言的原因

表8 马来西亚泗里街华人掌握多种语言和方言的原因

掌握多种语言和方言的原因	A社会环境	B教育制度	C媒体传播	D主观需求	AB	AC	AD	未提供
人数	137	4	1	23	8	2	2	13

掌握多种语言和方言的，最主要的原因是社会环境的多元化。在泗里街有华人、伊班人、马来人等不同民族的人，杂居、通婚、贸易等社会活动频繁发生，因此很多人在习得母语后学习到其他不同的语言或方言。当地华人使用的方言有闽东方言、福建闽南方言、广府话、客家话等，不同祖籍的华人之间通婚很常见，因此不同的方言进入家庭中，使得儿童从小就能习得不同的方言作为母语；加之泗里街市区商铺多为华人经营，日常生活中需要与不同籍贯的华人交际以满足生活需求，所以当地华人大多数除了母语外还能掌握1种以上的汉语方言。政府部门、医院、学校等场所则有较多的伊班人和马来人，所以部分华人也学会了伊班话和马来话以满足这些场所的沟通需求。主观需求是40岁以下的年轻一代华人掌握多种语言的原因。随着现代传播媒介通讯技术的迅猛发展，当地的华人对外地的了解逐渐增多，出于自身的交流需求，年轻一代更主动地学习华语、英语等语言，将其作为了解世界走向世界的工具。

二、20年来马来西亚华人语言生活状况的变化

从调查数据上看，汉语方言在马来西亚的消退是急促的，20世纪末21世纪初的调查数据显示，只掌握一种方言和语言的人数是22人，占被调查者总人数的3.2%，而到今年人数比例上升到11.6%。1999—2002年的调查显示，超过四分之一的人能掌握5种语言和方言，80%以上的人能掌握至少4种语言和方言；2018年的数据则显示大多数人只能掌握2种语言和方言，掌握4种以上语言和方言的仅占总人数的26.8%。由此我们可以看到，近20年来马来西亚华人的语言和方言，特别是汉语方言的掌握情况明显下降，以"语言天才"著称的马来西亚华人的语言能力相对20年前明显减弱。

表9　20年来马来西亚华人掌握语言和方言数量变化

掌握数量	1	2	3	4	5	6	7	8	9	10	无提供
2018年人数（190人）	22	84	33	26	13	5	4	2	1	0	0
2018年百分比	11.6%	44.2%	17.4%	13.7%	6.8%	2.6%	2.1%	1.1%	0.5%	0	0
1999—2002年人数（680人）	22	29	83	154	197	105	55	31	2	1	1
1999—2002年百分比	3.2%	4.3%	12.2%	22.7%	29%	15.5%	8.1%	4.6%	0.3%	0.2%	0.2%

与汉语方言相反的是华语，相较于20年前的调查结果，现在我们看到的马来西亚华人社区中华语的地位进一步提升，甚至成为华人社区中最主要的交际语言，广泛应用于各种交际场合且有进一步扩大的趋势。

表格10　20年来马来西亚母语使用情况变化

母语	祖籍地方言	华语	祖籍地方言和华语	福州话和祖籍地方言	福州话（祖籍不明）	英语	伊班话	其他[①]（混合）
2018年人数（190人）	67	90	10	3	16	0	1	3
2018年百分比	35.2%	47.4%	5.3%	1.6%	8.4%	0	0.5%	1.6%

---

① 其他为被调查者认为母语有多种语言，比如伊班话、英语和华语都是自己的母语。

续表

母语	祖籍地方言	华语	祖籍地方言和华语	福州话和祖籍地方言	福州话（祖籍不明）	英语	伊班话	其他（混合）
1999—2002年人数（680人）	395	192	58	0	0	2	0	33
1999—2002年百分比	58%	28.2%	8.5%	0	0	0.2%	0	4.8%

从表10我们可以看到，20年来马来西亚华人对母语的认识发生了变化，20年前的调查中有半数以上的人认为自己的母语是祖籍地方言，而今仅35.2%的人将祖籍地方言作为母语。将华语作为母语的情况则与方言相反，20年前有28.2%的人将华语作为母语的，而今已达到47.4%，接近总人数的一半，可见华语在马来西亚华人的交际中地位越来越高，甚至取代其他汉语方言成为母语，而且这一趋势将愈演愈烈。

表11 20年来马来西亚华人华语母语者年龄层变化

年龄	20岁以下	20—30岁	31—55岁	无提供
2018年人数（90人）	81	2	7	0
2018年百分比	90%	2.2%	7.8%	0
1999—2002年人数（192人）	144	39	8	1
1999—2002年百分比	75%	20.3%	4.2%	0.5%

在2018年的数据中将华语作为母语的占总人数的47.4%，90%为20岁以下的青少年，第3代部分人和第4代及4代以上的绝大多数人将华语作为自己的母语。与20年前的数字相比笔者发现华语母语者更加低龄化，这在一定程度上体现了华语在华人社区的普遍性，并成为家庭用语。这在笔者的深度访谈中也有体现，几乎每个访谈对象都表示自己会要求孩子学习华语并跟孩子用华语交流，不少人表示自己的孩子已经不会讲汉语方言，只会华语。这在笔者的个案家庭调查中也有所体现，被调查者林先生是第1代华人，现92岁，其家中四代同堂，第1和第2代之间用祖籍地方言交流，第3代和长辈交流基本用华语，偶尔的生活词汇会用方言表达，但第4代完全听不懂也不会说方言，长辈与其交流也都用华语。可以预见，在不久的将来，华语将取代汉语方言，成为马来西亚华人社区的主要语言。

参考文献

[1] 陈松岑.语言变异研究[M].广州：广东教育出版社，1999.
[2] 陈晓锦.东南亚华人社区汉语方言概要[M].广州：世界图书出版广东有限公司，2014.
[3] 徐大明，陶红印.当代社会语言学[M].北京：中国社会科学出版社，1997.
[4] 余悦胜.泗里街华族史料集[M].诗巫：沙捞越华族文化协会，2010.

雷州话在东南亚的传播

陈李茂[1]　甘于恩[2]

（1. 岭南师范学院文学与传媒学院　广东湛江　524048；
2. 暨南大学汉语方言研究中心　广东广州　510632）

【提　要】雷州话是闽语流播至粤西的变异体，有诸多特色。随着雷州地区的人民向东南亚一带迁徙，雷州话亦扩散至海外。本文根据实际调查和相关资料，介绍雷州话在东南亚（主要是马来西亚）的传播概况，并概述马六甲雷州话的语音、词汇特点，最后探讨雷州话传承面临的挑战。

【关键词】闽语　雷州话　东南亚　传播

一

甘于恩在《广东闽方言的分布》中提到："广东闽方言集中分布于粤东南与粤西南的沿海区域，地跨潮州、汕头、揭阳、汕尾、湛江、茂名以及中山7个省辖市，可分为潮汕片和雷州片两个较大的次方言区，前者接近福建的闽南方言，后者接近海南岛的海南方言。"

雷州话亦被称为"黎话"，虽有"黎"字，但其并非少数民族黎族的语言，而是指中国大陆最南端——雷州半岛当地早期多数居民口中所使用的闽方言。该地移民主要是早期自福建地区迁移而来的。"雷州话"三个字中的"雷州"两字并非指今天湛江市代管的县级市雷州，而是指明清时期雷州府所管辖的海康、徐闻、遂溪三县。按当前行政区划，雷州半岛大致等同于广东省湛江市的地理区域再加上茂名市的电白。本文下述所提及的雷州话及雷州裔中的"雷州"两字所指范围亦同此。

大约在清代光绪年间，有不少当时雷州府的移民播迁至东南亚，至今有100多年。目前，我们了解到的东南亚雷州会馆或公会有马来西亚马六甲州雷州会馆、甲属万里望雷州会馆、柔佛州雷州会馆等，其中尤以马六甲州的雷州会馆出名。马来西亚马六甲雷州会馆已成立120周年。而新加坡雷州会馆则成立了125周年。雷州移民在东南亚与海上丝绸之路走向基本吻合，其中马六甲海峡为古代海上丝绸之路的必经之路。马来西亚马六甲雷州会馆所在地即为马六甲海峡边上。

以马六甲雷州会馆为例，其创立于公元1899年。该会馆在联系各位乡亲，服务马六甲雷州裔华人乡亲，举办海外雷州会馆之间的交流会，加强与中国祖籍地的政治、经济、文化的联系做了大量卓有成效的工作。该馆馆员现有近千人，所举办的活动曾被《星洲日报》等报道，在东南亚雷州会馆当中具有较大影响。

马六甲还有一条被称为"雷州村"的村子，是目前为止，海外唯一一条被发现的雷州移民高度聚居村。其真实名字为马六甲丁赖新村，位于马六甲市近郊。该村村民约一千多人，其中绝大部分为清朝末年雷州府移民，多数为第3代、第4代，还存在一些第2代（是在马来西亚出生的）的华人移民，但年事

---

① 基金项目：中国国家社科重点项目"岭南濒危汉语方言有声数据库建设"（编号：14AYY004）；中国教育部青年项目"新发现濒危汉语方言马来西亚雷州话调查研究"（编号：18YJC740008）。

甚高。该村通行雷州话，但越来越多的雷州裔青少年已不习雷州话了。

黄启臣（2003：452—453）、陈立新（2009：204—211）指出，早在明代，马来西亚等东南亚国家已有广东籍、甚至湛江籍（明清为雷州府）华人移居，不过初步调查所接触到的新加坡、马来西亚当地的华人多为第3和4代，最晚近的为第6和7代，多为19世纪末20世纪初播迁至该地。早期下南洋的华人多为生活所迫，漂洋过海，有苦难经历。在马来西亚雷州村，笔者调查了解到有一种说法是，当初乡亲们坐船下南洋，一路上抱着白马老师公神像。白马老师公是雷州半岛民间信仰的土神。因为第1代移民的乡亲在茫茫大海行船，前路未卜，预防发生各种意外至为重要，出于朴素的信仰，只好求助于神力。

调查发现，当地华人即使是相对集中地聚居，其姓氏也并非如国内的同一村落多为同一姓氏的状况，姓氏较多，例如马六甲雷州村里蒋、林、陈等均存在，这符合早期华人下南洋的实际，早期华人坐船出海，命运攸关，同船人员的组成无法基于亲缘关系，故很大可能来自不同村落，依技能各司其职，才能共同维护好船只行驶的安全。

二

由于客观条件限制，目前尚未能对东南亚雷州话进行全面深入的调查。根据笔者的初步了解，比较东南亚雷州话与国内雷州话两者的异同。以马六甲雷州话为例：

（一）语音方面

1. 基本保留"古无轻唇音"现象

不少古明微母字的声母读同帮母，音值为浊塞音，非清塞音，如"文买袜闻"。甚至国内雷州话已经发生轻唇化，而该地雷州话中仍保留重唇读音，如"肺"。

2. 保留"古无舌上音"现象

知组读同端组，如"猪展竹"。这与国内雷州话同。

3. 存在受其他汉语方言影响现象

如"切"字既保留雷州话读法，亦有粤方言（马来西亚当地称为广东话）读法。"木"字则直接借用粤方言读法，不保留雷州话读法。

4. 一些字已无雷州话读法

如"秃"字等。直接借用粤方言读法的现象，在湛江地区的雷州话中亦时有见及，这说明粤语在广东也好，在海外也好，都是一种高权势的语言（方言）。

（二）声调方面

马六甲雷州话共有8个声调，其中一个为促声舒化而来。声调数量与国内雷州话相同。其有2个入声调，一个调值为2，如"六读合别日"；一个调值为5，如"笔一得出七"。该地雷州话有一个促声舒化后形成的舒声调，调值55，多为阴入字，如"锡割桌百尺歇削节缺"。

（三）词汇方面

当地雷州话词汇一方面保留了国内雷州话的读法，例如："下雨、开水、晚上、剪刀、锅、梳子、人、媳妇、妻子、哭、要、鞋"等词。与此同时亦受马来语或其他汉语方言影响，如据当地人反馈，"喜欢"等词已改用马来语，此外，"垃圾、刚好"等词则改读当地广东话语音。另有一些读音来历不明的词。

三

雷州话在马来西亚的传播亦面临一些挑战：与中国大陆一样，马来西亚亦存在城市化影响汉语方言传承的问题。以马来西亚马六甲雷州村为例，一些搬到城里居住的村民，更容易出现雷州话的弃用。此外，代际因素影响越来越明显。即使在讲雷州话相对集中的马六甲雷州村，当地华人告诉我们，许多雷州裔华人青少年并不熟悉雷州话。现在老一辈和孙辈交流也多用华语，不用雷州话。而即使是在马六甲雷州村里的小学，学校开会时所用的也是华语，而不是雷州话。作为汉语方言里影响力不大的小片方言，雷州话在东南亚的传播正面临代际断裂、使用人口急剧减少的挑战。尤其是在青少年中更是如此。笔者在调查采访时当地华人强烈地表达了这一认知。

但是，雷州话不单是一种交际工具，它还是一种文化资源，蕴含着丰富的文化信息，需要学者加以调查、研究，推动它代代相传。作为中国大陆雷州半岛上的高校汉语方言研究工作者，笔者希望为雷州话在东南亚的传播、传承贡献力量，愿意编写为当地华人乡亲服务的雷州话教材或乡土文化教材。当地会馆如需要开展雷州话的培训，我们可以提供相应的支持。

越来越多的有识之士意识到母语方言的流失殊为可惜，无论是中国大陆的雷州话，还是海外的雷州话，都值得倍加珍惜。如何推动海外汉语方言尤其是小方言的传承，值得各方面认真思考。

参考文献

[1]黄启臣.广东海上丝绸之路史[M].广州：广东经济出版社，2003.
[2]陈立新.湛江海上丝绸之路史[M].香港：南方人民出版社，2009.
[3]廖小健.战后马来西亚族群关系：华人与马来人关系研究[M].广州：暨南大学出版社，2012.
[4]甘于恩.广东闽方言的分布[A]//第十一届闽方言国际学术研讨会论文集[C].厦门：厦门大学出版社，2013.

▶ 汉语史研究 ◀

传教士文献反映的中山粤语两世纪的语音变迁

罗言发

(澳门大学中文系 澳门)

【提 要】本文为得出近两个世纪来的中山话粤语语音变化，对5种材料进行梳理和研究。他们分别是传教士文献《伊索寓言》《英语不求人》《香山或澳门方言》和近现代学者著作《中山方言》《珠江三角洲方言字音对照》。所有材料时间跨度大，从1840年到2012年共172年。研究结果显示，两百年来的中山话见组合口字含有w介音的字越来越多（光k→kw）；臻摄读un韵母的字越来越多（津tsen→tsun）；曾梗摄读ŋ韵母的越来越多（正tsɐŋ→tsɪŋ）。还有两个新增韵母oi（来）、øi（水）。我们发现，这些变化均发生在1897年到1939年间，属无条件分化，是中山粤语受广州粤语影响的结果。

【关键词】传教士文献　中山话语音　19世纪

一、关于中山粤语语音的研究

近代传教士的资料丰富详实，珠三角的资料更是如此，不利用起来无疑很可惜。

中山市的前身是香山县，县城为石岐，1925年为了纪念孙中山先生而改名。关于中山粤语的研究，早期阐述中山粤语的著作有赵元任《中山方言》，是用现代语言学的方法对中山石岐话所作的最早的系统的描写。后来陈洁雯的硕士论文 ZHONG-SHAN PHONOLOGY: A Synchronic and Diachronic Analysis of a Yue (Cantonese) Dialect 利用《方言调查字表》进行田野调查，并结合赵元任《中山方言》和波乃耶《香山或澳门方言》，对中山石岐话作出分析研究，已有语音简史的意思。林柏松《中山市志·方言志》对香山各地方言作了充分描写，附有市中心石岐话同音字表，描述共时语言的贡献超越前人。

不过前人对1897年以前的文献利用得并不多。本文利用早期的传教士文献，加上自己最新调查，梳理两个世纪以来中山话的变化，并尝试做出解释。

二、20世纪以前记录中山话的传教士文献

(1) *Esop's Fahles*（意拾喻言）(《伊索寓言》1840) pxxi 关于香山话的描述。

(2) *A Tonic Dictionary of the Chinese Language in the Canton Dialect*(《英华分韵撮要》1856)——pxvii、xx、xxi 有关澳门和香山音的描述。

（3）*A Chinese and English Phrase Book in the Canton Dialect*(《英语不求人》1888)——具有香山粤语典型特征的音系。

（4）*The Höng Shán or Macao Dialect*(《香山或澳门方言》1897)香山部分。

（一）1840年《伊索寓言》提到的香山话

*Esop's Fahles*又名《意拾喻言》（即《伊索寓言》），该书作者是英国人Robert Thom（罗伯聃1807—1846年）和他的中文老师蒙昧先生，于1840年在广州出版。书里总体记录的是广州话①，亦对香山话有一段专门陈述。该陈述是我们发现的关于香山语音的最早记录。*Esop's Fahles*的前言xxi的一段话（原文英文，笔者译）：

一个人在学习广东话时——如果老师是香山县（澳门所在的地区）本地人，那他就会把山shan发成san；水shuy发成suy；识shik发成sik；锦kum发成kame；二ee发成 'gee；月yuet发成 'guet；字tszé发成chee；富foo发成hoo；风fung发成hung；回ooy发成wei；做tsou发成chou；应yîng发成îng！还有好多其他字也是如此，单靠不断地练习就可以让读者将其区分开来。②

（二）1856年《英华分韵撮要》提到的香山话

1856年的《英华分韵撮要》里出现的关于澳门话和香山话的叙述，在序言的xvii页及xx页里有对《分韵撮要》第七韵"英影应益"的语音描述③（原文英文，笔者译）：

Ying，yik（笔者按：英益），就像sing、king、quick、wing一样。很多这一条目中的字的韵母都变为eng和ek，总的音类表中为这些音单独列了一个表，但是其比例比较小；在字典主体部分所有常用字都有所提及。在澳门及其周边地区，很大比例的字的韵母都变成了ang和ak（笔者按：登得），如兄、京、明、拧、兵，其韵母成了hang、kang、mang、nang、pang，等等。因此香山人的口音在广东话中显得与众不同。

Au 殴（笔者按：零声母，"欧"是声母代表字），所有的字都没有辅音声母，但前面很容易带上一个鼻音ng或h，或者元音发生改变。香山、澳门以及新安的人会按这种方式改变很多字的读音，使听到这些字音的人如果没有看到汉字，就会去h或者ng声母下查找这些字。④

Sám三（笔者按：s声母），Shing圣（笔者按：sh声母），沿海地区将声母sh读成s；这一语音特点在很大程度上通行于香山、新宁和新安地区，如shui水、shü书、shuk熟、sháng shing省城，等等。在这一带就会像潮州和厦门方言那样将其读成sui、sü、suk及sáng sing。对这些地区的人来说，sh声母完全就是个"shibboleth⑤"。广东西部的人则将sz'读成sü，并且将以s开头的大部分字读成以sh开头，这正与澳门的读音相反。

---

① 《伊索寓言》记录的应该是广州话，该书没有标出送气和不送气的区别，难解之处也在于其臻摄的两类韵母较混乱，跟19世纪的其他传教士记录的广州话不符。
② 每个音系的特征总结在最后的表格里陈述。
③ 卫三畏多次把香山和澳门放在一起阐述，可以看出他把香山和澳门视为同一种语言。不过我们认为香山石岐和澳门毕竟相距六十多千米，一些细微差别应该存在。限于材料，我们暂时按作者的分析，先把两地按同一种方言看待。
④ 此处的例字在韵母里有显示（pxvi），韵母*Sín*, *sit*, ...Several of the words commencing with a vowel, as *in*言, *in*现, *it*热, are heard with a nasal or aspirate, as *ngín*, *hín*, *ngít*. *Ki*, ...Others having no initial, as *i* 二, *i* 耳 are often heard *ngí*.
⑤ 《圣经》以法莲人的故事。

(三)1888年《英语不求人》所反映的中山音系

A Chinese and English Phrase Book in the Canton Dialect(《英语不求人》)于1888年在纽约出版。作者为：T. L. Stedam 和 K. P. Lee(李桂攀)。该书前言中说明："本书记录的语言不是'官话'，而是大部分身在美国的中国人所说的语言，即广州及其周边地区的方言。……标音系统大体上沿用（Bridgeman）裨治文和（Williams）威廉姆斯的。……这里的注音，元音和辅音，均摘自纽约的广东人的词汇。"（原文英文，笔者译）由此得知书里标的是粤语，张洪年认为该书反映了当时的中山话，我们认为其理据可靠，音系符合中山话特点，作者也确实是中山人[①]。不过从书里的陈述可知该书的发音人不止一个，中间或夹杂有香山县较书面的读书音，比如声调8个，这就有点难以解释。

《英语不求人》不求人的声母20个（塞擦声母只有一套ch、ch'、s），韵母53个（有1个-i-介音的韵母），声调8个（平上去入按阴阳各分为2类）。

(四)1897年《香山或澳门方言》所记录的中山音系

《香山或澳门方言》正文记录的是澳门音，在石岐跟澳门不同的地方均加小注，说明石岐的发音，现在把正文和小注连起来，得出1897年以前的石岐音系。声母22个（ts、ts'和ch、ch'有对立），韵母55个（有4个-i-介音韵母），声调6个（上声和去声不分阴阳）。

(五)1948(1939)年赵元任的《中山方言》

该书第一版于1948年由商务印书馆出版，第二版由科学出版社重印。内容提要里说记录的是广东中山石岐的方言。第一条小注的说明很重要："本文的材料，大部分是根据民国十八年（1929年）冬在中山县（发音人程伟任），跟民国二十八年（1939年）在檀香山（发音人刘振光），两次记录所得。"我们根据其最后的记录年代定其为1939年的中山石岐话。声母21个（擦音只有一套），韵母54个（有3个含-i-介音韵母），声调6个（上去声不分阴阳）。

三、香山话的历史发展总览

由于文献材料出现哪些汉字无法预料，更无法要求前一本书有的汉字在后一本书中也必须要有，所以下表的例字多数无法统一。同一个特征的我们尽量找同一个汉字作代表，如找不到则找中古地位和现代语音均相同或相近的字来阐述同一特征的变化。

[①] 根据张洪年（2006）(《一语两制：1888年两本粤语教科书的语音研究》)，作者之一李桂攀是中山人。

表　香山话的五个时期的历史发展

中古地位	伊索寓言（1856[①]）(1840)	英语不求人（1888）	石岐话（1897）	石岐话（1939）	石岐话（1987）	现代广州话
日疑母细音	ŋg 二月	ŋ 二月	ŋ 二月	ŋ 二月[②]	ŋ(ᵑg) 二月	j 二月
溪母开口	—	—	kʰ 犬	kʰ 犬	kʰ 犬	h 犬
非敷奉母	h 富	f 夫	h 夫[③]	h 虎	h 父	f 父虎
匣以母细音字	h 现	—	h 页	h 贤	h 贤	j 贤页
见系开口	—	k 见光	k 街瓜	k 加过	k 加过	k 加
见系合口	—	kw 季关	kw 乖光	kw 瓜	kw 瓜	kw 瓜
假摄三等	—	iɛ 写	ia 写	ia 写	ɛ 写	ɛ 写
流摄见系三等	—	—	ieu 求	ɐu 求	ɐu 求	ɐu 求
梗摄细音白读	—	ɐŋ 正	iɐŋ 精	iaŋ 请	iaŋ 请	ɐŋ 请
止开三精组知系	i 字二	i 自几	i 子几	i 子记	i 子几	i 子
止开三帮见系						ei 几
遇合一见系	—	u 估做	u 夫粗	u 乌粗	u 污苏	u 乌
遇合一非见系						ou 粗
遇合三知系影组	—	y 树取	y 如取	y 于趋	y 雨取	y 雨
遇合三端见系						øy 取
蟹开一	—	ui 杯罪灾谁	ui 杯推水来	ɔi 来	ɔi 来	ɔi 来
蟹合一非端系				ui 杯罪	ui 杯罪	ui 杯
蟹合一端系						øy 罪水
止蟹合三端知系				øi 水	øy 水	
深摄	—	ɐm 禁	ɐm 金	ɐm 金	ɐm 金	ɐm 金
咸摄见系	—	om 咁	op[④]	ɔm 甘	ɔm 甘	ɐm 甘
臻摄大部分	—	ɐn 身信	ɐn 真津	ɐn 真晋	ɐn 真晋	ɐn 真
臻开三端系部分				øn 春津	øn 春津	øn 津春顿
臻摄合口端知系	—	un 春顿	un 春准			
梗摄二等文读	ɐŋ 兄	ɐŋ 生请	ɐŋ 生请	ɐŋ 生	ɐŋ 生	ɐŋ 生
梗摄细音文读				ɪŋ 正请	ɪŋ 正请	ɪŋ 正请
梗摄细音文读	ɪŋ 应	ɪŋ 盛	ɪŋ 正			
通摄	—	ʊŋ 中	ʊŋ 中五	ʊŋ 钟	ʊŋ 中	ʊŋ 中
遇合一疑母	—	ŋ 五		ŋ 五	ŋ 五	ŋ 五
下阴入的归派	—	归阴入	—	归阳入	归阳入	独立
声调数	—	8个调	6个调	6个调	6个调	9个调

说明：1888年"夫风"读f，1897年"金甘"同音、"中五"同韵，可能带有珠海话的成分。

---

① 此列斜体来自卫三畏的《英华分韵撮要》。
② 把"顽"ŋw视作例外。
③ 有例外，1897年的石岐话"回"字读húoü[hui]。"玩"字读fán[fan]，现代澳门老人依然有这个读法。
④ 1897年第167个音节"急"有小注说"Excepiton.—Kòp in Shek-k'éí."说明当时石岐区分ɐm/ɐp和òm/òp。

香山话近一百五十年来的演变并不大，只在1897年到1939年间变化稍大。

声母的变化（无变化的只陈述，有变化则判断原因）：

（1）疑母、日母全读ŋ，如"牙二月"，始终无变化。

（2）溪晓母字读kʰ的比广州话要多，如"犬巧霍"，始终无变化。

（3）部分云匣溪母字和非敷奉母字读h，如"父阔贤"，始终无变化。

（4）早期中山话部分合口字没有u介音，如1888年的"见光k"、1897年"乖光kw"均带上u介音，说明中山话的u介音的范围越来越大。

韵母的变化：

（1）早期（1897）的韵母系统i介音明显，基本只出现在几个特定的三等韵里。分别是假摄三等（如：写）、流摄三等（如：求）、梗摄三四等（如：请）。到1987年时就只剩下梗摄三四等的白读音有i介音了。

（2）止开三（《分韵》"几纪记"韵）始终没有分化，基本只有一个韵母。如"子几皮"韵母均是i。

（3）遇合一（《分韵》"孤古故"韵，含遇合三非组、流摄部分唇音）独立，不跟效开一（如：造抱）合流。"估做母"韵母均是u，始终无分化（《分韵》遇合一已与效开一合流，"补保"同音。）。

（4）遇合三（帮庄组除外，《分韵》"诸主注"韵）独立，不跟蟹止摄的合口字合流。"如取居"韵母均是y，始终无分化。

（5）蟹合一（《分韵》"魁贿海"韵）、蟹开一（《分韵》"栽宰载"韵）、止蟹合三非帮见系字（《分韵》"虽髓岁"韵）在1888年和1897年应已合并，亦即"罪在坠"同音，实际发音和今天的珠海话一样，在ɔi和ui之间，可标为[oi]。可1939年蟹合一、蟹开一、止蟹合口三等非帮见系字三分，我们认为三分是接触的结果。

（6）咸开一见系（《分韵》"甘"韵）与深摄（《分韵》"今"韵）不同，前者是om（如：甘）后者是ɐm（如：金），始终无合并。

（7）臻开三读成圆唇un的越来越多，但一直都没有到达广州（《分韵撮要》"津赆进"韵）的数量。"身信"韵母是ɐn，"春准"是un。此韵母1897年时只拼ts、tsʰ、s（准春顺）四个声母。1939年拼ts、tsʰ、s、t、tʰ、l（津秦纯顿盾卵）6个声母。1987年拼tsʰ、ts、s、t、tʰ、l（秦臻纯顿盾栗）也是6个声母，但广州话从1782年的《分韵撮要》就已经拼7个声母，比1987年的中山话都要多出一个声母j（如：润）。

（8）20世纪以前曾梗细音文读大部分读eŋ，跟一、二等读法一样。越到后来读ɪŋ（等于《分韵撮要》的"英"韵）的越来越多。1888年、1897年"生请"韵母是eŋ，"兄盛"韵母是ɪŋ。1897年ɪŋ只拼ts、tsʰ、s、l、k、kw、kʰw、ø、w（正称锡力迳肩隙莺荣）9个的声母，1939年已可拼p、pʰ、m、t、tʰ、n、l、ts、tsʰ、s、k、kʰ、ŋ、h、ø、kw、w、j（病拼明丁听宁岭精清升经倾迎形英黥永影）18个声母。而且虽然1987年中山音在这个类别的归字上已经跟广州音基本一样，但仍有一些白读音读成eŋ/ek的，如"逆"的白读是ŋek，文读是ŋɪk，足以证明中山的ɪŋ/ɪk是外来接触的结果。

声调的变化：

除了1888年纪录的是8个调外，1897年开始均是6个调。1888年中入归阴入，而后期中入却归阳入。

简而言之，两百年来中山话变化在声母上，ŋ、kʰ、h均无变化。k→kw属于无条件分化。韵母上，i、u、y、om均无变化；-i-介音消失；oi韵母无条件分出ɪɛ、ø、ui。另外有ɐn→un、eŋ→ɪŋ的无条件分化。中入从阴入转阳入。从材料上看，无条件分化这里均是向广州话靠拢的结果，这些变化均发生在1897年到1939年间。

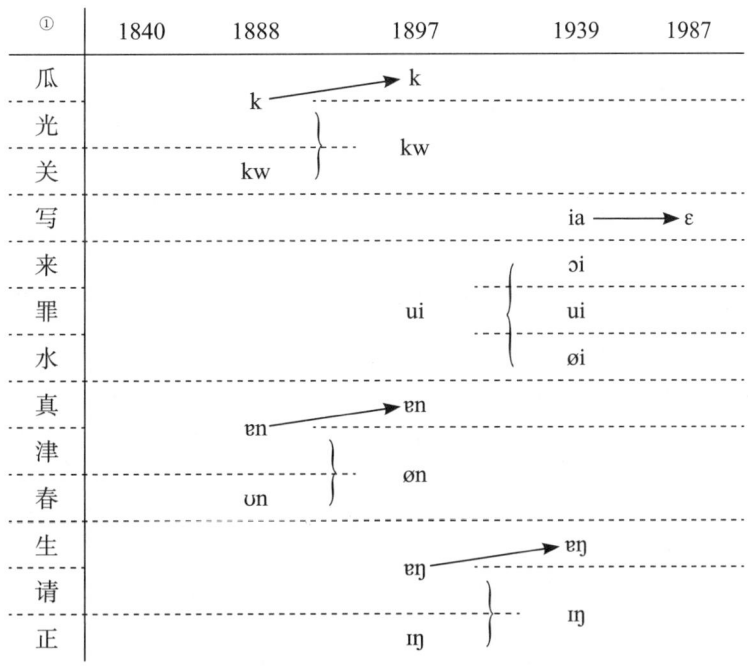

图1 中山粤语五个时期的历史发展

中山粤语的变化稍大,变化主要来自与广州话的接触。比如合口介音越来越多、蟹摄一等分出开合的区别并与止蟹合口细音分开、曾梗摄细音文读读ŋ的越来越多。这些均是向广州话靠拢的结果。下面是19世纪末到20世纪40年代中山话发生的变化。"加瓜"在1897年同音,到1939年"瓜"带上u(w)介音;"来杯水"在1897年同韵母,1939年三分("再罪最"对立);1897年"津真"同韵母,1939年"津春"同韵母;1897年"请"字读tsʰeŋ,1939读tsʰɪŋ。

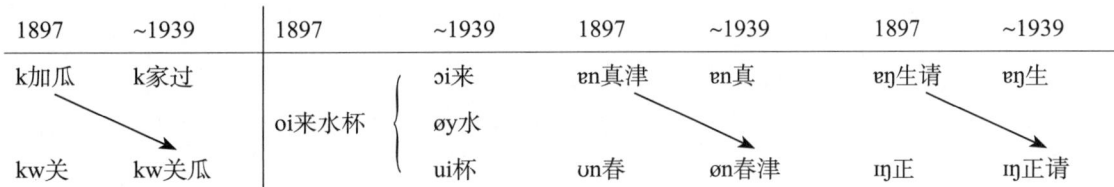

图2 中山粤语韵母的变化

香山话的语言发展较慢,一个半世纪以来典型的香山特点不变。受广州话影响导致一些韵母发生变化,主要发生在i介音消失、u介音增加、蟹一及止蟹合三的三分、臻摄二分,曾梗摄文读洪细二分这几个方面。特别是蟹开一、蟹合一、止蟹合三端知系这几个韵从1897年的合并到1939年的三分,臻摄读øn/øt的字越来越多,曾三等梗三四等文读读ŋ/ɪk的字增多,中入从阴入转到阳入,受外来接触较大。

参考文献

[1] 广东省珠海市地方志编纂委员会.珠海市志[M].珠海:珠海出版社,2001.
[2] 罗言发.澳门粤语音系的历史变迁及其成因[D].北京大学博士学位论文,2013.
[3] 詹伯慧,张日升主编.珠江三角洲方言字音对照(珠江三角洲方言调查报告之一)[M].广州:广东人民出版社,1987.

---

① 说明:例字一般只对应变化年代,具体可参看上表。

[4] 詹伯慧，张日升主编.珠江三角洲方言综述（珠江三角洲方言调查报告之三）[M].新世纪出版社，1990.

[5] 张洪年.一语两制：1888年两本粤语教科书的语音研究[J].中国语言集刊2006，1(1).

[6] 赵元任.中山方言[M].北京：科学出版社，1956.

[7] 中山市地方志编纂委员会.中山市志[M].广州：广东人民出版社，1997.

[8] 中国社会科学院语言研究所.方言调查字表（修订本）[M].北京：商务印书馆，1981.

[9] James Dyer Ball. *The Höng Shán or Macao Dialect*[J]. The China Review 1896, 1897.

[10] Robert Thom, Mun Mooy Seen Shang. *Esop's Fahles*[J]. Canton, 1840.

[11] Stedman and Lee. *A Chinese and English Phrase Book in the Canton Dialect*[J]. New York, 1888.

[12] Williams, S.W. *A Tonic Dictionary of the Chinese Language in the Canton Dialect*[J]. Cantonze, 1856.

近代汉语作品方言成分考察需要注意的两个问题

汤传扬

(清华大学中文系 北京 100084)

【提 要】 近代汉语方言成分的考察是一项很有意义的工作。这项工作的研究模式主要有两种：一是以现代方言为基点，探讨现代方言中所保留的近代汉语作品中的语词；二是指出近代汉语作品中的一些语言现象属于当时某一方言的现象。在前类研究中，应该准确理解、把握词义，不能用现代方言牵强附会、生搬硬套。在后类研究中，要尽可能多地挖掘、考察同期其他资料，以检验自己的观点。

【关键词】 近代汉语 作品 方言成分

近代汉语作品方言成分的考察是近代汉语研究的热点问题之一。这项工作的研究模式一般有以下两种：（1）以现代方言为基点，探讨现代方言保留的近代汉语作品中的语词；（2）指出近代汉语作品中的一些语言现象属于当时某一方言的现象。这两种研究模式都是有价值的。但笔者在阅读相关研究时发现，一些学者的考察还可以再讨论。以下是笔者阅读张双庆先生《〈金瓶梅〉所见的粤方言词汇》、沈新林先生《〈红楼梦〉中的吴语方言》两篇文章后的意见。

一、《〈金瓶梅〉所见的粤方言词汇》一文的词语理解问题

近读张双庆先生《〈金瓶梅〉所见的粤方言词汇》[①]一文，该文选取《金瓶梅》中若干带有粤方言显著特征者，如"（没）搭煞""单丁""雌（斄）""攒盒"等来论证方言保留近代汉语词汇复杂的一面，读后不无收获。但细读数过，发现该文对某些词语的理解尚存在一些问题，这些问题影响到了论证的严密性、可靠性，现不揣浅陋，略陈三则，以就正于作者及方家。

1. 手尾

西门庆因问："谁和那厮有手尾？"（第二十五回，第325页）[②]

解作剩下的工作或留下的麻烦事，又见南宁平话。今日粤语的用例如"趁年轻将身体搞好，唔喺日后就手尾长啦"（趁年青弄好身体以免以后有麻烦）。《词话》本此处作"首尾"（见第292页），或者是这个词的正确写法，因为可将它分析为偏义复词，着重"尾"的部分，即后果，留下的难题等。

按，此处"手/首尾"理解有误，这里"手/首尾"指隐秘的男女关系。为了更好地说明问题，我们将完整的故事情节引之如下：

---

① 张双庆：《〈金瓶梅〉所见的粤方言词汇》，《第十届国际粤方言研讨会论文集》，北京：中国社会科学出版社，2012年。
② 张文所用的版本是齐鲁书社与香港三联书店于1990年联合出版。由齐烟、汝梅校点之《新刻绣像批评金瓶梅》，此本一般称为"崇祯本"。同时参以梅节先生校订于1992年在香港梦梅馆出版的"词话本"。本文所举《金瓶梅词话》中的例证用的是戴鸿森于1985年在人民文学出版社出版的校点本。

西门庆至晚家来，只见金莲在房中云鬟不整，睡揾香腮，哭的眼坏坏的。问其所以，遂把来旺儿醉酒发言，要杀主之事诉说一遍："见有来兴儿亲自听见，思想起来，你背地图他老婆，他便背地要你家小娘子。你的皮靴儿没番正。那厮杀你便该当，与我何干？连我一例也要杀！趁早不为之计，夜头早晚，人无后眼，只怕暗遭他毒手。"西门庆因问："谁和那厮有手尾？"金莲道："你休来问我，只问小玉便知。"又说："这奴才欺负我，不是一遭儿了。说我当初怎的用药摆杀汉子，你娶了我来，亏他寻人情搭救我性命来。在外边对人揭条。早是奴没生下儿没长下女，若是生下儿女，教贼奴才揭条着好听？敢说：'你家娘当初在家不得地时，也亏我寻人情救了他性命。'怎说在你脸上也无光了！你便没羞耻，我却成不的，要这命做甚么？"西门庆听了妇人之言，走到前边，叫将来兴儿到无人处，问他始末缘由。这小厮一五一十说了一遍。又走到后边，摘问了小玉口词，与金莲所说无差：委的某日，亲眼看见雪娥从来旺儿屋里出来，他媳妇儿不在屋里，的有此事。这西门庆心中大怒，把孙雪娥打了一顿，被月娘再三劝了，拘了他头面衣服，只教他伴着家人媳妇上灶，不许他见人。此事表过不题。

这段情节讲述西门庆晚上回来，潘金莲向其告状，扯出来旺儿与孙雪娥有私情一事。张先生将"手/首尾"解作"剩下的工作"或"留下的麻烦事"，实属不通。代指隐秘的男女关系之"手/首尾"在近代汉语中用例甚多。如《金瓶梅词话》第二十五回："以此都知雪娥与来旺儿有首尾。"又第九十二回："我好意来看你，你倒变了卦儿。你敢说你嫁了通判儿子，好汉子，不采我了。你当初在西门庆家做第三个小老婆，没曾和我两个有首尾？"《红楼梦》第六十九回："妹妹的声名很不好听，连老太太、太太们都知道了，说妹妹在家做女孩儿就不干净，又和姐夫有些首尾。"

检《汉语方言大词典》第811页，"手尾"在粤语、闽语中有"未做完的工作；事后要处理的事情"义；在粤语中，还有"麻烦事"义。但这与"手尾"代指"隐秘的男女关系"构不成源流关系。张先生认为可将"首尾"分析为偏义复词，着重"尾"的部分，即后果，留下的难题等。该观点可备一说。值得注意的是，"手/首尾"在近代汉语中还可指"分内的事""经手的事"，亦泛指事情。如《金瓶梅词话》第二十四回："惠莲嫂子说，该是那上灶的首尾，问那个要，他不管哩。"又第六十四回："姐夫说，不是他的首尾，书童哥与崔大哥管孝帐，娘问书童哥要就是了。"《二刻醒世恒言·下函》第一回："老兄请坐。小弟有些小事，暂进去见，一完手尾，即出奉陪。"《醒世姻缘传》第八十二回："有件事在我们察院里，正是我合单老哥首尾。""手尾"在粤语等方言中的意义也可能属于方言中的义位变异。

2. 家下

伯爵道："他怕不得来，家下没人。"（第七十三回，第1014页）

意为"现在、这会儿"，不是扬州、西宁"家里的人"的意思（《现方》，第3437页）。此例句下面尚有"人"字，故不宜解作"家里的人"，粤语有"而家"一词，表示"现在"，和此词相近。

按，此处"家下"理解有误，这里的"家下"固然不是"家里的人"义，但也绝非表"现在"义。我们把他所引的语料再引得长一点：

李铭即跟着西门庆出来，到西厢房内陪伯爵坐的。又谢他人情："明日请令正好歹来走走。"伯爵道："他怕不得来，家下没人。"

如果将"家下"理解为"现在"义，则与上文中的"明日"相抵牾，违反了言语交际的合作原则。事实上，例中的"家下"实乃"家中"义。"家下"的这一义项在近代汉语中使用甚多。如《西游记》第二十三回："家下有八九年用不着的米谷，十来年穿不着的绫罗，一生有使不着的金银；胜强似那锦帐藏春，说甚么金钗两路。"《水浒传》第八十一回："李师师道：'小哥只在我家下，休去店中歇。'燕青道：'既蒙错爱，小人回店中取了些东西便来。'李师师道：'休教我这里专望。'"《金瓶梅词话》第三十四回："韩大哥常在铺子里上宿，家下没人，止是他娘子儿一人，还有个孩儿。"《醒世姻缘传》第八十八回:"你在此住了这将近两月,拐骡的又寻找不着,天气又将冬至数九的时候,你家下又没有人寻到这边。我要备些路费,差个女人送你回去,不知你心下如何?"

张先生提到在扬州、西宁方言中,"家下"有"家里的人"的意思。这是保留了其在近代汉语阶段的另一义项"家中的人"。该义项在口语化较强的语料中时见。如《清平山堂话本·戒指记》:"我们家下说,师父翌日遣礼去陈丞相府中,因此特来。"《欢喜冤家》第二回:"即时分付家下,快备现成酒饭。"《型世言》第十一回:"怎令堂一时老病起来?莫不小儿触突,家下伏侍不周?"《再生缘》第五十三回:"那时候我家也只道亡于火内。幸亏长兄问分明,家下方才放了眉。"

3. 闹

落后闹惯了,自此妇人约莫武大归来时分,先自去收帘子,关上大门。(第二回,第34页)

南宁平话、东莞与广州皆作"骂"(《现方》,第5332页)。粤语"骂人""责备人"说"闹人",如"闹到佢头沓沓"(把他骂得低下头)。

按,此处"闹"理解有误,这里的"闹"当是"吵闹;争吵"义。我们把语料引得长一些:

原来武松去后,武大每日只是晏出早归,到家便关门。那妇人气生气死,和他合了几场气。落后闹惯了,自此妇人约莫武大归来时分,先自去收帘子,关上大门。

相同的情节描写,《水浒传》第二十四回作:"自武松去了数十日,武大每日只是晏出早归;归到家里,便关了门。那妇人也和他闹了几场,向后闹惯了,不以为事。自此,这妇人约莫到武大归时,先自去收了帘子,关上大门。"根据文义,将"闹"理解为"吵闹;争吵"义更为贴切。"闹"的这一用义在《金瓶梅词话》中常见。如第一回:"天色却早申牌时分,武大挑着担儿大雪里归来,推开门放下担儿,进的房来,见妇人一双眼哭的红红的,便问道:'你和谁闹来?'妇人道:'都是你这不争气的,交外人来欺负我。'"第三回:"你先把袖子向桌子上拂落一双箸下去,只推拾箸,将手去他脚上捏一捏。他若闹将起来,我自来搭救。"明清文献中亦所见甚多。如《西湖二集》第五卷:"但凤娘生性异常妒悍,每每争风厮打,大闹大哄,直闹到高、孝二宫,高喉咙,大嗓子,泼泼撒撒,在高、孝二宫面前,一缘二故,将左右宫人骂个不了,无非是吃醋捻酸之意。"《儒林外史》第二十四回:"自然是石老鼠这老奴才把卜家的前头娘子贾氏撮弄的来闹了!"

诚然,现代汉语方言是研究汉语史的活化石,有不少古、近代词语还活生生地保存在方言中,而词语的训释,尤其是近代汉语中俗语词的训释,方言词是重要的参考资料之一,但我们在做这项工作时不能牵强附会、生搬硬套。毕竟,历史文献与区域方言所代表的语言系统既有联系又有区别。

二、也说《红楼梦》中的"吴语词汇"——与沈新林先生商榷

沈新林先生《〈红楼梦〉中的吴语方言》[①]一文,认为《红楼梦》当以北京话为主,且拥有一定数量的江淮苏北方言、南京话,同时,又杂有少量的吴语方言。这同时也是学界普遍认同的看法。沈先生举出"展眼""物事""派头儿""恶赖""落""打降""吃酒/茶""客边""困""底""事体""该"等吴语词汇加以论证。但是经检验,沈先生的举证有些是经不起推敲的,是不能成立的。本文就沈文所列举的部分"吴语方言",谈一些不同意见,与沈新林先生商榷。

1. 展眼金

满箱,银满箱,展眼乞丐人皆谤。(《红楼梦》第一回)

---

① 沈新林:《〈红楼梦〉中的吴语方言》,《古典文学知识》,2017年,第2期。

沈文认为"展眼"是"转眼"的同声转韵，一声之转。吴语中的"展"读成"转"，zhan—zhuan，增加了一个辅助元音u。除此之外，沈先生指出某些字增加辅助元音u，是吴语方言的重要特征之一。并举出"参加"的"参"，can，吴语方言读"穿"cuan；"干净"的"干"，gan，吴语方言读"关"guan；"看见"的"看"，kan，吴语方言读"宽"kuan等作为旁证。然而事实究竟如何？笔者调查了《汉语方音字汇》《现代汉语方言大词典》，结果与之大相径庭。检《汉语方音字汇》，"展/转""参/穿""干/关""看/宽"在苏州（属北部吴语）方言中的读音分别是tsø/tsø、tsʰø/tsʰø、kø/kuɛ、kʰø/kʰuɛ。检《现代汉语方言大词典》分卷本，"看/宽""干/关"在丹阳、上海、崇明、宁波、杭州（以上均属北部吴语）方言中的读音分别是（kʰoŋ/kʰoŋ、koŋ/kuæ）、（kʰø/kʰue、kø/kuɛ）、（kʰø/kue、kø/kuæ）、（kʰi/kʰũ、ki/kuɛ）、（kʰɛ/kʰuõ、kɛ/kuõ）。调查结果显示，在苏州方言中，开口呼的"展、参"与合口呼的"转、穿"读音相同；在丹阳方言中，开口呼的"看"与"宽"读音相同。但在吴语方言中，沈先生所举的例证大多读音不同。仅从方言调查情况来看，"展眼"是"转眼"的同声转韵具有可能性，但不具必然性。

其实，"展眼"用于"形容刹那间或时间过得很快"有其内在的依据，与"转眼"相系联殊无必要。据笔者调查，"展眼"在《红楼梦》前80回中有两大义项：a.眨眼。指眼睛频开频闭。《红楼梦》第六回："正呆时，只听得当的一声，又若金钟铜磬一般，不防倒唬的一展眼。"b.形容刹那间或时间过得很快。《红楼梦》第十五回："宝玉恨不得下车跟了他去，料是众人不依的，少不得以目相送，争奈车轻马快，一时展眼无踪。"又第四十八回："展眼已到十月，因有各铺面伙计内有算年帐要回家的，少不得家内治酒钱行。""展眼"的义项a在清初已见。如《二刻醒世恒言·上函》第三回："黑面异形，绿林杰士。飞身走马，试剑悬锤。能敌万人，志雄天位。不但是杀人不展眼的魔君，思量做草头篡大位的皇帝。""眨眼"这一动作具有短时性，因此从a义引申出b义是自然而然的、合乎情理的。与"展眼"相比，"转眼"则无a义，而有b义。"转眼"的b义当是由"转动眼珠"义引申而来。

表b义的"展眼"在清中后期的小说、民歌，如《儿女英雄传》《施公案》《小五义》《白雪遗音》等中均有使用。经调查，作者们的籍贯南北都有。因此，我们认为"展眼"在清代是个南北通行的通语词。

曾良指出："在通俗小说中，有一些口语俗音实际上就是阴阳对转……'展'这一方俗之音，实是'眨'字的阴阳对转。"我们认为这一观点是可信的。

2. 物事

雨村欢喜，自不必说，乃封百金赠封肃，外谢甄家娘子许多物事，令其好生养赡，以待寻访女儿下落。（《红楼梦》第二回）

沈文认为物事，是物件、东西。吴语方言，至今犹用。又指出《二刻拍案惊奇》中也有，因为编著者凌濛初，为浙江乌程（今吴兴）人，属吴语区。所以，他的作品出现这一词汇。显然，沈先生将"物事"当作地地道道的吴方言词汇了。然而，事实究竟如何？笔者首先调查了"物事"在现代汉语中的地域分布情况。据曹志耘主编的《汉语方言地图集》（词汇卷）"119东西"条，"物事"主要分布在吴语及徽语区，是一个方言词。但这也只是考定了它的"今籍"，而"今籍"未必就等于"祖籍"。"物事"在《红楼梦》时代究竟是不是吴方言词，这还需要参照当时的其他资料以及考察"物事"的发展历程。

据笔者考察，"物事"在《红楼梦》前80回中仅出现2例，且均用于叙述语。而"东西"则357例，既用于叙述语，又用于人物对话。《歧路灯》与《红楼梦》同时创作于18世纪中叶，代表了当时的中原官话。书中"物事"3例，均用于叙述语；"东西"177例。在《儿女英雄传》中，"物事"1例，"东西"266例。如果按照沈先生的推理逻辑，那么在《歧路灯》《儿女英雄传》中也夹杂有吴方言词汇了，而这显然不太符合常理。事实上，小说的语言是复杂的。作者在创作小说时，有时基于语用等方面的需要，往往会调动自己的词汇库藏。"物事、东西"这组同义词（新旧词语）的运用便是其例。在汉语词汇史上，"物事"与"东西"存在竞争替换关系，"物事"产生在先，"东西"出现在后。"物事"在南宋文献中尚占据压倒性优势。如在《朱子语类》中，"物事"凡799例，"东西"未见。但是随着时代的发展，"东西"逐渐占据上风。以下是笔者所调查的明代至清初部分小说中"物事""东西"的使用情况：

表1 物事、东西在明代至清初部分小说中的使用情况

小说	方言背景	物事		东西
		叙述体	对话体	
水浒传	江淮	4	5	34
西游记	江淮	1	0	50
二拍	吴语	33	28	257
型世言	吴语	3	6	11
金瓶梅词话	山东	6	7	112
醒世姻缘传	山东	8	3	225

从调查不难看出，在明代至清中期，"物事"虽已难敌"东西"，但未退出历史舞台，在南北方言作品中均见使用。"物事"真正降格为方言词当是清中期以后的事。因此，在《红楼梦》时代，与其将"物事"看作吴方言词，不如看作旧词的受限保存。

3. 一字不落

偶然两句吹到耳内，明明白白，一字不落，唱道是："原来姹紫嫣红开遍，似这般都付与断井颓垣。"（《红楼梦》第二十三回）

沈文认为一字不落，即一字不漏，一字不拉，一字不掉。吴语方言，谓下、掉为落，如下水，说"落水"；下雨，称"落雨"；饭吃不掉，称"吃不落"；他掉了一个手机，说"他落了手机"。例句中的"落"的确是"遗漏"义。但沈先生没有对以"落"为形体的同形词加以区分，以致于认为其为吴方言词。"落"有luò、là、lào、luō 4个读音，我们可以分别记作落1、落2、落3、落4。例句中使用的是落2，而沈先生所举吴方言中的例证实乃落1，因此沈先生的论证不成立。表示"遗漏"义的落2在明末清初已见，如冒襄《影梅庵忆语》："阅《戎辂表》称关帝君为贼将，遂废钟学《曹娥碑》，日写数千字，不讹不落。"清代后期的京味小说中亦见用例。如《儿女英雄传》第十二回："公子这才站起身来，从家中得信起身一直到今日到店止，照方才回太太的话，应节省的节省，应加详的加详，并合张金凤联姻一段，一字不落，也都据实的禀了他父亲。"《春阿氏》第十二回："曲文好坏虽未留心细听，偶然有两句，唱的明明白白，清清楚楚，吹到三蝶儿耳内，一字不落。"现代汉语中甚是常见。如《四世同堂》第八十四："用心的，瑞全一字不落的，把钱伯伯的话都听进去。"因此，"一字不落"之"落"绝非吴方言词。

4. 吃酒

原来这倪二是个泼皮，专放重利债，在赌博场吃闲钱，专管打降吃酒。（《红楼梦》第二十四回）

沈文指出"吃酒"，喝酒。吴语方言，至今还用。吴语中凡是用嘴接受某种物质的，都可以称"吃"。有关"吃、喝（流体）"在《红楼梦》前80回与后40回使用频次上的差异，前人早有揭示。刘钧杰抽取前80回中的40回与后40回进行对比，发现在前部里"吃"是"喝"的5倍，在后部里，"喝"是"吃"的6倍。造成这一差异的原因何在？是时代使然，还是方言差异？刘钧杰以《清代地租剥削形态》

一书中所收1740—1760年间直隶、河南、山西、山东及奉天、盛京的案件题本21件作为《红楼梦》前80回的同时代文献，以1780—1796年的题本24件（华北四省）作为《红楼梦》后40回的同时期文献进行调查，发现前者口供中"吃"多"喝"少，后者口供中"喝"则用得多起来了。因此得出十八世纪中叶到末叶是"吃"与"喝"消长的时期，前、后部"吃、喝（流体）"使用频次的差异反映了异时差异，而不是个人风格的差异。晁继周对此提出质疑，认为高鹗与曹雪芹是属于同一时代的人。十几年的时间，一个生活中常用的词语会发生那样的"突变"，实在是不大可能的。曹雪芹习惯于用"吃"，高鹗习惯于用"喝"，这个分别主要反映了两位作者方言上的差异：高鹗说北方话，而曹雪芹则明显受吴语的影响。上述两种观点孰是孰非？这还需要我们对同时代的文献做更广泛、更细致的调查。

同样产生于18世纪的《红楼梦》《歧路灯》《儒林外史》分别具有北京官话、中原官话和下江官话的特点。对这几部著作进行比较，有助于我们了解当时北方官话的共性特征和内部差异。张生汉对《红》《歧》《儒》中饮用义动词的使用情况进行了全面系统的调查。部分调查结果转引如下：

表2　饮用义动词在《红楼梦》《歧路灯》《儒林外史》中的使用情况

作品＼搭配	酒		茶		水		汤		粥	
	吃	喝	吃	喝	吃	喝	吃	喝	吃	喝
红楼梦（前80回）	178	51	136	7	7	6	22	11	11	1
红楼梦（后40回）	17	73	8	19	0	9	2	20	5	5
歧路灯	180	19	101	10	67	6	1	2	0	0
儒林外史	75	2	52	1	4	0	7	0	6	0

张生汉分析指出："吃"与"喝"比值由大到小依次是《儒林外史》《歧路灯》《红楼梦》前80回，相应的，"喝"的适用范围自北向南依次减少。"吃"的势力自北向南渐次增强。这从一个侧面反映了十八世纪北方官话内部词汇方面存在的差异，也说明北方官话表示饮取义的"吃"被"喝"替代是由北向南逐步展开的。《红楼梦》后40回较早地反映了"吃""喝"此消彼长的变化过程。但从整体上看，"喝"作为一个表示饮用义的新兴词，在十八世纪北方官话里还远远没有占主导地位，当时使用频率最高的是"吃"；"喝"在北方话中完全取代"吃"是18世纪以后的事情。

张生汉的调查结果可与刘钧杰的调查相印证。因此，《红楼梦》前80回中"吃、喝（流体）"的使用情况反映的是当时北方官话的普遍情形，而不是受吴语的影响。

5. 客边

林黛玉听了，不觉气怔在门外，待要高声问他，逗起气来，自己又回思一番："虽说是舅母家如同自己家一样，到底是客边。如今父母双亡，无依无靠，现在他家依栖。如今认真淘气，也觉没趣。"（第二十六回）

沈文认为客边，即以客人的身份，暂时寄居在别人家，是个吴语方言词。但我们调查了同时期分别体现当时中原官话、江淮官话特点的文献《歧路灯》《儒林外史》，结果均找到了"客边"的用例。《歧路灯》凡见2例，1例用于叙述语，1例用于人物对话。如第七回："果然在悯忠寺后街上有一处宅院，第一好处两邻紧密，不怕偷儿生心，这便是客边栖身最为上吉要着。"又第一百零八回："薛公子答道：'客边难以载主而来，写的先榆次公牌位在书房院北轩上。一说就当全礼，不敢动尊。'"《儒林外史》凡见7例，6例用于人物对话，1例用于叙述语。清后期的京味小说《儿女英雄传》中亦见"客边"的用例。如《儿女英雄传》第十回："你二人都在客边，想来彼此都没个红定，只是这大礼不可不行，就对着这月色星光，你二人在门里对天一拜，完成大礼。"除此之外，"客边"在清代小说《醒世姻缘传》《花月痕》《二十年目睹之怪现状》《九尾龟》等中均有使用。考作者们的籍贯，南北都有。因此，我们认为"客边"在清代是个南北通行的通语词。

以下两个例子，沈先生举的是《红楼梦》后40回中的。首先，这本身让人质疑。一般认为《红楼梦》前80回有一定的吴语痕迹，而后40回基本不见吴语成分。这是因为后40回的作者高鹗，祖籍辽宁铁岭，二十岁进京，说北方话。下面具体分析。

6. 事件

贾政没有听完，复又顿足道："都是我们大爷忒糊涂，东府也忒不成事体。……"（《红楼梦》第一〇五回）

汪维辉在讨论《红楼梦》前80回和后40回的词汇差异时曾举"事体"一词，指出"事体"在前80回用作"事情"义，共3例，在后40回中出现6例，均为"不成事体""成何事体"，指"事理；道理"。沈文认为"事体"即事情义。吴语方言，至今还用。

按，此处"事体"既不是"事理；道理"义，也不是"事情"义，而应该是"体制；体统"义。然而，前80回中用作"事情"义的"事体"是吴方言词吗？这需要我们对同时代的文献进行全面调查。笔者调查了部分清代小说中表"事情"义之"事体"的使用情况，结果如下：

表3　表"事情"义的"事件"在部分清代小说中的使用情况

	醒世姻缘传	聊斋俚曲集	歧路灯	儒林外史	儿女英雄传
事体（频次）	59	6	69	5	3
方言背景	山东	山东	河南	江淮	北京

从横向来看，在与《红楼梦》前80回同时代的文献《歧路灯》《儒林外史》中，均有"事体"出现，它们分别具有中原官话、江淮官话的特点。因此，"事体"在当时不是吴方言词；从纵向来看，清初的《醒世姻缘传》及清后期的《儿女英雄传》也均有"事体"使用。"事体"在清代应是南北通行的通语词。据曹志耘主编的《汉语方言地图集》（词汇卷）"120事情"条，"事体"主要分布在吴语及徽语区，是一个方言词。"事体"何时从通语词降格为方言词？我们认为这在清末初露端倪。调查清末京味小说《春阿氏》，"事体"未见，而"事情"有112例。核查北京官话本《官话指南》与沪语版《土话指南》，前者作"事"，而后者作"事体"。

7. 该

便见门上进来回禀说："孙姑爷那边打发人来说……说大老爷该他一种银子，要在二老爷身上还的。"（《红楼梦》第一〇六回）

沈文认为该，本文的意思是欠，少。这一用法吴语保留至今。按，检曹志耘主编的《汉语方言地图集》（词汇卷）"150欠~他十块钱"条，"该"主要分布在北方方言区。吴语区说"欠"或"缺"。检《现代汉语方言大词典》分卷本，表"欠，少"义的"该"在东北官话（哈尔滨）、胶辽官话（牟平）、冀鲁官话（济南）、中原官话（洛阳、万荣、西安、西宁、徐州）、兰银官话（银川、乌鲁木齐）、西南官话（贵阳、武汉）、江淮官话（南京）、晋语（太原、忻州）等中广为分布。《现代汉语词典》（第6版）也收录了表"欠，少"义之"该"这一词条，且后面没有标〈方〉。这充分表明在现代汉语中，表"欠，少"义的"该"进入了通语词行列。

"该"用作"欠，少"义在《歧路灯》《儒林外史》中亦能见到。如《歧路灯》第四十回："你不过是忧虑日子不行。像我如今也竟每日愁的睡不着，该人家一千多两利息银子，孩子们年轻，晚黑都睡了，我鸡叫时还不曾眨眼儿。谁知道呢？"《儒林外史》第五十二回："我有个朋友陈正公，是这里人，他该我几两银子，我要向他取讨。"因此，认为表"欠、少"义的"该"是吴方言词这一观点是站不住脚的，应该是十八世纪的北方官话词。

诚如蒋绍愚所言："在考察近代汉语作品的方言成分时，一是要对现代方言多做一些周密的调查，一是要多找一些历史资料加以比较印证。"

参考文献

[1] 北京大学中国语言文学系语言学教研室.汉语方音字汇（第二版重排版）[M].北京：语文出版社，2003.

[2] 曹志耘.汉语方言地图集（词汇卷）[M].北京：商务印书馆，2008.

[3] 晁继周.曹雪芹与高鹗语言的比较[J].中国语文，1993（3）.

[4] 蒋绍愚.近代汉语研究概要（修订本）[M].北京：北京大学出版社，2017.

[5] 刘钧杰.《红楼梦》前八十回后四十回语言差异考察[J].语言研究，1986（1）.

[6] 汤传扬.宋元小说话本词汇研究[D].南京：南京师范大学硕士学位论文，2017.

[7] 曾良.明清通俗小说语汇研究[M].南昌：江西教育出版社，2009.

[8] 张生汉.对《歧路灯》《红楼梦》《儒林外史》饮用义动词的考察[J].平顶山学院学报，2013（1）.

[9] 汪维辉.《红楼梦》前80回和后40回的词汇差异[J].古汉语研究，2010（3）.

《安邱土语志》所录方言词构词理据研究

邓 筱

（暨南大学文学院 广东广州 510632）

【提 要】《安邱土语志》是民国时期胶辽官话安丘方言的记录，该书所录方言词的构词理据可以从内部与外部两大方面进行研究，这一研究可以为方言词理据研究增加许多实例，并有助于方言词的演变原因进行探讨。

【关键词】安邱土语志 方言词 构词理据

一、《安邱土语志》所录方言词构词理据的分类

《安邱土语志》，周干庭著，民国28年（1939年）于齐鲁大学国学研究所出版。全书以山东安丘[②]方言为研究对象，共收词434条，涵盖了地理、器物、人事等多个方面，较为完整地记录了民国时期安丘地区的方言词汇系统，是为数不多的记录胶辽官话的辞书之一，具有重要的方言学、辞书学、词汇学价值。

蒋绍愚先生曾强调推求语源的重要性，他指出要对某个词语了解得深一些，就要弄清楚其"得名之由"。[③]"得名之由"指的是事物命名的理由，即词的理据。汉语中的词来源广泛，其中许多词的构词理据已经淹没在汉字字形的外衣之下，再加上方言词语音形式多种多样，因而记录这些语音的汉字也就更加多种多样，如果仅仅是从字面上考虑词义和词源，往往会犯"望文生训"的毛病。[④]因此，对方言词的理据进行研究具有重要意义。

关于构词理据的分类，张志毅先生分为自然型、习惯型、自然兼习惯型。[⑤]严辰松、王艾录、司富珍等先生把理据分为内部理据与外部理据。内部理据也叫语文理据，包括形态、语音、语义等。[⑥]外部理据也叫文化理据，是从文化角度来探寻词的形式和意义之间关系的。许光烈先生则提出了摹声、语源、特征、替代、典故、简缩和禁忌型七种理据。[⑦]

结合前人研究及《安邱土语志》所录方言词的具体情况，其构词理据分类如下图所示。

---

① 基金项目：国家社科基金重大项目"汉语词源学理论建设与应用研究"（项目编号：17ZDA298）。
② 关于"安邱（安丘）"的地名，笔者查阅了《中国地名沿革对照表》《中国历史地名大词典》等资料，仅在《清稗类钞》《阅微草堂笔记》中发现数例"安邱"写法，其余写法均为"安丘"，故本文凡提及《安邱土语志》书名时，地名写法按照原文作"安邱"，其他场合则作"安丘"。
③ 蒋绍愚：《近代汉语研究概要》，北京：北京大学出版社，2005年。
④ 曾昭聪：《明清俗语辞书及其所录俗语词研究》，上海：上海辞书出版社，2015年，第420页。
⑤ 张志毅：《词的理据》，《语言教学与研究》，1990年，第3期，第122—123页。
⑥ 严辰松：《语言理据探究》，《解放军外国语学院学报》，2000年，第6期，第2页。
⑦ 许光烈：《汉语词的理据及其基本类型》，《内蒙古民族师院学报》，1994年，第1期，第72—75页。

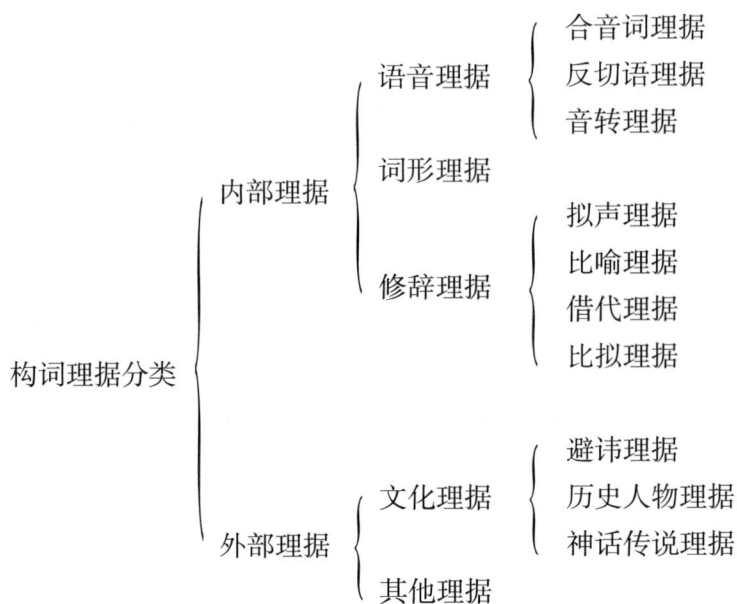

二、《安邱土语志》所录方言词的内部理据

（一）语音理据

其一，合音词理据。合音词，是指合二字之音为一字。《梦溪笔谈·艺文二》："古语已有二声合为一字者，如不可为叵，何不为盍，如是为尔，而已为耳，之乎为诸之类。"《安邱土语志》中有诸多合音语。如：

【泄线——旋】
某孩子好几岁还带旋葛拉（借音）。什么是旋，就是垂涎之涎。俗呼为泄线。旋即泄线之切音。大人恐小孩泄线湿衣，从颈上带一葛拉，谓之旋葛拉。(《丙、衣服名称类》)

按："旋葛拉"也写作"涎咯拉""涎嘎拉"，即围嘴。《农庄日用杂字》中也有此说法："花布涎嘎拉，袄是蚂蚱鞍。"

【欺压——恰】
某人被某人恰（借音）出去了。恰者，驱逐之意。恰即欺压之切音，文言之曰欺压，俗言之则曰恰。(《戊、普通用语类》)

其二，反切语理据。反切语即运用切音的原理，用反切上下字代替本字，由原来的一个音节裂变为两个音节。《安邱土语志》中记录了很多反切语。如：

【俭——夹孙】
你向后别那样夹孙。夹孙者，即俭之反音，而更甚于俭者。如富有数十万之家，圣诞时节，教会人向伊劝捐，伊仅捐一元。请其多捐，伊曰："去年我捐五毛，今年多加五毛，不算少了。"旁人笑着说："你向后别那样夹孙。"(《己、滑稽用语类》)

【饲——茹绥】
他饿了，你去茹绥茹绥（借音）他。儿童周年以后，不但食乳，亦须食米，当其母以物饲儿童时，邑人谓之茹绥，或谓之茹绥茹绥。单用双用皆可。查人以食饲动物为饲养，茹绥即饲养之饲之反音也。

(《戊、普通用语类》)

其三，音转理据。方言辗转流传靠的是口耳，语音上的转变极易产生，所以出现变音的情况更多。[①] 例如：

【顺——纯】

某人是个孝纯（借音）孩子。一家母子同居，年纪相差太远，当其母六十时，其子才十岁。母无力扫地，子代为持帚；母无力汲水，子代为引绳。每日晨昏，必在母前侍奉。邑人就称赞他说："某人真是孝纯孩子。"原字本是孝顺，言孝而顺从母命也。因顺与纯为叠韵，故孝顺转为孝纯。(《戊、普通用语类》)

【料——流】

这肉做得很烂就是少着材流（借音）。一日财主请客，满盘肉食，客人说："这肉做得很烂，就是少点材流。"什么是材流，就是油盐酱醋等。言肉虽烂，而滋味尚缺乏也。原语本是材料，因料与流为双声，故料转为流。亦有留转为料的。(《戊、普通用语类》)

（二）词形理据

其一，缩略词。缩略词是指将较长的词形压缩为较短的词形，且意义保持不变。这种构词形式符合语言的经济性原则。例如：

【老家——老家雀；小家——小家雀】

那个是老家，这个是小家。老家是什么，即家雀之老的。小家是什么，即家雀之小的。这种省语，在土语中非常的多，如明明为商务印书馆，省一印字，曰商务书馆。明明为燕京大学，省去京学字，曰燕大，都是的。(《乙、器物名称类》)

按："家雀"即麻雀，"小家"即小麻雀，"老家"即老麻雀。

【摄——那人】

摄才梨（借音）哩我真想不到。此为本邑人责人之语。摄为那之转音，梨为劣之转音，那为那人之省语。如见一青年，才十二三岁，忽然吃酒，吸烟，赌博，无所不为，年长人在旁责之曰："摄才梨哩。"换言之，即那人才劣哩，我真想不到。(《戊、普通用语类》)

（三）修辞理据

其一，拟声理据。拟声理据是指事物发出的声音即事物命名的理由。例如：

【铺差】

刘生在崖上走，铺差（借音）掉下去了。去年春间，有刘生从高五尺之崖上走，一不小心，铺差，掉下去了。铺差有三种意义，一言其掉下的甚快，二言掉下的危险，三言出乎本人意料之外。(《戊、普通用语类》)

按："铺差"摹拟的是物体掉落的声音，其文字形式多样，有"铺嚓""铺查""铺察""扑嚓""扑察""扑插""扑擦"等。

[①] 王光汉：《词典与规范》，上海：上海辞书出版社，2013年，第115页。

【出律出律】

这蛇走起来是出律出律的。日前独行野外，路遇一蛇，方思用石击之，不料它出律出律的走了。出律两字，有滑意，有急意，有弯曲意，用出律出律可，用出出律律亦可。(《戊、普通用语类》)

按：《大词典》释"出出律律"为"象声词"。"出律出律"或"出出律律"等ABAB式、AABB式拟声词可摹拟快速的摩擦声，并形成了连续错杂的听觉效果。

其二，比喻理据。语言中的不少词语，都是直接反映所指的客观对象的……语言中还有一些词语，不是直接反映所指的客观对象，而是借彼喻此，以他物状此物，用比喻的方式曲折地反映所指的客观对象。① 比喻理据注重的是事物与其所反映的客观对象的相似性。例如：

【镰棒腿】

某人是镰棒腿。镰棒腿者，腿之向外弯者也。乡间割草用镰，其柄微弯，持者益觉得力。若腿弯如镰棒，脚尖必内向，状态极丑，行走亦复不利。(《丁、人事名称类》)

按："镰棒腿"即罗圈腿，其下肢向外弯曲，形状似镰棒，因此被称为"镰棒腿"。

【阁腰子】

王阁腰（借音）子仅能割草喂羊。阁腰者，谓其腰甚弯，不能直立也。不但老年，少年亦或有之。尝见王阁腰子问之，答曰："十岁时从树跌下，遂成阁腰，年未三十，仅能割草而已。"《陈书》："文帝第五子，新安王伯固，生而龟胸。"言胸突起如龟也。今所谓阁腰，即龟腰。谓背凸起如龟，与龟胸同病。因龟与阁为双声。故龟腰子转而为阁腰子。(《丁、人事名称类》)

按："阁腰"即"龟腰"，因中部隆起，形似龟背，因此而得名。

其三，借代理据。借代理据指抓住事物的部分特征，并用这个特征来代表该事物。借代理据注重的是事物与其所反映的客观对象的相关性。例如：

【线流子】

我愿买线，可恨线流（借音）子不来。线流子，亦与货郎同业，但是只卖棉线和丝线，其他不卖。流者，缕字之转音。因线皆成缕，就叫线缕。加一子字，即是买线的人。缕与流为双声，所以线缕子，一转为线流子。(《丁、人事名称类》)

按：这里用所卖物品，即"线缕"，来代指卖线的人。

【纸姑娘】

某家甚迷信每年请纸姑娘一次。纸姑娘，巫婆之属。但巫婆是女的，此所谓姑娘，却不是女的，是男的。纸者，专司烧纸也。乡间迷信人家，于十月一日，或十五日，请纸姑娘来，至夜深时，开坛设祭，一面口唱，一面击鼓，而以烧纸为主要目的。意欲藉此更深人静机会，默请先人灵魂来家，亦可除家人罪恶，亦可赐家人福气。如何请法，均由纸姑娘操纵之，余少时曾见几次，现今早已消灭。(《丁、人事名称类》)

按：《说文》"巫，祝也。女能事无形，以舞降神者"。"巫婆"指以装神弄鬼替人祈福禳灾、占卜等为职业的女人，也被称为"巫姁""巫媪"。古人相信，能通过巫与鬼神沟通，从而为人祈福消灾、占卜预言，"姑娘"即是巫婆之属。由于烧纸是其主要途径，所以被称为"纸姑娘"。

【家里/外头】

俺家里没上学却能见《圣经》。家里二字，范围似乎很宽，实则不然，乃男子对邻里称其妇人也。《僖公二十四年传》："以叔隗为内子，而己下之。"杜注："卿之嫡妻为内子。"至唐代白香山代内子以

---

① 周荐：《词汇学词典学研究》，上海：商务印书馆，2004年，第125页。

诗贺兄嫂，则内子专为对其妻之称。而乡民则不称其妻为内子，为内人，而曰俺家里。(《丁、人事名称类》)

俺外头终年在外杖着孩子作活。家里前已说明，与家里相对的，就是外头。男子作事，在外时多，故妇人对人称其丈夫，曰外头。(《丁、人事名称类》)

按："家里""外头"分别代指妻子和丈夫。《孟子·梁惠王下》："当是时也，内无怨女，外无旷夫。"孙奭疏："内无怨女，外无旷夫，皆男女嫁娶过时者，谓之怨女旷夫也。女生向内故云内，男生向外故云外。"后来引申出用"内""外"指代"妻子""丈夫"的说法，男子称妻子为"内人""家内""家里"，女子称丈夫为"外头""外头人"，《莱阳县志》记载："妻于夫党，率与夫同，对人则夫称外头。"

其四，比拟理据。比拟理据是指把一个事物当作另一个事物来描述，将人比作物或者将物比作人。例如：

【胡砰笼子】

某人作事净胡砰笼子。此盖以形容小鸟之语，形容人也。如鸟置笼中，不得自由，飞去不可，往往在笼中乱砰。人之作事，无一定目的，无一定方法，无一定秩序，邑人则说："某人作事，净胡砰笼子。"言其纷乱如鸟，费力不少，终不能成功。(《庚、教训用语类》)

按："胡砰笼子"是笼中之鸟才有的动作，这里把人比作鸟。

三、《安邱土语志》所录方言词的外部理据

（一）文化理据

文化理据主要指文化背景对词义的生成和发展所起的作用。对于任何一种源远流长的语言来说，有些词义从词理上无法解释，即它不遵循词义的逻辑规律，而只能从文化背景上去寻找其生成和发展的因由。[①]我们把文化理据分成三种情况，分别为：避讳理据、历史人物理据、神话传说理据。

其一，避讳理据。

人们日常对话时，对于一些不雅的或不愿听到的词语，会有意进行回避，或者会借用其他字词来进行改换。例如：

【扁嘴/扁扁嘴】

我家养一只扁嘴或扁扁嘴。扁嘴何物，即鹅鸭之鸭。邑人每加以子字，谓之鸭子。乡间妇女，嫌其名不好听，遂讳而不言，见鸭子嘴形甚扁，因以嘴形为名。最可笑的，鹅嘴亦扁，何为但以扁嘴名鸭，而不以扁嘴名鹅呢。(《乙、器物名称类》)

按：冀鲁官话、胶辽官话忌讳"鸭"字，因为多用"鸭儿""鸭子""鸭黄儿"等指代男性生殖器，犹言"乌龟""王八"等詈语。

【描枝子】

我写字给我描枝（借音）子。何谓描枝子，即笔也。乡间女子，为笔不好听，易其名曰描枝子。如嫌鸭子不好听，易其名曰扁嘴也。查笔之别名，为毛锥子，《五代史》："史弘肇有大志，尝语人曰，安国家，定祸乱，须长枪大剑，若毛锥子，安足用哉。"因毛与描为叠韵，锥与枝为双声，故由毛锥子转

[①] 王光汉：《词典与规范》，上海：上海辞书出版社，2013年，第200页。

为描枝子。(《乙、器物名称类》)

按：毛笔被称为"毛锥子"，是因为忌讳"笔"音。按照山东方言古代清声母入声字的演变规律，"笔"字今天应读bī音，但这个读音必然会与表示女性生殖器官的一个字眼同音，显然不符合人们的避讳心理。① 因毛笔形如锥，束毛而成，故又名"毛锥""毛锥子"，转为"描枝子"。

其二，历史人物理据。例如：

【太师架子】

看某人那种太师架子。与人交际，以谦恭为尚，有一种人，在屋坐着，无论何人去见，从不起座。遇着很熟的人，人不先和他说话，他从来不和人说话。邑人就呼为太师架子。太师与太傅太保并列，为三公之一。此种土语，为骄傲之代名词也。(《戊、普通用语类》)

按：以"太师"为构词语素的词有"太师椅""太师窗""太师橱""太师青""太师轿子"等。相传"太师椅"因宋太师秦桧而得名，"太师青""太师轿子"则与蔡京有关。因太师位高权重，又有秦桧、蔡京之前例，便给人一种目中无人、装腔作势的感觉，所以，安丘土语谓"太师架子"为骄矜之代名词。

【秦/曹】

某人真秦或说某人真曹。秦即秦桧，曹即曹操。本邑人以秦桧曹操为昔日最恶之人，故骂人时，常说"某人真秦"或说"某人真曹"。秦与曹是骂人语，但用法不同。见人蹙额皱眉，面无笑容的，才说他是真秦。见人心眼很多，而且不正经的，才说他是真曹。(《己、滑稽用语类》)

按："秦"或"曹"是对人物专名的泛化，即借用典型的历史人物来比喻有某种品质的人。历来人们视曹操和秦桧为乱臣贼子，曹操"托名汉相，实为汉贼"。秦桧更是成为奸佞的代名词。《安邱土语志》中有此词，表现了民间明显的贬曹贬秦倾向。

其三，神话传说理据。例如：

【八仙椅子】

客厅里四把八仙椅子。八仙，椅子名。此种椅子，多紫檀制，成半圆形，大而且古，仿佛八洞神仙所坐的，故名八仙椅子。农村不能有此物，都会官宦家，往往有之。(《乙、器物名称类》)

按："八仙"是指民间传说中道教的八个仙人，八仙故事已见于唐、宋、元人记载，元杂剧中亦有他们的形象。民间亦有"八仙过海，各显神通"的谚语。因此，"八仙椅子"以传说中的八仙来命名。

【罗汉床】

花百元买一张罗汉床。此物亦为都会官宦家所有，农村的人，有终身不见的。全体以楠木制，面系细藤，腿粗而矮，像罗汉披襟大腹箕踞之状。故名罗汉床，适和以上八仙椅子相配也。(《乙、器物名称类》)

按："罗汉"是佛教用语。"罗汉床"是一种睡榻，只容一人，故又名"独睡"，其形与弥勒榻相似。常被用作坐具，用以待客。

(二) 其他理据

每个客观事物都具有多方面的特征或标志，如一定的形状、颜色、声音、气味等，人们在给它命名的时候只能选择其中的某一个特征或标志作为依据，而这种选择在一定程度上是任意的。② 我们主要从特

---

① 罗福腾：《山东方言与山东民俗探微》，《民俗研究》，1988年，第2期，第38页。
② 张永言：《关于词的"内部形式"》，《语言研究》，1981年，创刊号。

征、功用、形象、制作方法、症状这几个方面来讨论。

其一，特征理据。特征理据即根据事物的特征来命名的，《安邱土语志》中关于特征理据的例子如：

【浅子】

盛物宜用浅子。浅子所以盛物，所食之饼及煎饼，均可置于其内，此物多以蜡木条及柳木条制成，直径约尺五，圆周约五尺余。高不过二寸，其形圆而浅，故叫它浅子。(《乙、器物名称类》)

按：浅子是一种盛东西的用具。一般用柳条、竹篾编制而成，圆形，周缘低矮。因为其具有周缘低矮、距底部深度浅的特征，所以叫作浅子。

【舂台】

你的舂台是多少钱买的。舂台，即正方的大桌。台者，言其高。舂者，训为蠢，即蠢笨之蠢。舂台，多在屋之正面，桌面是厚的，腿是粗而又高的，颇带蠢笨的样子。叫它舂台，或即此意。(《乙、器物名称类》)

按：舂台指饭桌，大方桌。舂训为蠢，有蠢笨、沉重之义。另外，还有很多其他带"舂"的家具，如舂柜、舂凳等，它们都是笨重的家具。

其二，功用理据。功用理据即以事物的功用为依据来命名的，例如：

【脑包】

冬天常戴脑包。脑包者，帽名。用以包括头脑，故呼为脑包。制法，均用红布，内衬以棉，将头部全包，两带系于领下，只露双眼一鼻一口。八九岁小女多用之。今日农村中，尚有戴的。(《丙、衣服名称类》)

按："脑包"的功用即把头全包起来，因此，得名"脑包"。

【兜肚子】

前几年我带过兜肚子。兜兜式样用法，已详于前。肚及腹也，兜肚之用，侣与兜兜相同。查兜肚一物，用坚硬之布制成，形长而窄，横贯以腰带，蔽腹前，分为两层，一可盛钱，一可护肚，以兜兜用处较广，较为适用，此以名词之兜，作动词用的。(《丙、衣服名称类》)

按："兜"有"蒙；盖"义。"兜肚"即挂束在胸腹间以遮护胸腹的贴身小衣，有的有袋，用以贮物。

其三，形象理据。形象理据即以事物的形象为依据来命名的，例如：

【姑炸汤】

今晚上我家做的姑炸(借音)汤。此汤之制法，以碗盛白麵，注以水，用箸挍之，使成碎块，大如指顶。下于锅之沸水中，等几分，水再沸起，麵块亦熟，是为姑炸汤。(《乙、器物名称类》)

按："姑炸"即"糨粰""糨"即面疙瘩，"疙瘩"音转为"糨粰""姑炸"。例如：《日用俗字·饮食章第四》："麵烙饽饎振作块，碗盛糨粰尽复添。""姑炸汤"即疙瘩汤，《济南方言词典》释"疙瘩汤"为："面粉调成糊状，倒进烧开的汤里使成疙瘩状的食品。"也作"疙疸汤"，指的是带汤水的面疙瘩。"疙瘩"可指球形或块状物，"疙瘩汤"即因其形状而得名。

【二把手】

你的二把手借给我用用。二把手，小车名。前头有二把，后头有二把。一人挽，一人推。最前用两长绳，套一牲口。借以运物，或载人，一日可行七八十里。他县亦有此车，但用二人，不用牲口，行路较迟。(《乙、器物名称类》)

按：《汉语大词典》释"二把手"为"独轮车"，《宋元明清百部小说语词大辞典》释"二把手车子"为"双手推的独轮小车"。

其四，制作方法理据。特征理据即根据事物的制作方法来命名，例如：

【帕谷】

乡间农民冬天吃帕谷（借音）。帕谷之好者，纯用米麺作。次者，用米麺和细糠而作。作时用双手拍之，拍成厚不过五分之椭圆形物，贴于锅旁，锅底加以水以防其太干。因作时用手拍的，应名为拍谷。拍与帕为双声字，故拍谷转而为帕谷。（《乙、器物名称类》）

按："帕谷"即"拍谷"，是用手拍制而成，"帕谷"因其制作方法得名。

其五，症状理据。症状理据即根据症状来命名，例如：

【皮汗】

我今秋里发起皮汗来。皮汗，即疟疾。亦谓为发疟子。医生言，秋时蚊虫咬人，有一种菌，侵入皮肤内，即患此病。此病一冷一热，按时而发。至热极生汗，病即稍愈。因其非汗不可，故邑人呼为皮汗。治之法，西药即金鸡那霜，中药即家常日用之胡椒面也。（《丁、人事名称类》）

按：疟疾，以疟蚊为媒介，由疟原虫引起的周期性发作的急性传染病。在山东方言中也称作"皮汗"或"皮寒"，"汗"和"寒"都是其症状，因此得名。

四、《安邱土语志》所录方言词理据分析的学术价值

《安邱土语志》是对民国时期胶辽官话安丘方言的记录，上文中笔者从内部理据、外部理据两大方面对其进行举例讨论。笔者认为，对《安邱土语志》所录方言词的构词理据进行研究具有以下两个方面的学术价值。

（一）可以为方言词理据研究增加许多生动的实例

构词理据探求的是词的形式和意义之间的关系，笔者以《安邱土语志》所收录的方言词为基础，把其方言词构词理据分为两个部分，内部理据和外部理据。其中，内部理据主要是语音、词形和修辞方面的理据；外部理据包括文化理据和其他理据，其他理据中又有特征理据、功用理据、形象理据、制作方法理据、症状理据等，并举例说明。这些例子不仅反映了安丘方言词构词理据的多样性，还反映了该方言词汇来源的复杂性。学界关于方言词理研究已有不少成果，但安丘方言尚无人涉及，相关研究可以为方言词理据研究增加许多生动的实例。

（二）有助于对方言词的演变原因进行探讨

词汇史研究的主要目的是"弄清汉语词汇在不同历史时期的基本面貌和特征，了解其在不同历史时期的发展变化，探索这些变化的原因，揭示汉语词汇发展变化的规律"[①]。方言俗语传播快、口语性强，因此，其形成或者构造方式更容易受到各种因素的影响，也更加容易发生变化。通过对《安邱土语志》所录方言词的构词理据进行研究，笔者认为方言词演变的原因大致可以从两个方面考虑：

其一，语言内部因素。从音转方面看，语音系统的音转变化造成大量方言词的产生；合音词、切语词的出现使得词语带有强烈的方言色彩；缩略手段的运用改变了词形，使之成为方言中的特殊词汇；还有一些方言词是通过比喻、借代等修辞手段，对旧词进行改造，增加了新的色彩义。

---

① 张青松：《试论训诂材料在汉语史研究中的价值》，《惠州学院学报》，2007年，第1期。

其二，语言外部因素。有些方言词的产生与历史事件、神话传说有密切关系；受到风俗、忌讳等因素影响，也会使得方言词发生变化。

参考文献

[1] 蒋绍愚.近代汉语研究概要[M].北京：北京大学出版社，2005.

[2] 曾昭聪.明清俗语辞书及其所录俗语词研究[M].上海：上海辞书出版社，2015.

[3] 张志毅.词的理据[J].语言教学与研究，1990(3).

[4] 严辰松.语言理据探究[J].解放军外国语学院学报，2000(6).

[5] 许光烈.汉语词的理据及其基本类型[J].内蒙古民族师院学报，1994(1).

[6] 王光汉.词典与规范[M].上海：上海辞书出版社，2013.

[7] 周荐.词汇学词典学研究[M].上海：商务印书馆，2004.

[8] 王光汉.词典与规范[M].上海：上海辞书出版社，2013.

[9] 罗福腾.山东方言与山东民俗探微[J].民俗研究，1988(2).

[10] 张永言.关于词的"内部形式"[J].语言研究，1981(创刊号).

[11] 张青松.试论训诂材料在汉语史研究中的价值[J].惠州学院学报，2007(1).

> 语言应用研究

娱乐辩论语体风格解析
——以《奇葩说》为研究蓝本

刘丽宁

（暨南大学华文学院　广东广州　510507）

【提　要】传统辩论日渐式微，娱乐辩论以更贴近生活的形式将辩论重新带入大众视线。文章以《奇葩说》为研究蓝本，对娱乐辩论风格的具体表现做了细致分析，特别对娱乐辩论的常用修辞格做了七种类型的分类和举例说明，并分析了娱乐辩论的语体属性。

【关键词】娱乐辩论　语体风格　修辞格　语体属性

一、引言

辩论是人类社会古已有之的表达方式，发展到现代，呈现出不同的风采。1988年夏，中央电视台播出了亚洲大专中文辩论赛，电视辩论赛进入中国大陆，节目一经播出就受到了广泛关注和喜爱。辩论赛使人们体会到了逻辑推理的严密、观点的激烈碰撞和唇枪舌战的语言魅力。自此辩论赛进入茁壮成长的黄金时期。但进入21世纪，电视辩论赛的收视率与传播度日渐下滑。虽然辩论界一直在修改赛制，希望将电视辩论做到全民化，但电视辩论赛的确是日渐式微，慢慢淡出了普通中国人的视线。

2014年一档网络视频平台推出的辩论节目《奇葩说》横空出世，引起了极大的关注和反响，至今已经播出了四季，豆瓣评分都比较高，第一季9.1，第二季8.7，第三季8.6，第四季7.8。在辩论类节目日渐式微，逐步小众化的形势下，《奇葩说》凭借新颖的节目设置、贴合公众生活的话题、形象生动的个性语言、对年轻人思想的传递、与观众的互动……打破了人们对辩论赛的固有印象，引起了年轻人的共情，重新获得了大众的喜爱，也引发了后续一系列同类辩论节目的出现。目前针对《奇葩说》的学术研究大多集中在传播、运营、网络文化、节目制作上，而它成功的决定因素——辩论语言，却少有系统、细致地研究。我们认为以《奇葩说》为代表的这类辩论节目代表了一种新的辩论风格，不同于传统辩论，兼具娱乐和辩论的特点，很值得研究，我们称之为"娱乐辩论风"。

本文将从语音、词汇、句式、修辞、体态语等角度对娱乐辩论的语体风格进行举例和分析，重点考察它的修辞使用手法。因为《奇葩说》是目前娱乐辩论节目中最为成功的，我们以此为研究蓝本。

二、语音

语言主要是用来说的。无论在口头交际还是在书面表达中，为了使语言悦耳、顺口，都要重视语音的作用。《奇葩说》的选手善用押韵，使语言悦耳动听，富有节奏感，易于记诵。这种押韵不止体现在使用文雅词语上，还体现在口语词汇的选用上，话说得顺溜，神气活现，让人会心一笑。

只要颜值长得够，其他的可以慢慢凑。（"够"和"凑"押韵）

吃喝只是一时，自由才是一世。（"时"和"世"押韵）

买包买表一时爽，回家天天要保养。（"爽"和"养"押韵）

我们团队够强大，不用你特别会说话。（"大"和"话"押韵）

叫你多看书，你却怕打麻将会输。（"书"和"输"押韵）

别光忙着笑，赶快给我跳票。（"笑"和"票"押韵）

如果爱请深爱，如果不爱say byebye。（"爱"和"bye"押韵）

别人离开我，天经地义，别人留在我身边，我感天谢地。（"义"和"地"押韵）

你和那些远在天边的人交朋友，你以为人家是你的一生挚友，其实你不过就是陪了个酒。（"友"和"酒"押韵）

语言主要是用来交流思想和感情的，语言表达自然会带有语气，传达出情绪和感情来。《奇葩说》的辩论语言不同于传统辩论的重要特点之一就是做到了带感情、生活化。辩论如同聊天，是内心真实情感的表达，语气丰富自然，带有情绪，很有感染力。除了在辩论中使用了大量口语句式，还运用了很多语气词，有单用的、有放于句后的，比如：啊、呢、嘞、哦、嘛、哑等，还有很多摹声词，用以描述场景或表达感慨、生气、高兴、撒娇、戏谑、可爱、夸张等各种情绪。例如：

我才不要听**嘞**。

所以说**啊**，这个婚礼份子钱，非常有必要。

开个脑洞**嘛**，我也来。

吧唧，停电了！

哎哟，这个真的是，叭叭给人上课呢！

三、词汇

《奇葩说》和传统辩论赛的不同，表现在词汇上就是使用了大量口语词、网络新词、自创词、粗话（有的会"哔"掉处理），使得语言大胆个性、新颖有趣，让人感受到强烈的情感表达。这种肆意自由的语言表达是传统电视节目中很难看到的，同年轻人形成了强烈的情感共鸣。例如：

真是**气死我了**！（口语词）

我可以**唱衰**科技。（新词）

累觉不爱。我对爱情失望，我不想再爱了。（新词）

暖男就是男人中的**绿茶婊**。（新词）

说这种话，非常非常地**渣**。（新词）

有时候我们把离婚这件事想得太**污名化**了。（新词）

你这么不懂女人的心，你怎么**脱单**啊？！（新词）

很多**淘宝剁手党**喜欢做的。（新词）

在光明的背后有一个阴暗角落是你覆盖不到的，叫**单身狗**。单身狗中有一种极品犬，叫**注孤生**。（新词，自创词）

老子就要**刷存在感**。（粗话，新词）

最后就我这个**傻B**中招了。（粗话）

那个人特别的奇怪，到现在我也骂他一句**孙子**，因为他就是不见我。（粗话）

四、句式

《奇葩说》中的句式运用很灵活。复句和单句、长句和短句混合使用；陈述句、疑问句、祈使句、感叹句交错使用，目的之一就是为了时常维持观众的兴奋度，不使观众对单一的陈述形式厌烦失去听的兴趣。

所以，如果你把我身上一切不必要的东西摘掉，请问一下，我是谁？不是谁，我跟动物一样没有区别，因为我只靠必要活着，所以，做人不应该像路边的树一样，它虽然做得很合格，可是它修剪成一样，做人应该要活成自己的特色，这才叫不一样的烟火！（短句+长句，单句+复句，设问+陈述+感叹）

其实爱的定义有很多种，他认为他刚才要的那些东西，是AI没法给的，但是可能有一些人要的东西，就是安稳、安全感、陪伴，这些就是AI能够给的。如果这些就是AI能够给的时候，是不是说，这个时候，他要求的这个AI，就是他的爱情呢？也可能是。所以这里的分歧，只是在于大家对于爱情的定义不一样而已，但是这道题目算不算爱，我觉得最纠结的，不是爱情的定义，毕竟，这东西，说三天三夜也说不完。（设问+陈述）

辩手对语句的编排都有设计，语句错综参差，时时给观众以新鲜感。比如说对于"排比"句式的运用：为了避免拖沓，辩论中有很多"两排"排比，而且排比的句式也不是严格规整对齐，有一些变化。比如：

但爱情退去之后，你剩下的会是什么？你剩下的会是依恋，你剩下的会是记忆，你会是过往，你会是生活的一种习惯。（排比）

五、修辞

《奇葩说》取得很大的成功，还有赖于节目中"金句"频出，产生了很多让人过耳不忘、印象深刻的语句。为什么让人印象深刻？就是说话人无意或有意地运用了很多语言策略、修辞手法，使道理浅显易懂又发人深省。这些语句或使人眼前一亮，或使人瞠目结舌，或使人深思良久，或使人捧腹大笑。修辞手法的综合使用，使得辩论阐述清晰、反驳有力、幽默风趣、警醒感人。这种鲜活的、新颖的、高超的语言运用让人不禁感叹语言的魅力原来如此之强。可见，高明的修辞手法不见得只见于文学作品之中，口语中也是精彩纷呈，而且更加鲜活生动，令人回味无穷。我们根据修辞手法的表达效果，从语音、语义、语形三方面将现有的辞格归纳为七种类型：

①语音和谐、②含蓄蕴藉、③强调突出、④具体生动、⑤幽默诙谐、⑥精炼有力、⑦变化有趣。

我们用这个标准把收集到的《奇葩说》中比较突出的修辞手法进行分类，并分别举例分析，从中更能看出娱乐辩论的风格特点。

（一）语音和谐

对偶。"根据心理学的实验研究证明，对称平衡的事物往往能够引起人生理上的一种左右平衡律动的快感，所以就有美感产生。"《奇葩说》使用了很多对偶手法，使得内容凝练集中，概括力增强，还使得形式对称均衡，还增加了节律感，更易让人接受。

利刀伤人痕易合，恶语伤人恨难消。

省钱省出好青年，抠门抠成大豪门。

手段不够硬，身段就要软。

长点心，要点脸。

（二）含蓄蕴藉

这类修辞手法在娱乐辩论节目中较少，因为这类节目节奏快、个性强，而且要求论辩坚定有力，含蓄委婉的表达策略不太适合这种节目风格。

（三）强调突出

1. 夸张

为了加强语意，使人印象深刻，说话掷地有声，《奇葩说》辩手常动用夸张的手法。

我宁愿相信世上有鬼，也不相信男人的嘴！

鬼知道今生挚爱是什么！我有可能遇到鬼我都遇不到今生挚爱。

我宁愿让父母蒙在所谓幸福的鼓里，也不愿让他们站在原野上为了我与万千猛兽为敌。

所以刚才马薇薇说的那一大堆，基本上都是废话，跑题都从大兴跑到高碑店了。

我眼泪掉了多少个浴缸啊！

养孩子的难度远远大于修核电站。

一秒钟把我拉回现实。

你这么高贵，咋不上天啊！

2. 反复

"反复"修辞格把意思相同的词语或句子多次重复使用，以达到强调、突出的表达效果。

为什么我们要压抑自己的天性，看呀！为什么我们要压抑自己的本能，看呀！

凭什么你觉得我们查手机，就是等着看我老公什么时候出轨？我老公什么时候出轨？我老公什么时候出轨？还没出轨，我不满意！你以为我们傻啊？我们有智商的好不好！

3. 穷举

是由超量的词、短语或者句子作繁复的、貌似凌乱的例举，以传达丰富的信息，并在描写与叙述中起铺陈作用的一种修辞方式。

我们不知道她为什么会死？也许是情感，也许是金钱，也许是她嫁错了人，也许是她选择了一个拼男人而不再去拼事业，我们都不知道。

我们有些东西，不要说，任何人……兄弟不行，父母不行，女朋友不行，我要在你心里有一个底线。

我们是人，不是对联、不是门神、不是俩石狮子。门当户对多敷衍，高山流水是真情。

所以我们会特别关注那个价格，我们会特别关注什么**打折啊，促销啊，什么年终特惠呀，什么老板心情不好，老板跳楼了，老板走路了**，各种各样的那种促销的信息。

4. 同异

字面同中有异，异中有同，同异相映比较的修辞手法，叫做同异。由于有同有异，同异相照，因此能吸引眼球、发人思考。

爱不等于陪伴，陪伴不等于爱，但有句话说，陪伴是最长情的告白。

得不到的永远在骚动，得不到的永远骚不动。

遥远的相似令人感动，是因为相似战胜了遥远

我不想用错误的道路去验证道路的错误。

比孤独终老更可怕的，是和使你感到孤独的人一起终老。

5. 对比

对比是把两种或两种以上事物或同一事物的不同方面放在一起进行比较，使得事物之间的不同更加鲜明、突出。因为《奇葩说》有正反双方观点的对立，对比论述的方法自然很多。

我发现这个世界上，有的人他长得不好看，但是他很成功。有的人他长得挺好看，但是他混得很惨。

对你们来说，你们很social，你们很容易找到真朋友，你们很容易找到和你们有真感情、和你们交流的人。但是有一种人，像我们这种，比较内向的人，对我们来说，我们的墙竖得很高。我们不知道，我们很害怕和别人交流，怕人家生气，怕人家会离开。

人家谈恋爱怕劈腿，你谈恋爱怕停电。人家的结婚誓词是，无论生老病死，贫穷富贵，我永远跟你在一起。你俩的誓词是，无论你来自哪个厂，无论你的保质期有多久，我对你的爱永不生锈。

开放的人去找开放的人，保守的人去找保守的人。尘归尘，土归土，吃素的人去吃素，吃荤的人去吃荤，让所有思想淫荡身体解放的人搞到一起去，让大灰狼去搞大灰狼，让小白兔去搞小白兔。

你妈喂你吃饭，那叫爱；你妈喂你吃屎，那叫变态！你妈逼你跟人结婚，那叫爱；你妈逼你跟狗结婚，那叫变态！

6. 排比

陈望道在《修辞学发凡》中认为："同范围同性质的事象用了结构相似的句法逐一表出的，就是排比。""排比格中也有两句互相排比的。"现在修辞书上一般认为要三个以上才算排比。但是在口语中，三个以上的排比过于正式、拖沓，用得较少。《奇葩说》因为时间的限制和辩论的激烈所致，表达效果要求简洁、精彩、不拖拉，两个的排比也很多。在特别强调语义或需要强力调动情绪的情况下，也动用三排以上的排比。

没有一种价值观能绑架你的自由，没有一种主义能高过你的生活。（两排）

这种省钱的方式，让你省出了胆量，让你省出了魄力！你不光是敢花钱，你还会花钱。（两排）

我愿意有这样的一个人，让我爱上他，让我不再计较得失，让我不再心猿意马，让我不再随波逐流。因为我知道当我爱上他的那一刻我就已经遇见了最好的自己。（三排）

我爱名所以我愿意为名而改变，我爱利所以我愿意为利而改变，我爱你所以我愿意为你改变。（三排）

我们为什么不能在他还有味觉的时候，在他还能够行走的时候，陪他尝一尝这个世界上还不错的那些东西，陪他回去那个他半辈子没有回去过的故乡，陪他去看一看这个他一辈子可能都没有见识过的世界呢？（三排）

如果你对吃的有兴趣，你必须要对吃舍得花钱，不要只追求吃得饱，唯有如此你才能成为一个美食

家；如果你对穿的有兴趣，你自然要舍得花钱，不要买五分的店铺，买买美特斯邦威；如果今天你对车有兴趣，不要每天省钱打的士，买买狂拽炫富标致车，搞不好你就是下一个赛车明星。（三排）

说好的牺牲呢？说好的奉献呢？说好的无怨无悔呢？说好的罗密欧与朱丽叶呢？（四排）

两个人在一起，你会有一百次，剑拔弩张的时候；你会有一百次觉得对方是陌生人的时候；你会有一百次觉得，我当时怎么会跟你这种人在一起的时候；你会有一百次说我恨你，我恨你恨到死的时候；但这都不是事，都比不上有一瞬间，我想要拥抱你的时候！（四排）

7. 层递

是把两个以上的事物按照它们的高低、远近、大小、多少、轻重等不同程序逐层排列的修辞手法。层递可以使思想逐步加深、感情逐步强化，增强说服力和感染力，是辩论中的常用手法。

如果美貌是祸，天生美女是天灾，人造美女是人祸，选美就是天灾人祸现场。

我告诉自己：我有梦想，我要坚持、我要坚强、我要红，我要成为SUPER STAR！

我不想听你一直告诉我，你有多舍不得我，我想听的是你会多么怀念我；我想听的不是你不断告诉我我还有什么事情还没做，我想跟你聊的是，你可不可以告诉我，我这辈子已经完成了什么，我想听这个；不要告诉我没有我你们都不行，告诉我就算我走了你们依然会好好过。

8. 设问

设问自问自答，能引起听者的注意和思考。

为什么没人愿意跟大熊做朋友？因为告老师是一种龌龊的行为，会让这个孩子成为班上的公敌。

他为什么不写那些生活的细节只写幸福本身？因为生活、幸福很多时候是充满一些小磨难的，你得忽视它。

9. 反问

用疑问的语气表示确定的意思，能加强语气。

你不爱我了，为什么还要和我在一起？

把钱债换成人情债，那样我们不是更有的赚吗？

我花了这笔钱，我还胖着出来，我还是人嘛？！

人的一辈子最重要的事情难道就真的只有摆脱痛苦吗？把握一段感情不也是人生中值得珍怀的一件事情吗？！

（四）具体生动

1. 比喻

《奇葩说》运用了大量类比的方式，使用了明喻、暗喻、借喻等各种比喻手法使道理和观点通俗易懂、易于接受，又创造出一种幽默诙谐的风格。

对这样的真知灼见，对方辩友至今未能幡然醒悟，正好比雨过天晴却仍静坐茅庐听雨，不愿接受真理的光芒。（明喻）

生活，就是他妈一个癞蛤蟆，身上全是那解不开的大疙瘩。可是你怀抱着蛤蟆，你才能过上笑哈哈的好生活。（暗喻）

哪个人不愿意活下去，你老是说人不是中彩票，每一个绝症病人都希望自己是中彩票的那一个。（暗喻）

如果我是一道菜，就不要主动请别人吃，把自己炒得特别香，让别人觉得你很香的时候，主动来吃

你，如果你够香够吸引人，别人会主动来吃你，还有因为你很香，所以他要珍惜你。（暗喻）

善良是很珍贵的，但善良没有长出牙齿来，那就是软弱。（借喻）

男人的心理就是既希望你赚钱养家，又希望你貌美如花，等于干俩份工作，领一只鸡的钱，提供的却是双拼的服务。（借喻）

连毛毛虫都不想做，肯定不会有做花蝴蝶的一天。（借喻）

2. 摹绘

摹绘是用一些描写和形容性的词语，将事物的声音、性状、色彩、气味等或事情发生的情景描绘下来，使语言表达做到有声有色、有形有状，读来让人感到真实具体，如同身临其境。《奇葩说》的选手很善于调用这种手段创造出一种可以想象的场景，增强语言和论点的感染力。

我妈妈一米五八，个子很矮，当时是八十斤，因为我妈妈心脏不好。我爸爸一米八四八五的样子，然后那个时候还挺壮的，一百六，将近一百六十斤，两倍。我就看见我妈妈，就把我爸爸背在背后，就一步一步往前面走，下楼梯。下了楼梯之后，而且打不着车。

我去看戏，打瞌睡？不可能！电影费我已经花了，爆米花掉在地上，三秒之内我要捡回上来，吃剩最后一粒米渣。

世界上有一个我，世界上有一个你，我们把彼此都打破，加了水，加了泥和在一起，重塑一个我，重塑一个你，从此你泥中有我，我泥中有了你。

我刚才就设想着那种场景，那种场面，就算是，ok，我们没有爱了，那你结婚了，如果有一天这个人，从我的生活里消失掉，然后，我走在这个屋子里，这是我们一起生活过的屋子，然后我打开这个柜子，这是曾经放着我们一起共有的衣服，这是我们一起在这儿躺着、嬉戏过的沙发，这是我们一起看过的电视，这是我们一起盖过的一床棉被，甚至这是我们一起养过的一条狗，然后，如果我们分手了，我就算没有爱情了，ok，我还可以有我的依恋，有我的亲情，有我的友情，有我的一切的回忆的东西。

3. 精细

是一种使用精确数据以求得真实感或幽默感的一种修辞方式，因其故作精细精确、言之凿凿，所以其生动性、形象性的效果特别明显。

如果我们两个确定一定在一起，我们干嘛要结婚啊，**多九块钱非要交给民政局啊**！

每个人都希望自己风风光光地出嫁，你也不希望自己说有一天自己出嫁的时候在沙县小吃摆了三桌，吃了一份麻辣烫，就跟他睡了一辈子。

到时候你的婚宴现场非常盛大，**整千桌，两千个人，叫席开百千桌，两千，就是两百桌，一桌十个**。

当时正版的卡带是十四块钱，而我一天早点的预算是一块钱，我足足省了两个星期的早点钱，真的是饿得头昏眼花，最后我买了这个卡带，真的很开心。

4. 借代

甲乙两事物存在某种关系，把甲事物藏去不说，借与之相关的乙事物来替代的修辞手法叫做"借代"。借代修辞的建构大多基于关系联想的心理机制。当表达者在感知甲事物时，就会与经验和观念中已经把握了的乙事物相联系搭挂起来。这种修辞手法会产生形象、突出的效果，引人思索、回味。

你可以一天整成范冰冰，但你不能一天读成林徽因。（以标记指代，用"范冰冰"指代"美貌女子"，用"林徽因"指代"有才华的女子"。）

如果你的女朋友有蓝颜知己的话，蓝着蓝着你就绿了。（以特征指代，用"绿"使人联想到"戴绿帽子"，进而指代"伴侣出轨"。）

如果有一天有人要约我周一见，不用怀疑，那都是真的。（以特征指代，以娱乐新闻爆料惯用"周一见"的标题语来指代"自己有一天会发生出大的娱乐事件。)

你讲得这么深情的故事,让我瞬间就想问候你。(以特征/标记指代,用"关心"常用的方式"问候"来指代"关心、安慰"。)

20岁的时候有梦想就去追吧,但是当你30岁40岁50岁60岁的时候,你的梦想如果还没有照进现实,那么请你自己先照照镜子。(以特征指代,用"照镜子"使人联想到"猪八戒照镜子",进而指代"清楚认识到自己的不利境况"。)

我不敢结婚,因为就是我不是一个特别喜欢给别人承诺,海誓山盟,我们一辈子要坐着轮椅慢慢摇的这种人。(以具体代抽象,用"一辈子坐着轮椅慢慢摇"代指"相守一生"。)

(五)幽默诙谐

1. 衬跌

先用一两句话从反面加以衬托,再说出正意的一种修辞方式。"衬跌"的主要作用是幽默,产生意想不到的表达效果。"衬"和"跌"前后形成鲜明强烈的反差对比,"跌"的时候要说得简洁有味,富有幽默感。"衬跌"的例子,在《奇葩说》中随处可见。

很多人都在网络上劝我,不要再模仿吴青峰,所以,今天我决定:不理他们。

你妈妈扮得多么端庄,多么漂亮! ……没有人认识!

你没有爱了,需要陪伴,养条狗啊!

人与人之间的差距,有时候比人与狗之间的差距都大!

你去逛街看着这个包这么好! 哎! 没钱! ……呸! 真丑!

你单身不是因为条件差,你要相信总会有比你条件更差的愿意跟你在一起。

在这个世界上,如果我们不可以违法、也不能伤害别人,不要脸就是弱者唯一的反抗。

多少干手机贴膜的,经过不懈的努力,贴了更多手机膜。

真正让香奈儿品牌走到今天的人,不是你们这些要传承她精神的人,而是我们这些买包的人。

每一个草包,都有推倒世界的梦,却只有被世界推倒的命。

人生是需要假期的。矢志不渝的爱,一般都是因为他们死得够早。

要独立! 要自强! 同时还要做好妻子,好妈妈! 我怎么这么闲啊我!

我心中偷偷腹诽,觉得自己怀才如怀孕,死活就是不孕不育。

2. 逆挽

指后面的句子逆前面句子的风格和特点而挽向相反的一面,从而使前后句子的风格大异其趣。庄重与诙谐之间突然掉落,形成心理预期的落差,使得前后跌宕、妙趣横生。可以说,"逆挽"也是"衬跌"的一种,它是语体风格的"衬跌"。

因为我举报作弊,被人揍了。太不是东西了。这样不利于世界和平。

千金难买心头爱,万金难买老子喜欢。

你要脱离大众做不一样的烟火,结果发现,满地的鞭炮都比你使劲!

医疗不发达的时候,我们每个人生了重病去看医生,我们会面临两种结果,要么死,要么活。今天医疗科技十分发达,它在死和活之间开辟出了第三条道路,半死不活。

3. 歧疑

说话时,把其中关键性的部分和根本宗旨暂时保留一下,不一口气说出来,有意地造成歧义或疑义，然后才把关键性的部分和根本宗旨说出来，这种修辞手法叫歧疑。"它多是基于一种在修辞文本建构中前'造疑'后'释疑'，以造成接受者心里落差而达到幽默风趣效果的心理预期。"听者在心理预期落空之余，不禁会心一笑，为表达者的出人意表和巧妙安排而折服。

我一直不是很喜欢"多读书"这三个字，你们知道为什么吗？因为我帅。

晓松老师长得怎么样？我想我们可以达成共识，那就是真的不怎么样呢！

当一朵鲜花插在牛粪上的时候，谁最风光？牛粪最风光。

我自己是一个老师，我是国内某著名培训机构老师，跟蓝色有关……，学挖掘机……没有没有。……学做饭的……没有。……学英语的。

（六）精炼有力

1. 警句

人们在表达时，有时会说出词语简洁精炼、涵义丰富深远，能激人联想或给予教益的句子。这种修辞手法叫做警句。"警句"是极具辩论风格的表达方式，因为辩论需要时时总结概括自己的论述，帮观众理清思路、形成概念。警句形式简洁，内涵丰富，如重锤一般敲打在听众心上，触动效果极强。

好的恋人不追问过去，好的恋人不怀念过去。

永远对你的爱是相信的，永远相信你拥有爱这个权利，是更值得尊敬的。

爱情，被戳穿就是骗局，没戳穿就是信仰。

一个女人，越是在外披荆斩棘声名鹊起，她越希望在家有一碗普通的蛋炒饭。

女人想要的往往不是真相，而是她们想要的真相。

低估你父母的智商就是羞辱你自己的基因。

要自由的人，其实要担最大的责任，选别人少走的路的人，要背负最沉重的枷锁，从来就没有不需要抵抗重力的飞翔。

歧视不仅仅是永远对你恶语相向，歧视也往往是在划分你我。

与其购买一个名牌，何不让自己成为一个名牌，小确幸不如大欢喜！

2. 引用

"引用"是传统辩论中一种常用的论证手法，指的是说话或写文章时，借用别人的话或借用大家熟悉的俚语、古话、典故等来辅助观点或情感的传达。在辩论中，"暗引"更常见，便于让观点看起来言之凿凿，有力可信，或者增强语言的趣味，使语言更生动。

我们常说，中国是一个人情社会，听起来是个好词，不，这是个坏事，什么意思？**君子之交淡如水**，如果我们朋友之间的欣赏和感情，必须要通过经济往来，我才能看到的话，拜托，这跟我们在夜总会叫服务人员有什么区别？

我们从刚才就一再强调，今天我们讨论的 A 情况下会如何，而对方辩友总是举 B 情况下的例子，是不是"纸糊的月亮当太阳，偷天换日"呢？

（七）变化有趣

1. 析词

将具有意义和结构凝固性的语言单位拆开，从而形成具有更丰富表达内容的新组合，是使语言产生新鲜感、丰富词语涵义的做法。

我宁愿让父母**蒙**在所谓幸福的**鼓里**，也不愿让他们站在原野上为了我与万千猛兽为敌。（拆"蒙在鼓里"）

因为**腹有诗书**气自华，我**腹**也**有诗书**啊。……你华个头呢！你哪有诗书啊？（拆"腹有诗书"）

我们就要**结**一场永远不分开的**婚**。（拆"结婚"）

如果你想跟我一样想成为被人宠爱的人，那就跟我一样，**把娇撒起来吧**。（拆"撒娇"）

2. 仿拟

就是为了增强语言表达的生动性和深刻性，临时更换固定组合中的某个部分，使之成为具有修辞色彩的新词语的手法，这也是对人们惯常思维的冲击，常带有一种"衬跌"的味道。

男人如流水，闺蜜如手足。（仿拟"兄弟如手足，妻子如衣裳"）

不要以为四海之内皆你妈，成年人的世界，你内心哪怕有一个孩子，拜托你把他收起来。（仿拟"四海之内皆兄弟"）

人生贵在痴迷。（仿拟"人生贵在……"结构）

脸可以定胜负，一脸可以定江山。（仿拟"一…可以定江山"结构）

3. 转类

这种修辞手法是词语的创新用法，指有意转化词语的"词性"，或词性不变转化"用法"，或转化"使用领域"，这种方法使语言新颖、生动、活泼、风趣，增强了表达效果。其中褒词贬用，贬词褒用，也有人称之为"易色"。"转类"已经成为一种多产的词语活用法，在网络语言中时时可见。

你男朋友出个轨，回来跟你说"我觉得你应该接受，因为这是我们人类自然而然的状态"，哎呀，我控制不住**自然而然**地给了你一巴掌。（形容词用作副词）

大家都是好朋友，你有必要这么用力地**勤奋**地去表现自己比我好吗？（褒词贬用）

每个阶层都有相应比例的王八蛋，他们**百花齐放，种类各异**。（褒词贬用）

基本上我们的生活是被吴青峰**恶狠狠**地填满了。（贬词褒用）

上司希望看的是一个**蠢蠢欲动**的大脑，而不是一个**蠢蠢欲动**的下半身。（转化使用领域）

4. 降用

把分量重的、大的词语降作一般的词语用，就是大词小用，能突出表达重点，或产生幽默风趣的效果，增强语言感染力。

小学和初中，因为我比较不识时务，总是莫名其妙地惹恼学校里食物链顶端的**霸凌者**。

现场的气氛，现在有点悲壮。

我坐在高晓松老师的旁边，我真的使劲地看了一会他的脸，我只能用四个字来形容我的心情：**悲从中来**。

真的，我的证件照拿出来，比对面的章扬同学长得还要**残忍**呢！

5. 升用

它是指把贬义的词语用在自己身上，起到"自嘲"的作用。现在的年轻人愿意自嘲、故意把自己说得不堪，起到一种亲切、戏谑的效果。这种表达手法在日常生活中也不少见，契合了我们这个时代自娱自乐的特点。

就说我吧，大家看我穿得**人模狗样**的，真的，我的证件照拿出来，比对面的章扬同学长得还要**残忍**呢！

6. 借语

《奇葩说》语言形式很丰富，借用了外语、方言等，语言活泼有趣、新鲜搞笑。

模仿他让我声名大噪，我瞬间popular起来了。

你们想让我做个good boy，而我只想做个bad girl。

其实打电话的人，不管也不care，你在做什么。

Men always gone，but the girl still here。

肖骁，你个损sai！（借用东北话）

关键时候要用标准的普通话，让大家准确地GAi到我的点。（借用湖南方言）

据腾泰翼运营公司2015年8月发布的《〈奇葩说〉互联网观众受众分析》报告，《奇葩说》第二季互联网观众以女性为主，年龄层在18—24岁，高学历人群喜欢看《奇葩说》，所以这种简单掺杂外语的做法不会对观众造成障碍，反而增加了节目的乐趣。

7. 别解

不按约定俗成的词义去理解和使用词语，而作别样的解释，从而获得一定的修辞效果。"别解"在特殊语境中临时赋予词语以新意，是语言的创造性运用。《奇葩说》因为立论的需要，论辩时采用了许多下定义做解释的手法。有些定义和解释不同于一般的认识，给人以新鲜感，有时也给观众以冲击，造成耳目一新、吸引倾听的效果。

婚姻是一种监狱式的妥协。

爱不是一蔬一饭，肌肤之亲，它是疲惫生活里的英雄梦想。

暖男就是男人中的绿茶婊。

虚伪是恶向善最后的致敬。

权利是你要是不让我做你就要挨揍，义务是我要是不做我就要挨揍。

小结

《奇葩说》是一档语言节目，其中的修辞手法复杂多样，有些是故意为之，有些是言之所至，情之所使。本文列举的修辞手法也只是比较突出的一部分。不管是什么辩论，要在短时间内达到感动人、说服人的效果，必须动用从语音到词汇到语法到修辞的各种有效的语言表达方式。意义决定形式，形式辅助意义。修辞手法的使用都是说话人表达策略的表现形式。想要什么样的表达效果，就要采用相应的修辞手法。就传统辩论来讲，常用的修辞格有警句、排比、对比、比喻、设问、反问、引用、仿拟等，而娱乐辩论常用的修辞格有衬跌、歧疑、逆挽、转类、降用、别解、摹绘、精细、比喻、警句、借语、仿拟、反复等。相比较而言，娱乐辩论所使用的修辞手法更多样、更灵活，更偏向幽默诙谐、具体生动，传统辩论的修辞手法更偏向强调突出、精炼有力。

修辞手法是判定语体风格的重要指标，但是目前对不同语体风格使用的修辞手法的定性加定量研究还不是很多，修辞手法研究也多集中在书面语领域，但是口语领域的语体风格也很多样，而且有许多不同于书面语的修辞手法，即便是同一种修辞格，在口语和书面语中的使用方式和多寡也不尽相同，这些很值得我们仔细比较。书面语和口语的修辞研究如同人类对陆地和大海的探索，陆地眼所能见，更易研究，大海广袤深邃，亟待我们做深入探索。

六、体态语

体态语指眼神、手势、身姿，是辅助口语表情达意的重要手段，具有传递信息的功能。"心理学家阿尔比特·梅拉比安发明了这样一个公式：信息总效果=7%的文字+38%的声音+55%的面部表情。当你认识到即使'我恨你'这个词也能使人听起来带有爱昵的情意时，声音和面部表情的重要性就显而易见。"

《奇葩说》是一档娱乐节目，娱乐节目的特点是自然、亲切、活泼、热烈、夸张、搞笑、欢乐等。所以，参与者的语气和姿态至关重要。《奇葩说》的选手或可爱、或严肃、或娇嗔、或生气、或兴奋、或平淡、或紧张、或从容、或诙谐、或认真，眼神和姿态随话语而变化，随节目气氛而变化，庄重文雅与幽默风趣并存。选手的一举一动、一笑一颦很能牵动观众的心。这种体态语也是娱乐辩论风格的重要组成部分。

七、语体属性初分析

娱乐辩论是一种口语体。在表达时，语调和语速随语境变化，有大量的语气词、口语词、短句、连接词"然后"、主观词"我觉得"，有语句倒装、语句断脱、插入的现象，语气随意自然，言语中带有感情。例如：

我们又不是神经病，我们三个又不是心理阴暗告诉你们，你们两个没有爱，必须离婚。你们爱离不离，正儿八经的，但是我们年轻人，我们就是要把态度摆端正啊，我们就是要离婚啊，**如果没有爱了**。怎么了嘛！（语气充沛，倒装，口语词，短句）

投资回报率太低**拼男人**。（倒装）

关不住了，**这孩子，已经啊**。（倒装）

我必须得解释一下，一般我们能去找，我们都去找了，**今天，我们……**，我刚刚讲了，是一群绝望的人群，他们不是不想得到爱，他们不是不想有人关怀，是真的没有人，给予这份关怀。（断脱）

我今天真的说好不哭的，我觉得我在奇葩说哭太多次了。我不想再哭了。（这时有人递纸巾过来）**这感觉像厕纸**。所以我最后想讲的，就是……（插入）

娱乐辩论体又极具正式语体的特点。这表现在：使用了很多极具书面化风格的词语，押韵语句多，下定义多，警句多，长句、长段表达比比皆是。在阐述时，很多句子完整、连贯，段落组织有层次、有条理。很多阐释观点的语言逻辑性很强，是经过加工组织的，透露着浓浓的演讲风格或浓浓的散文风格。例如：

不管再大的困难，再多的争吵，我们都要努力地走下去。

那时候一切都很慢，车、马、邮件都慢，一生只够爱一个人。

其实，每个人的心中都有一匹欲望的野马。你可以去放养它，也可以去圈养它驯养它。但是不要假装它不存在，排斥它。我们每个人都应该自由的，骄傲地活出个生机勃勃的生命。

但是我们并不承认这是个看脸的社会，为什么？因为在我们走向成功的过程当中，我们会发现脸和其他因素相比，是最容易提升的一个。

爱情就是时有时无，时浓时淡，我们不能因为爱情这个东西去左右我们婚姻是否存在。

在爱你的过程中，有些人变成更强壮更智慧的自己，故而一念成佛，有些人变成更猥琐更不堪的自己，一念成魔。在爱的过程中，是佛是魔，历尽你给我的百劫千难，最后我终于找到了我。

从上文的语言特征和风格解析可以看出，在娱乐辩论中口语与书面语是混合使用的。优秀的娱乐辩论者会将口语与书面语有机地融合在一起使用。这是一种高超的说话技巧，说话者要有广博的世界知识、丰富的人生阅历、严密的逻辑思维、条理清晰的阐述能力，将高深问题讲通俗、将通俗问题讲高深的转化能力，快速反驳和批判的能力，出口成章、妙口生花的语言表达能力，敏锐地把握听众反应并快速调整说话方式和内容的交际能力，逗人发笑、感染听众感情的娱乐能力和舞台表演能力。优秀的娱乐辩论必定是轻松愉快而又感人至深、令人深思的。

　　我们认为，娱乐辩论的语体风格是集文学、演讲、辩论、娱乐等多种语体特征于一身的口语和书面语的混合体。它的出现是时代的需求，是娱乐精神蓬勃生长和人们综合素质提高共同作用的结果。娱乐辩论最突出的风格特点值得我们深入挖掘。

参考文献

[1] 吴礼权.语言策略秀（修订版）[M].广州：暨南大学出版社，2013：36.
[2] 陈望道.修辞学发凡[M].上海：复旦大学出版社，2010：163，165.
[3] 吴礼权：现代汉语修辞学（第三版）[M].上海：复旦大学出版社，2016：230.
[4] 大数据研究中心.《奇葩说》互联网观众受众分析[EB/OL].2015-08-27.http://www.bigdata.ren/portal.php?mod=view&aid=582.
[5] 赵林森.口语修辞[M].开封：河南大学出版社，2010：58.

从语言学视域看语音识别

李　妍[1]　崔东伟[2]　赵天魁[3]

（1.延边大学　延边延吉　133002；2.山西大学　山西太原　030000；
3.北京语言大学　北京　100083）

【提　要】 人机交互主要涉及自动语音识别、自然语言处理以及语音合成三种技术。其中，语音识别旨在让人机用户界面更加自然，让机器"听得懂"人类的语音，是一个典型的交叉学科任务，与语言学等学科有着紧密的联系。本文综合阐述了语音识别的发展历史、主要技术，并从语言学视域角度出发，梳理语音识别与普通话、方言以及少数民族语言之间的关系，以期对语音识别在未来与语言学更好地结合中提供有益思考。

【关键词】 语音识别　语言学　方言

一、引言

对于获取外界信息而言，图像和语言属于最重要和最精细的两种信息源。其中，语言是人类最常用、有效、方便以及重要的通信形式，而语音则是人类最自然的交互方式。随着当今世界人们对机器的运用与依赖，与机器对话成为了人们对机器更直观、简便完成自身目的的关注热点，于是语音识别技术应运而生。

语音识别技术，也被称为自动语音识别、计算机语音识别或是语音转文本识别，以计算机自动将人类的语音内容转换为相应的文字为目标。语音识别是语音技术的一种，语音技术包括很多方面，如说话人识别、语种识别、语音增强、语音合成、音色转换、以及语音识别等。现实生活中，除了语音识别外，也就是语音合成，以及语种识别被人们所了解。简单来说，语音合成技术，是通过机械的、电子的方法产生人造语音的技术，如一些app可以将说话内容配上背景音乐；而语种识别，指的是通过机器对语言信号进行分析，并且经一系列逻辑性判断进行语言识别，换言之，不管你说哪种语言，你的机器都能准确识别。然而，尽管人们对语音识别较为熟悉，现阶段的语音识别也日益与人们的日常生活息息相关，但实际上，人们对于语音识别并没有清晰的认识，对其与语言学的结合程度更是知之甚少。

二、语音识别

语音识别不同于说话人识别及说话人确认，后者尝试识别或确认发出语音的说话人，语音识别则是识别、确认语音中所包含的词汇内容。语音识别系统分训练和解码两阶段：训练，即通过大量标注的语音数据训练声学模型；解码，即通过声学模型和语言模型将训练集外的语音数据识别成文字。

语音识别及合成的雏形——早期的声码器，在19世纪20年代就以玩具狗（命名为"Radio Rex"）的形态问世了。如果你呼喊Radio Rex的名字，它就会从底座上弹出来。

1952年，AT&T贝尔实验室研发能识别10个孤立数字的Audrey语音识别系统。这是最早的语音识别系统，该语音识别系统基于电子计算机，运用跟踪语音中的共振峰的方法，可以识别10个英文数字。在当时，Audrey语音识别系统达到了98%的正确率；1950年代末，伦敦学院的Denes在语音识别中加入了语法概率。

20世纪60年代，语音识别引入了深度神经网络（deep neural network，DNN）的前身——人工神经网络（artificial network，AN）。此时，卡耐基梅隆大学已有学者对连续语音识别开始了研究。这一时代的两大突破是线性预测编码（Linear Predictive Coding，LPC），及动态时间规整（Dynamic Time Warp，DTW）技术，解决了语音识别中语音信号产生的模型问题。

20世纪70年代，DTW基本成熟，使得语音实现了等长，此外，统计模型方法隐马尔科夫模型（Hidden Markov Model，HMM）与矢量量化（Vector Quantization，VQ）的不断完善，为后续语音识别的进一步发展提供了帮助。

20世纪80年代，HMM在语音识别技术中开始占据主导地位。从相关数学推理的提出到后来各类研究人员的不断努力，最终由卡内基梅隆大学的李开复实现了第一个大词汇量语音识别系统Sphinx，该语音识别系统是基于GMM-HMM的，其中，高斯混合模型（Gaussian mixture model，GMM）是用来对语音的观察概率进行建模，而HMM则是对语音的时序进行建模。

20世纪90年代起，语音识别有了第一个研究与产业应用的小规模高潮发展，该时期的发展主要得益于GMM-HMM声学模型在区分性训练和模型自适应方面的应用，且此阶段剑桥发布了HTK开源工具包，大大降低了语音识别技术研究的门槛。而此后十年左右语音识别技术的发展速度变缓，且此时的语音识别系统实用性较差。

2006年，Hinton提出了深度置信网络（deep belief network，DBN），自从拉开了深度学习的大潮；2009年，Hinton与其学生Mohamed D将DBN应用于语音识别中的声学建模内，并且于小词汇量连续语音识别数据库方面取得建树；2011年，DNN在大词汇量连续语音识别中获得成功，至此，语音识别技术的效果取得了近十年来最大的突破，且GMM-HMM正式被DNN取代，成为语音识别的主流建模方式。在DNN框架中，前馈神经网络、循环神经网络以及卷积神经网络是主要的代表框架。基于前馈神经网络框架，语音识别采用同一个模型对所有的建模单元进行建模，从而更充分地使用训练数据，更方便地使用上下文相关特征；而基于循环神经网络的语音识别框架又使用循环神经网络取代前馈神经网络，从而更加有效地记忆历史信息、使用未来信息，更加贴近语音天然的上下文相关特征；卷积神经网络则对语音信号中的影响产生更强的鲁棒性，其中影响包括因信道、说话人、噪声干扰产生的影响等。

20世纪80年代起，国内亦开始与语音识别技术有关的探索与研究，发展迅速且取得了相当的成果。清华大学、社科院语言所、中科院自动化所、科大讯飞、捷通华声、思必驰、云知声、出门问问、蓦然认知以及百度等机构都在语音识别中取得了较大的创新。现阶段，语音识别技术的应用包括语音拨号、语音文档检索、简单的听写数据录入、语音导航、室内设备控制等，语音识别技术与其他自然语言处理技术，可以构建出更加复杂的应用。语音识别技术所涉及的领域包括：人工智能、模式识别、信号处理、发声机理和听觉机理、概率论和信息论等，且目前我国在语音对话机器人、智能音箱、语音助手等工具的研究与应用中投入大量人力、物力以及财力。

三词地址（what3words）是英国的一家公司。2018年5月奔驰搭载三词地址的导航系统推出了A-Class，成为了世界上第一个使用三词地址的车企。在欧洲，三词地址在欧洲的服务合作伙伴是Nuance，北美的服务伙伴是Soundhound，而在中国，what3words则是与人工智能公司蓦然认知合作，共同筑造了全新语音LBS服务生态圈。蓦然认知于LBS（Location-based services）服务上有着走在前列的发展，2019年4月17日，在上海车展上该司展出了其"三词地址"的精准导航功能。同时，在此基础上，用户还可以借助语音交互获取各类相关服务，如查询最近上映的电影，或者提出一系列日常咨询：姚晨与倪大红一起演的电视剧、帮我查找附近的加油站、明天适合洗车吗等。在影音娱乐、信息查询、加油、停车、订票、订外卖等各方面均只通过语音交互即可完成。蓦然认知自2016年成立以来，已在汽车以及智能电视、智能手机、智能音箱等多领域与多家厂商合作，如TCL、风行、奔驰、宝马、vivo等。

（二）语音识别的模型及系统构成

语音识别技术常用的方法有基于语言学和声学的方法、随机模型法、利用人工神经网络的方法以及概率语法分析四种。基于语言学和声学的方法虽然最早应用于语音识别，但是该类方法涉及的方面过于复杂与困难，以至于现阶段并没有实现大规模的普及。目前，主流的大词汇量语音识别系统多采用统计模式识别技术。典型的基于统计模式识别方法的语音识别系统由以下几个基本模块构成：信号处理及特征提取模块、声学模型、发音词典、语言模型、解码器。其中，声学特征的提取和选择，属于语言识别技术中的重中之重。常用的声学特征，包括线性预测系数、倒谱系数、梅尔频率倒谱系数。对现代汉语学习者以及专注于中文信息处理的研究人员而言，中文声学特征则显得尤为重要。

以普通话发音为例，我们会将一个字的发音切割成两个部分，从语音的角度划分，是元音和辅音的区别；而从汉语的角度划分，则分别是声母与韵母。在探讨普通话发音的切割时，现阶段的语音识别主要是从声母和韵母的划分角度进行切割。在发音的过程之中，声母转变至韵母是一个渐进而非瞬间的改变，因此以相关声韵母模式作为分析方法，可以更精准地识别出正确的音节。根据声母的不同特征，又可以将声母分为爆破音、摩擦音、爆擦音、鼻音四类。实际上，在现代汉语语音系统中，还有边音的存在。边音，发音时，舌尖与上齿龈接触[1]，气流从舌头的两边或一边通过，两脸内有发麻感。但在进行语音识别时，多数情况下只区分爆破音、摩擦音、爆擦音以及鼻音四类。同时，根据声带振动与否，又区分清音、浊音等。而韵母是有双母音、单母音之分的，端视在发声时是否有音调的改变。以上发音时不同的方式，在时频图上大多可以找到相对应的特征，透过处理二维的时频图以及借助传统视频处理的方式，可以进行语音的识别。

（三）语音识别的基本技术原理

如图所示，我们可以看出，声音乃是一种波。在进行声音处理的时候，需要把一些常见的压缩格式文件如mp3等转成非压缩的纯波形文件如wav格式文件。语音识别的步骤分为数字化与预处理、特征提取、建立模型与模式匹配以及后处理四个部分，简单来说可以分为三步：由帧识别成状态（难点）；由状态组合成音素；由音素组合成单词。

把声音切割，分成一段一段，即是对声音分帧；而此处的状态，可以直观上理解为每帧或者是若干帧所对应的，或者是将一个音素化为更细的粒度，通常情况下是每三个状态组合成一个音素；音素是最小的语音单位，它是从音色的角度划分出来的[2]。一个音节，若是按照音色的不同来进行划分，就可以得到一个个最小的各有特色的单位，这些单位则是音素。

---

[1] 黄伯荣、廖序东：《现代汉语》（上册），北京：高等教育出版社，2002年，第31页。
[2] 黄伯荣、廖序东：《现代汉语》（上册），北京：高等教育出版社，2002年，第20页。

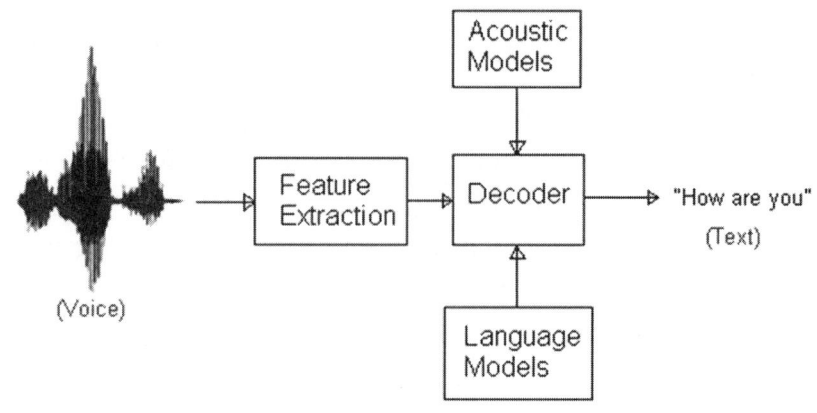

图1 语音识别系统

在对声音进行分帧的时候,一般需要使用移动窗函数来实现,分帧后的语音成了一段一段的波形,而此时需要对波形进行变换,如提取MFCC声学特征(MFCC考虑了听觉音高的距离,具有比线性预测图谱LPCC更好的性能)。提取后,声音则成为了观察序列;在对帧进行识别的时候,需要确定每帧语音对应什么样的状态,一般情况下,某帧与某状态的对应概率越大,那就越容易判定某帧与某状态的对应关系。此时,一般是利用声学模型的参数得知帧和状态的对应概率。获取参数的方法,就叫做"训练"。

但是,并不是每一帧都应该得到一个状态,若如此的话,则会超出语音中所含音素的数量。实际上,由于每帧都很短,相邻的帧大多数情况下都是相同的。为了解决这一问题,常用解决办法是使用隐马尔科夫模型,通过构建状态网络而从中寻找与声音最匹配的路径。而为了识别出任意文本,状态网络的搭建则是越大越好,但如此的话,识别准确率则会下降。所以,为了能够达到比较好的识别准确率,状态网络的大小和结构需要审慎合理选择。

语音识别的过程,无非就是在状态网络中找寻一条最佳路径,该语音与该路径所对应的概率应该是最大的,这一过程,可以称之为"解码"。而解码的过程中,需要用到一种动态规划的算法,目的是搜索最佳路径。而此时亦需要运用一种累积概率,该累积概率由观察概率、转移概率以及语言概率三部分组成。三种概率中,需要从声学模型中获取观察概率和转移概率,从语言模型中获取语言概率。

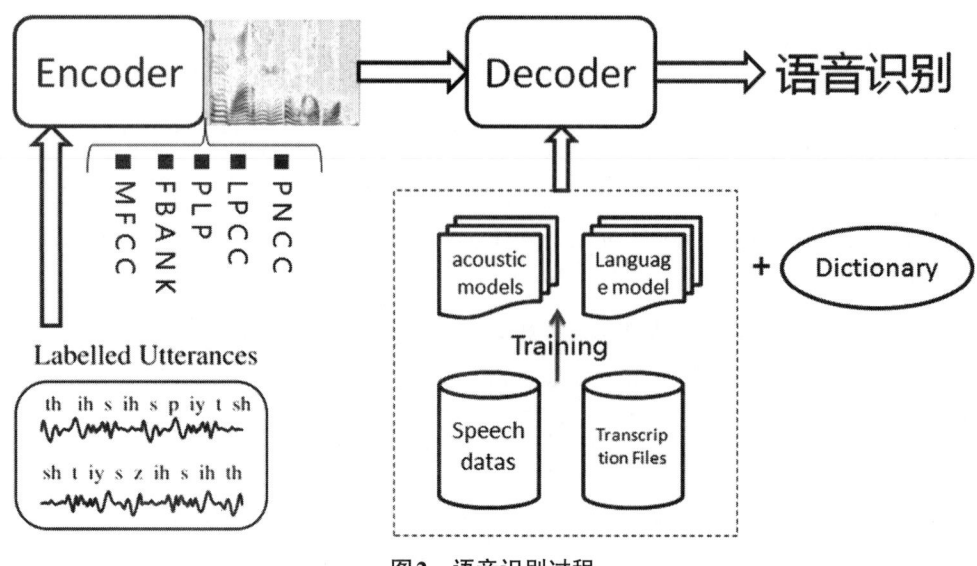

图2 语音识别过程

三、语音识别与语言学

近年来语音识别技术得到飞速的发展，通过自然语言控制机器的梦想正在逐步实现。研究经过60年左右的积累，尤其是近20年来快速的发展，国内语音识别已取得显著成效。语音识别技术已由传统的隐马尔科夫模型（Hidden Markov Model，HMM）发展到了当今广泛地使用深度学习技术，并且取得较好的效果。但是这些研究都是针对英语、汉语等国际主流语言，对无文字濒危少数民族语言等方言进行语音识别的研究目前还比较少见。而从少数民族语言保护和传承的角度看，进行方言与语音识别相结合的研究就显得尤为重要。方言与语音识别技术的交叉学科也已经成为语音识别领域中一个非常活跃的研究方向，其中"资源稀缺"的语言或方言尤其受到人们的重视。

赵尔平选用特点丰富的藏语，同时选用其中使用人数最多、最具有代表性的卫藏方言（拉萨话）作为研究对象，针对藏语读音首先看后加字，然后根据元音的位置关系决定读音，且元音比辅音携带更多听觉感知信息的特点，将方言特点与语音识别技术相结合，提出了一种改进的HTK系统藏语孤立词语音识别技术，为方言的研究与语音识别技术的发展提供了有效的借鉴；王辉根据听觉语音学的知识，提出使用稀疏自动编码器在MFCC特征基础上进行深度学习，提取了深度特征模仿听觉神经的稀疏触动信号，给出了基于深度特征学习的藏语语音识别声学建模算法，在藏语孤立词语音识别应用的实验中，能进一步提高藏语连续语音识别的准确率。

张爱英提出利用深度神经网络进行多语言和跨语言迁移学习对蒙语进行研究，基于Web的数据获取和Web语言模型设置实验。分析实验结果认为蒙语在进行语音识别时，容易受到哈萨克语的影响，二者在语音上有较高的相似性，这是由于缺少足够多的带标注的语音数据。因此基于多语言语音数据训练多语言深度神经网络时，不仅应考虑不同的语言组及从不同地域中选择不同的语言来训练多语言深度神经网络，也应考虑目标语言的特性，考虑这些语言对目标语言的影响。

胡文君以云南省少数民族中的普米族（汉藏语系藏缅语族羌语支）的方言为研究对象，并以Kaldi语音识别工具包为实验平台，引入深度学习模型进行普米语语音识别，通过鲁棒性的实验并与其他4种不同的声学模型进行比较，发现基于深度学习的普米语语音识别系统的鲁棒性比其余4个声学模型的普米语语音识别系统的鲁棒性更强；由于人口迁徙而导致的语言交流和融合，再加上自身长期的演变和发展，新疆方言逐渐继承和吸收了古代汉语的发音特点，也体现了多民族融合的特点。刘彪（2018）以新疆方言为研究对象，从发音特征着手，采集了部分新疆方言语料库，建立和训练SOFMNN模型，实现新疆方言至普通话的语音识别。仿真实验数据表明，运用SOFMNN模型进行新疆方言的识别，有较好的准确率和鲁棒性。也为方言与语音识别技术的结合提供了研究帮助；对于单一语种的语音识别，常采用大量语音数据训练DNN声学模型才能得到较好的性能。但是由于维吾尔语的使用人口及使用资源比较匮乏，在语音识别中，该方言的数据训练的深度网络声学模型性能较差。王俊超针对这个问题，根据深度神经网络模型能够进行迁移学习的特点，提出用少量维吾尔语数据重新训练由其他资源丰富语料训练而成的基础声学模型，从而构建一个性能更好的维吾尔语声学模型。通过利用共享隐层和迁移学习训练的方法提高维吾尔语DNN声学模型的性能，显著提高维吾尔语的语音识别率。

张策认为研究重庆话与语音识别技术的结合，对于推动人工智能产品和技术的发展具有积极作用，同时在方言的保护和发展方面也具有推动作用。张以重庆话为研究对象，分析重庆话的发音特点，建立了重庆话和重庆话口音的普通话小语料库，搭建了以hmm为声学模型的语音识别系统，分别以重庆话和重庆话口音的普通话作为声学模型去分别识别，提高语音识别的正确率。

方言与语音识别技术的交叉学科已逐步成为语音识别领域中一个非常活跃的研究方向，如2019年3月份阿里巴巴人工智能实验室正式成立"方言保护专项小组"，斥资近亿专项保护方言。语音识别领域逐渐重视少数民族语言的保护，逐渐与方言语音相结合，分别运用改进的HTK系统藏语孤立词语音识别技术、Kaldi语音识别工具包、Web语言模型等技术，在鲁棒性的实验结果下，引入深入学习和迁移学习的方式，使语音识别与方言的结合度更紧密和更准确，也为方言与语音识别技术的结合提供了研究帮助。

语音识别领域在将语音识别技术与方言结合的过程中，同样面临着很多困难和问题。许多方言字在国标中文字符集中不存在，需要建立一个专业的方案进行转写；同时，在对数据的收集和处理上，也有重重难关：有的无法记录完整，有的并不正宗等。不论是数据的量还是其完整性，都距普通话有很大差距，完善的速度自然也就比较慢。因此，需要重视分析方言的语音特点，建立方言的识别机制或声学模型，利用鲁棒性等语音识别应用的实验，通过大量数据和算法的支撑，去提高语音识别的准确性。另一方面应考虑目标语言的特性，考虑这些语言对目标语言的影响，通过语言的积累和专家团队经验的不断完善，共同保护少数民族语言和方言，重温我们的乡音，保护我们的地域文化。

四、余论

IBM的语音识别专家Frederick Jelinek曾开玩笑说："Every time I fire a linguist, the performance of the speech recognizer goes up."[①]（每次我炒掉一个语言学家，言语识别器的表现就会提升。）而Hinrichs & Kübler又说："每当你聘用一位受过良好训练的语言学家，你的树库就会更好。"

在深度学习时代，目前来看的确是较少地依赖于语言学知识进行语音的识别。比如对于一帧语音片段，对其提取特征后，我们直接将其作为DNN（深度神经网络）的输入向量，其输出代表了对各音素的预测概率。我们期待算法能通过反向传播自动学会概率的预测，这也标志着"智能化"的语音识别的成熟。对于语言学研究来说，现阶段的语音识别无疑是一种新的挑战和发展，这需要语言学研究者透过不断地学习，做交叉学科的研究，成为复合型研究者。

当代的语言学研究，俨然已经进入一个转变期。传统语言学研究，主要是定性研究、经验型分析、及发现描写，属于静态的研究。而现代语言学，逐渐向定量研究、实证型分析及解释探源转变，不断转变为动态研究。要从传统语言学的卡片之学转变为现代语言学的数据之学。分析处理数据的科学方法应该称为语言研究的核心、关键。透过语音识别，我们应不断认识到在语言学研究中，语言学数据的理解水平应不断提高，语言学数据的驾驭能力应不断增强。唯其如此，才能在追求基于真实的语言交际之路上不断前进，从而面向社会语言生活，做更加完整、科学，并且建立在经验实证之上的语言学研究。

参考文献

[1] 黄伯荣，廖序东.现代汉语（上册）[M].北京：高等教育出版社，2002.
[2] 汉语堂."译者"在人工智能时代扮演什么样的角色？[J].现代语文，2017.
[3] 柯登峰，徐波.互联网时代语音识别基本问题[J].中国科学：信息科学，2013.
[4] 蓬鹏里.语音识别技术综述[J].计算机产品与流通，2018.
[5] 王海坤，潘嘉，刘聪.语音识别技术的研究进展与展望[J].电信科学，2018.

---

① 汉语堂：《"译者"在人工智能时代扮演什么样的角色？》，《现代语文》，2017年，第8期。

[6] 赵尔平,王聪华,党红恩,雒伟群.藏语孤立词语音识别技术研究[J].西北师范大学学报(自然科学版),2015,51(5):50—54.

[7] 胡文君,傅美君,潘文林.基于Kaldi的普米语语音识别[J].计算机工程,2018,44(01):199—205.

[8] 刘彪,房锐林,邓美娟,赵文文.基于SOFMNN模型的新疆方言语音识别研究[J].计算机与数字工程,2018,46(7):1405—1409.

[9] 王俊超,黄浩,徐海华,胡英.基于迁移学习的低资源度维吾尔语语音识别[J].计算机工程,2018,44(10):281—285、291.

[10] 张策,韦鹏程,石熙.小语料库重庆话语音识别的研究[J].计算机测量与控制,2018,26(11):252—255、260.

▶岭南文化◀

试论诗词吟诵在粤剧、粤曲表演中的效用

谢伟国

（暨南大学汉语方言研究中心　广东广州　510632）

【提　要】诗词或韵文的吟诵，自古以来就是读书的方法之一，也是开蒙教育的一个方式。既然是方法和方式，就有一定的内在规律可寻。各个地区各种方言的吟诵亦有各自的特点，所以诗词吟诵或词曲韵文的吟诵并不是如今天个别人认为的高深的理论问题，吟诵本身只是一个实践问题。这种实践应用在表演类的艺术中也是一种常态。本文试从笔者熟悉的粤剧、粤曲的一些代表作中，抽出其吟诵的内容特色加以探求，亦试图从元杂剧和当代一些剧种的作品中找出依据加以印证。以往未有人在这方面加以论述过，本文更希望抛砖引玉，就教于同好。

【关键词】吟诵　诗词　粤剧　粤曲　戏曲

中国的传统戏曲自诞生之日起，就以其新颖的体裁凸现出有情节、有人物故事、以叙事为主的形式，从舞台表演上构成综合艺术。"这是因为它本身所包含的艺术成分，兼具诗歌、音乐、舞蹈、绘画、雕塑、建筑等六项艺术的缘故。所谓综合，是指其能够融合众长，由此而形成一项不同于其他艺术的独特形式。"[①]戏曲发展至今，融入了不少现代科技的手段，有效地将声、光、影等效果运用到舞台上，营造出更为震撼的舞台效果，大大地丰富了这门"综合艺术"的作用。

既然戏曲是以人物刻画、以叙事为主的表演形式，演员的唱、念、做、打、演就必然对戏剧中人物性格的塑造、故事的叙述和情节的演变产生丰富和多样的舞台艺术效果，构造出戏曲特有的表演程式和艺术魅力。

鉴于此，本文试从广东的粤剧、粤曲作品中有关诗词曲文的吟诵方面讨论一下其艺术的效用。

一

首先，我们从几出有名的广东粤剧中看看有关诗文吟诵的表演效果。

中国近现代的地方戏曲，几乎无一例外地将《红楼梦》改编为戏曲，并由此衍生出大量的作品，通

---

① 周贻白著：《中国戏曲发展史纲要》，上海：上海古籍出版社，1979年，第7页。

常被称为"红楼戏"。粤剧《宝玉哭晴雯》就是一出历演不衰的戏宝。当代著名的粤剧作家陈冠卿先生（1920—2003年）所编撰的"红楼戏"风靡了粤剧舞台几十年，其中《怡红公子悼金钏》《情僧偷祭潇湘馆》《宝玉哭晴雯》等早已脍炙人口，成为了粤剧、粤曲舞台上的经典之作。笔者曾受教于陈老先生，记得他在20世纪80年代重新编写《宝玉哭晴雯》一剧时，由广东粤剧院的丁凡、郭凤女分别饰演宝玉与晴雯，这两位演员当时都较年轻，先生怕他们对戏文的理解不够深入，还请两位演员到家中，自己亲自操琴示范。适逢笔者当日到先生家里探望，亲睹了先生教授青年演员的一幕，记忆尤深。

该戏中有一段宝玉拜祭晴雯时吟诵的《芙蓉诔》（节选）：

"唯太平不易之年，蓉桂竞芳之月，无可奈何之日，怡红院浊玉，谨以群花之蕊，冰鲛之縠，沁芳之泉，枫露之茗，四者虽微，聊以达成申信，乃致祭于白帝宫中，抚司秋艳，芙蓉女儿之神。"

以上这段吟诵，曾是粤剧著名演员陈笑风先生的一段经典表演，演员充分利用了粤地以前教私塾的老先生那种读书调，加上剧情所赋有的感情色彩，又坚持了"平长仄短"的吟诵方法，诵来丝丝入扣，声情并茂，达到很好的艺术效果。本人也曾请教过陈笑风先生，他说陈冠卿先生在诗词吟诵上对他亦有过传授和启发。的确，老一辈的粤剧编剧家如冯志芬、杨子静、陈冠卿、莫汝城、何建青、殷锦桃等都受过较深厚的传统文化教育，大多还读过私塾，对古诗词的吟诵掌握得很娴熟。我听过其中几位先生的吟诵，并深受他们的影响。尤其陈冠卿先生用他"乡音无改"的顺德腔吟诵粤剧粤曲的诗文时，韵味浓厚，很有特色。

陈笑风先生年轻时，是粤剧舞台上演活了贾宝玉的一代红伶，由著名粤剧作家杨子静（1913—2006年）先生撰曲的《山伯临终》就是其代表的作品之一。他们二人一个是文辞写得感人肺腑，一个是演绎得细腻绵长，是词曲与演员合作完美的范例。该曲与传统的戏曲一样，曲头与曲尾皆有诗白，让演唱者通过吟诵带入与带出，相互呼应，很是浑成。

曲的开场诗曰："人世无缘同到老，楼台一别两吞声。"紧接着是反线二黄板腔的"泪似帘外雨，点滴到天明，空房冷冰冰，山伯孤零零……"的唱段，凄婉回肠，仿若声声泪注般，唱者情切，听者情恸。曲到结束前的四句诗文，由悲恸的唱腔一转为吟诉："生不作夫妻，死当同墓穴。寄予后世人，珍重看蝴蝶。"演唱者吟来声泪俱下，似杜鹃啼血般，将曲意推向了高潮，让当年不少顾曲周郎流下一腔热泪。可见词作者将吟诵融化于演唱中，既丰富了作品的观赏性，又能将梁山伯的形象塑造得更为丰厚。

《关汉卿》是田汉创作的一出具有代表性的粤剧，粤剧表演艺术家马师曾（1900—1964年）与红线女（1924—2013年）分别饰演剧中的关汉卿和朱帘秀（四姐），该剧在20世纪60年代曾受到周恩来总理等国家领导人称赞。剧中有一场狱中戏，两人演唱了一曲荡气回肠的《蝶双飞》，饰演关汉卿的马师曾在该曲的过序时吟诵了四句诗来颂扬宁死不折的精神：

壮似长江浪，愁如秋月光。

一歌一荡气，一唱一回肠。

他在吟诵中板眼分别如同"铜豌豆"般，斩钉截铁，舞台效果非常好，恰好将朱帘秀对关的评价"读诗书过万册，写杂剧过半百"的内在才情表现得淋漓尽致。该剧也是建国后第一出拍成电影的粤剧，具有很大的影响力。

在20世纪50年代时，马师曾与红线女主演过一出杨子静先生编撰的粤剧《搜书院》，这也是粤剧的经典之作。尤其是他饰演的谢宝老师一角，将一个刚正不阿又以"教育天下英才为己任"的古代书院山丈的形象刻画得惟妙惟肖。剧中人谢宝在其《步月抒怀》一幕中有几句诗白："一不晓阿谀诌媚，二不晓颠倒是非，三不晓伤天害理。"先生在高吟这"三不晓"的时候，充分运用了手眼身法步的舞台表演手段，其气度与精神俱佳，难怪所有看过《搜书院》的人，几乎都记得住谢宝和他的"三不晓"，可见其深入人心的魅力了。

论及诗词的吟诵，粤剧《搜书院》也是可以作为范例的。例如剧中《初遇诉情》一场，剧中另一男主角——书生张逸民与另外三位同门书生一上场，面对海南岛九月秋高气爽的景致，各自以吟诵的方式作了一句诗：

极目重洋浪拍天（书生一）

椰林莽莽鸟翩翩（书生二）

海南九月花还好（书生三）

未觉秋声过耳边（张逸民）

这四句唱和式的吟诵既传递了书生的性情，又把剧中特定的"天开地阔收秋色，水态山容动客心"的情景描画出来；既让剧中人物在上场时对观众有所交待，又不露痕迹地将时、地、人融于诗意的情境中，为后来张逸民"拾筝""题诗"及与丫环——翠莲"初遇"作了很好的故事铺垫。接下来的剧情是，张逸民拾到了断线的风筝，并在风筝上题了一首《临江仙》词，丫环翠莲沿着山路找吹落的风筝，与张逸民相遇，待张逸民向不识字的翠莲解读了这一阕词，尤其读到"命虽同纸薄，身肯逐飘蓬"两句后，翠莲感怀身世，说出了自己的悲惨遭遇。这便是《初遇诉情》的故事梗概。这首《临江仙》词是：

不羡红丝牵一线，扶摇直上遥空。几曾愁梦绕芳丛，栖香心婉转，写影骨玲珑。信道黄花还比瘦，无端轻落泥中。拼将弱质斗西风，命虽同纸薄，身肯逐飘蓬。

饰演张逸民的名演员陈晓明在吟诵这一阕词时的节奏、腔板与调式都非常正宗，很合乎传统诗词的吟诵方法。虽然为了舞台表演加入了一些形神动态，但增加了吟诵的感染力，收到了非常好的效果。编剧家杨子静先生是个文人，抗战时逃难到粤北韶关地区，还当过私塾先生，对古诗文有着深厚的功底，对粤方言研究亦颇有心得，晚年还编过一部粤方言词典。我曾请教先生关于这一段词的编写与吟诵问题，他说戏剧要体现出综合性，不能一味地唱，俗话说"唱多塞死戏"。所以在这一出中，通过诗词的吟诵来传递剧中人的情感和身世，以风筝为媒，亦可谓戏剧表演上的"灵魂道具"（笔者自定义），深化了戏剧的主题与效果。事实上杨先生创作的不少戏曲作品，都不乏有古典诗词的衍化与妙用，他还说到他曾经辅导一些演员，教他们吟诵的方法。我们今天看到的《搜书院》这一折，让人难以忘怀，其词与吟诵的作用是不可小觑的，编剧这一手法，在现代戏曲创作中虽亦有所见，但如此炉火纯青的诗化渲染与刻画，把作者"几曾晓梦迷蝴蝶，一片秋心托纸鸢"的寄托化为情景交融的戏剧手法，不得不令人折服。

同样，粤剧《西厢记》中《递柬》一折，张生通过红娘传递书信，舞台上张生亦是以吟诵方式将诗句的内容表现出来的：

待月西厢下，迎风户半开。拂墙花影动，疑是玉人来。（有的剧团表演时将"拂墙"改为"隔墙"）

剧作者化用唐元稹的五绝，为的是增加戏剧拟古的效用。这首五绝在这一折戏中起到了非常关键的作用，可视为"戏眼"，在舞台上则全靠表演者的技艺将这一"戏眼"传递出来。

在戏曲表演中加入诗词的吟诵往往能收到意想不到的艺术效果。然而戏曲表演中的吟诵与剧情故事、人物刻画之间要做到水乳交融方能打动观众。所以，粤剧表演中的一些吟诵表现与教学课堂上单一的语言化的吟诵不同，加多了戏剧手法的渲染，作为表演艺术是可以理解的。如一首脍炙人口的名曲，是编剧家秦中英（1925—2015年）写的戏宝《朱弁回朝》中"祭江"一折，陈笑风先生饰演的朱弁有一段如泣如诉的吟唱：

烟笼寒水月笼沙，长江夜望尽烟霞。

江水滔滔流自巫山下，怎不送爱妻伴我归家？

在这里，前两句近于吟诵，而后两句则偏于吟唱，尤其是第四句的下半句，演员以清歌的拖腔带出音乐的旋律，非常优美，将念、诵、唱融为一体，达到词美曲幽的艺术效果，这既是舞台表演的需要，也是戏曲吟诵不同于诗教吟诵的特点。

二

与全国其他地方的戏剧、曲艺不同的是，广东粤剧、粤曲的板腔结构是一致的，同曲同源的。所以经常让一些人误以为唱一支粤曲，甚至唱一段小曲，如流行的《分飞燕》（杨翠喜小曲）就是唱粤剧了。在粤剧和粤曲作品中经常出现的诗词或曲文吟诵，其表现形式两者之间有其基本一致的一面。然而，戏剧舞台还有各种形式的表演，可以将诗文或曲文的吟诵加上表演动作，而粤曲演出基本上是靠独唱或对唱，即使是从粤剧的各唱段中选其一曲作为粤曲演唱，也是以曲艺表演的形式，少了戏剧特有的舞台综合效果，所以在粤曲表演中的曲文吟诵便全靠声腔的成分来展现了。

著名曲艺家徐柳仙（1917—1985年）演唱的代表作品《再折长亭柳》，一开始就有一段清歌。曲艺表演的清歌，亦就是无音乐伴奏的、演员按板式吟唱出一段曲词。过去成名的伶人，其代表曲目中多有清歌式的表演，从而展示其艺术功力的高度。这种表演形式，有时在曲的开头，也有在曲中或曲尾展示的。清歌表演因无音乐伴奏，容易跑调，所以曲词越长，演员的驾驭技巧越高，赞誉的自然也就更高了。《再折长亭柳》开头的清歌是这样的：

别离人对奈何天，离堪怨别堪怜。

离心牵柳线，别泪洒花前。

苦相逢，才见面，（唉）不久又东去伯劳西飞燕。

忽离忽别负华年，愁无恨、恨无边。

惯说别离言，不曾偿素愿。

春心死（咯）、化杜鹃。

今复长亭折柳，别矣婵娟。

唉！我福薄缘悭，失此如花眷。

以上长达两分多钟的（按长句滚花曲牌）清歌，演唱者从诗词吟诵调中借鉴了不少精华，最终还要回到曲牌规定的调式上，这是很考演唱者的真功夫的。过去的撰曲家都是文人，文辞歌赋都很有心得。但过去的伶人基本上出身低微，没受过多少教育，他（她）们的文化往往是由撰曲的先生教授，撰曲家需要根据伶人的声线特点等为其量身度曲，所以很多粤剧戏宝、名伶名曲就是这样保留并流传下来的。例如，冯志芬与薛觉先的合作，王心帆与小明星的合作，唐涤生与任剑辉、白雪仙的合作等，留下来的大多数作品都成为了日后的名作。

粤曲"星腔"创始人小明星邓蔓薇（1911—1942年）有一首《冲冠一怒为红颜》的粤曲，内容讲的是吴三桂与陈圆圆的故事，是根据清代诗人吴梅村《圆圆曲》的诗文及诗意改编的，曲名也就是原诗的诗句。该曲中有四句诗以吟诵方式来表达：

牛酒驱寒独酌豪，斑声风动夜萧骚。

开帘瞥见妖声影，跃起床头七宝刀。

其诗意是根据吴的诗句衍化出来的，小明星吟诵时一反其唱腔绵长柔美之特点，反之铿锵有力，掷地有声，通过吟诵表现出曲中人物的性格特征。

有一首大家耳熟能详的粤剧《帝女花之香夭》，本来是唐涤生（1917—1959年）《帝女花》剧作的选段，该剧亦是任剑辉（1913—1989年）、白雪仙表演的戏宝，但《香夭》一曲因为曲调《妆台秋思》的优美，自有卡拉OK以来，便风行于大江南北，致使很多省外不了解粤剧的人误以为粤剧就是这样的。此曲开头的四句诗白：

倚殿阴森奇树双，明珠万颗映花黄。

如此断肠花烛夜，不须侍女伴身旁。

任白（粤剧界特指任剑辉与白雪仙两名伶）念来情真意恻，好不感人。长期的合作，让她俩拥有非常多的戏迷粉丝。更难得的是唐先生的剧作尤善于将大段的小曲融入戏的唱词中，增加了戏曲演唱的音乐性，任白又善于演悲情戏，所以她们的戏很多都成为流行的作品，影响较大。加上如前所述的原因，《妆台秋思》此曲非常优美动听，所以《帝女花·香夭》一曲很快就流行起来，甚至很多人直接就称之为"帝女花"了。

其实，作为粤曲民间歌谣体之一的龙舟说唱中，往往在开唱前也会加一段基本押韵的诗白，有时更不免加几个应景的词来营造氛围。下面抄录一段龙舟唱本《碧容祭监》的开场白：

讲了一篇又一篇，春去秋来又一年。

古道光阴如似箭，人老何曾转少年。

九流三教随人练，入道无如守道坚。

士农工商都要寻一件，或为儒者抑或耕田。

自古道做着个门都要寻个件，千里求官都系想赚钱。

近今世界人眼浅，一时落泊众口难填。

想起我哋（们）龙舟真正贱，几多咸苦为文钱。

凑着我连捱几晚无声线，若想唔（不）捱又怕米塔（缸）穿。

日求两餐长要便，事到其间只着向前。

有等唔知头横兼凳掂（意为有的人不知规矩），莫话噤（骗）人上树把梯抬。

今晚舍得尔（你）列位咁（这么）有心来帮衬（光顾），何妨则剧（逗笑）唱几句花言。

男女两旁莫个声道乱，莫话坐埋人众乱哈三千。

恐防嘈闹唔听见（听不清），即此（使）我口吐莲花也是废言。

今晚小弟到来唔系将你哄（蒙）骗，重（还）要你大齐（大家）喝彩笑暄天。

往日在家无件事（得闲无事），做一段新闻果实新鲜。

大齐听过如果赞善，后来帮衬我仲要加钱。

唔（不）讲《西游》兼古典，唔（不）提《三国》共《花笺》。

且讲《玉葵金宝扇》，伦家人女不是虚言。①

以上这段唱龙舟正本前的口白（即用口按押韵以吟诵方式念出的文字，间中也有使用唱龙舟的小锣鼓点作衬），非常通俗易懂，让我们看到以前的民间艺人聪明及辛酸的一面。过去靠龙舟说唱糊口的民间艺人基本上是靠穿街走巷去卖艺维生的，他们绝大多数没有念过几天书，说唱的功夫全靠拜师学艺来传授，很多还无曲本，单靠博闻强记。尤其是龙舟，很多是边编边唱，还得基本押韵，很不容易。以上这段正本前的口白，就是艺人们经过长年的磨练、烂熟于心记下来的。如果这段念白拿到另一个场合或唱另一首曲，也只是将前后几句按当日唱曲的环境和曲本稍微改动一下即可。

---

① 陈新勇：《龙舟歌》，广州：广东人民出版社，2005年，第38—39页。

三

诗词吟诵在传统的戏曲中古有之，其作用或用于剧中人物出场介绍的点睛之笔，或在戏剧故事铺垫上作为重要的媒介，或在剧中主题曲演唱前后作人物性格刻画渲染，不一而足。今日有的人认为是可有可无，是他们不明白个中道理，不懂得它是唱、念、做的一个重要组成部分，往往起到一种趋化的作用。

在关汉卿的《窦娥冤》中，庸医赛卢医一出场念的诗为："行医有斟酌，下药依《本草》，死的医不活，活的医死了。"[①]这就活灵活现地勾勒出庸医的面目。窦娥的婆婆蔡婆的上场诗白为"花有重开日，人无再少年。不须长富贵，安乐是神仙"[②]，表现的是平民的心态。流氓张驴儿强入寡妇家，口中念着当时旧俗婚礼中打趣新郎的俗词"帽儿光光，今日做个新郎；袖儿窄窄，今日做个娇客"[③]。显然就是个混混的角形象。而以上这些诗白或俗词的运用，在演出中效果是较为强烈的。

关汉卿还写过一本《蝴蝶梦》的公案戏，写皇亲葛彪，因为平民王老头碰撞了他的马头，立即将其打死。王氏的三个儿子为替父报仇将葛彪殴死。状子告到开封府，王氏三兄弟争着认罪，而王母则指证是三儿子为真凶，后经包拯深入勘查方知小儿王三为王母亲生，王大、王二则为王老头前妻所生。包拯同情王母，乃以应死的偷马贼赵顽代王三盆吊抵罪。此剧中葛彪上场时有诗白云：

有权有势尽着使，见官见府没廉耻，若与小民共一般，何不随他带帽子。自家葛彪是也。我是个权豪势要之家，打死人不偿命，时常的则是坐牢。[④]

关氏在戏中借宋人的衣冠反映元朝社会统治者的黑暗，以葛彪的上场诗生动地将一个享受"权豪势要之家"的恶少嘴脸勾勒出来，从侧面反映出社会的不平等。

另外，在潮剧史上，流传下来的传统剧目与表演运用诗词吟诵的情况亦较普遍，如《刘希必金钗记》中的许多唱段或下场诗，也是用潮剧的腔调来吟诵的。其中第七出肖氏下场诗为：

我夫来日赴科场，功名拆散两鸳鸯。

愿君此去登高第，夺志标名衣锦香。[⑤]

按饶宗颐先生的讲法，这里押的就是潮州话正音韵，演员表演时自然是用该韵来吟唱的。潮剧里使用诗词吟诵的地方比粤剧多。明嘉靖本的《彦臣》一剧，剧中写的是陈彦臣与连静女的爱情故事，剧中使用了近十首诗词以展现剧情与人物的故事，其中有七绝诗、《武陵春》词和自制词等[⑥]，虽是个案，在传统的戏曲中也是少见的，但也就说明潮剧中注重运用古诗词来表演的特色。

昆曲《牡丹亭》中"惊梦"一折，杜丽娘与侍女春香"游园"一段戏中，表演时吟诵了一首诗：

画廊金粉半零星，池馆苍苔一片青。

踏草怕泥新绣袜，惜花疼煞小金铃。

舞台上二人踏乐而舞，观景而吟，用诗情画意烘托出杜丽娘背着父母、塾师偷走出来游园的心境，同时引出接下来那段《皂罗袍》"原来姹紫嫣红开遍"的经典唱段，这种踏诗而歌的舞台效果非常之美

[①] 吴国钦校注：《关汉卿全集》，广州：广东高等教育出版社，1988年，第7—8页。
[②] 吴国钦校注：《关汉卿全集》，广州：广东高等教育出版社，1988年，第3页。
[③] 吴国钦校注：《关汉卿全集》，广州：广东高等教育出版社，1988年，第12页。
[④] 周贻白著：《中国戏曲发展史纲要》，上海：上海古籍出版社，1979年，第161页。
[⑤] 吴国钦、林淳钧：《潮剧史》，广州：花城出版社，2015年，第112页。
[⑥] 吴国钦、林淳钧：《潮剧史》，广州：花城出版社，2015年，第143—145页。

丽而让人神往。

就以上的例子而言，传统的戏曲在沿袭诗词歌赋方面是一脉相承的。

四

综上所述，在粤剧、粤曲中运用诗词吟诵的表现手法，不但增强了剧中（曲中）人物性格的刻画，从而加强了戏剧或曲艺的表演效果。而且，还体现了诗词吟诵这种形式在粤方言中向来就是互为运用与借鉴的意义。一批已故的粤剧编剧家和粤曲撰曲家，他们曾经将吟诵的艺术巧妙地运用在舞台上，丰富了戏曲的表演手段，同时，历史上不少粤地的诗词家也不同程度地从粤剧、粤曲的吟诵或吟唱中吸取一些养分以丰富自己的诗词吟诵教学。如当代词人朱庸斋先生、粤剧编剧教师李声耀先生都曾与他们的弟子谈及到，如何从粤剧粤曲一些名伶的唱段中吸取行腔等技法用于吟诵。现在在珠三角进行田野调查时，经常遇到生活在基层的诗词家和爱好者们。他们一旦进行诗词吟诵，在行腔节奏上就很自然地流露出或多或少从地方戏曲或地方民歌中吸取的成分，可见，文化是互相影响且相互吸收、发展的。

参考文献

[1] 中国科学院文学研究所，中国文学史编写组.中国文学史[M].北京：人民文学出版社，1962.

[2] 周贻白.中国戏曲发展史纲要[M].上海：上海古籍出版社，1979.

[3] 吴国钦校注.关汉卿全集[M].广州：广东高等教育出版社，1988.

[4] 北京大学中文系，关汉卿戏剧集编校小组.关汉卿戏剧集[M].北京：人民文学出版社，1976.

[5] 陈勇新.龙舟歌[M].广州：广东人民出版社，2005.

[6] 黎田.粤曲名伶小明星[M].广州：广东人民出版社，2006.

[7] 吴国钦，林淳钧.潮剧史[M].广州：花城出版社，2015.

廉江、电白粤闽客方言接触的语音计量研究

秦绿叶

导师：邵慧君　华南师范大学　答辩年份：2018

【提　要】方言接触的语音研究以方言因接触而发生的语音演变作为研究对象，是语音研究领域的重要组成部分。方言语音演变的动力分别来自内部和外部。内部因素是方言自身的内部矛盾，外部因素是方言与不同语言（方言）的接触关系。内部因素可以直接引起语音演变，而外部因素则需要通过内部因素发生作用。以往学者主要关注语音演变的内部因素，着重研究方言语音系统的共时状态与历时演变，很少涉及因接触引起的语音演变。为了更全面地分析方言音变的现象，本文运用统计学计量方法从定量定性的角度分析廉江、电白的粤闽客语音演变状况，并在概括语音区域特征基础上解释方言接触影响带来的语音变化。

与以往的方言语音研究相比，本文有以下几个创新点：第一，研究廉江、电白地区典型的方言接触与演变现象。广东粤闽客方言交错分布，方言间的接触现象十分普遍，故本研究方法及其结果对广东乃至其他地区具有接触特征的方言研究都有一定的借鉴意义。第二，探索汉语方言定量综合研究新方法。文中以语音调查为基础，采用统计、聚类等计量方法研究语言音变现象与音变数量之间的关系。第三，在方言接触现象的归纳和解释上有一定的创新收获。在分析的基础上，我们采用方言接触类型理论、方言横向传播理论归纳方言接触类型。

全文分为绪论、正文与结论三个部分。

绪论部分先阐述廉江、电白地区的历史背景及人口来源，然后总结前人研究成果，最后介绍研究目的、意义和方法。

正文是研究的主体部分，一共分为六个章节。第一章介绍语音接触研究的历史发展、研究的相关理论方法，解析语言计量法的具体操作步骤。第二章结合田野调查材料，描写廉江、电白地区粤闽客方言的语音特征，阐述声韵调的规律。第三至五章以粤闽客代表方言为参照，统计廉江、电白方言音系变异情况，以声韵调专题的形式讨论方言相互接触的现象。研究专题有特征类声母（如清边擦音声母、舌面鼻音声母）的形成与分布、古全浊塞音字声母读音演变、古阳入声韵字韵尾读音演变及中古浊音字的声调演变等。我们通过声母、韵母和声调专题计量讨论了廉江、电白地区粤闽客方言接触度。在研究中发现，有地缘关系的安铺粤语—闽语、石城粤语—闽语和霞洞闽语—客家话具有非常紧密的接触关系，其他方言之间的接触度不高。此外，我们通过专题计量初步探讨了雷州闽方言与电白闽方言的源流关系。第六章总结廉江、电白方言接触的特征，讨论方言接触的类型。

结论部分对全文进行概括，总结方言接触的规律。本研究认为方言接触途径主要有语言转换与语言

借用。无论是转换还是借用，方言在接触过程中因相互影响可发生音值与音类变化。从接触的角度看，跨区域多方言共有的语言特征（如边擦音）可归为语言转换中发生的音值变化，区域内多方言共有特征（如舌面鼻音）可视作在语言借用中发生的音类变化。接触程度的深浅反映在语音变化的类型与数量上，而方言接触音值与音类变化数量差异可以作为方言接触分类的基础。

【关键词】 方言接触　计量研究　语言转换　语言借用

▶动态◀

第二十三届国际粤方言研讨会在暨南大学举行

第二十三届国际粤方言研讨会于2018年12月15—16日在广州暨南大学本部举行，来自粤港澳大湾区及海内外的130余名粤语研究者出席了研讨会。本届研讨会的主题是"网络与智能化时代的粤语研究"，会议由暨南大学汉语方言研究中心主办，暨南大学华文学院协办。

开幕式前，会场播放会议宣传片，展现了暨南大学汉语方言研究中心与时俱进的特色。短短两分钟的视频，带动了全场的热烈气氛。

开幕式由暨南大学汉语方言研究中心副主任侯兴泉主持。暨南大学文学院程国赋院长致欢迎辞。暨南大学汉语方言研究中心名誉主任詹伯慧致视频开幕辞。

大会发言由暨南大学汉语方言研究中心伍巍、甘于恩主持，台湾清华大学董忠司、美国国防语言学院林柏松、香港中文大学邓思颖、台湾大学杨秀芳、广东电视台陈星先后做了大会发言，题目分别是《从进阶和层面试观闽南语和粤语的声韵结构》《网络时代的国际粤语教材研究》《延伸句的方言类型初探》《论形态变化中的不规则对应》《岭南方言文化博物馆的探索实践》。

研讨会共宣读论文76篇（加"#"的5篇为大会发言），题目如下。

附：第二十三届国际粤方言研讨会宣读论文名单
（按作者音序排列）

岑尧昊：《四书字音录》与清代粤语
陈建荣：二十一世纪香港粤语句法演变新进展：以比较句，前及物句与量词结构为例
陈静雯（Eve Jingwen Chen）：To Have Money Is to Have Mai: Cultural Conceptualizations of Cantonese Rice Idioms
陈李茂：粤西化州粤方言连读变调刍议
陈卫强、邵慧君：从特征词角度看粤西粤、客、闽三方言的词汇接触——以廉江、电白为例
陈晓锦、陈嘉乐、李颖慧：巴西的台山籍华人及台山话
陈晓锦、任士友、尤慧君：马来西亚沙捞越泗里街新会话的语音
陈晓锦、许婉虹：美国华人社区台山话的变调
#陈 星：岭南方言文化博物馆的探索实践
陈远秀：香港粤语程度副词重复现象
代卓航：粤语拼音——粤语学习和应用一体化的基础
#邓思颖：延伸句的方言类型初探

\#董忠司：从进阶和层面试观闽南语和粤语的声韵结构
饭田真纪：粤语句末助词aa1maa3的语义变化
冯冬梅：博白（永安）地老话的几种短语重叠式
何丹鹏：桂北平话从、邪母今读的类型与分布
何　阳：南宁白话被动句句法研究
侯兴泉：广东封开开建话短时体的三种表现形式
胡　伟、甘于恩、陈颖帆：广东南沙粤语的趋向动词"埋、开""上、落""出"
江　荻、郭承禹：粤语异读字的声调多样性及其成因
焦　磊：粤西方言原始调值构拟初探
黎奕葆：粤语等比句的类型学考察
李焕哲：广州话双音节声调的发声研究
李立林：广东新兴粤方言两字组的连读变调
李敏敏：台山方言助词"ɔ^{55}"
李雯雯、刘新中、林远洋、苏思思：基于声学数据的博白地佬话韵母系统
李晓文：语言经济学视角下的粤语文化输出研究——以广东省粤剧演出行业为例
梁施乐：珠海前山话新老派语音差异初探
\#林柏松：网络时代的国际粤语教材研究
林华勇、李盈敏：广州方言处置句的功能差异——兼谈处置范畴的比较
林玉婷：深圳后瑞话开口字出现u介音的实验分析
林芝雅：广州方言与赣东北方言亲属称谓比较
刘　倩、秦绿叶、何丹鹏：香港广州粤语擦音声母/ʃ/的变异考察
刘新中、李　旭、吴艳芬：粤语中的鼻音塞化和闽语中的浊音强化
刘燕婷：东莞市企石镇粤语的人称代词
刘择明：粤语有多少个句调？
刘镇发、马显慈：广州话流音和鼻音声母字读阴声调的现象研究
罗　巍（ORLANDI Georg）：Are Ng Yap Dialects a Distinct Language Group? The case of Hoishanese
罗　鑫：浅谈日语中的粤语借用词
罗芷莹：粤汉英位移事件的类型学研究——以《圣经》为例
欧莉莉：阳春方言的若干代词探析
彭小川：广州话"想"和"谂"所引发的思考
秦凤仪（Chun Fung Yee）：The Word-Formation Processes of Malaysian Cantonese Words
秦绿叶：大数据时代方言语料采集与整理研究——以粤方言为例
丘学强：粤语与粤语流行曲
丘学强、温育霖：粤语教学中的阴平调及其教学策略
单韵鸣：基于自然语料的广州人粤语语法代际差异研究
孙玉卿：粤方言全称量词的共时描写及历时变化——以同名电影不同时期版本为例
谈泳琦、邵慧君：广州话从"处"到"度"的演变过程及其原因
唐七元：桂平粤语的特殊完成体标记——"毕"［pet^2］
陶原珂：广州话的连词表意结构探析

王连清：粤方言在越南语（中国境内京语）的现代借词及其影响

王媛媛：大学生在语言资源保护工作中的作用及方式方法探讨——以广外大学生课内外教学和实践活动为例

温育霖：粤语（广州话）拼音方案评述

吴　芳：试论海丰占米话中表小称的代词"咁"

伍　巍：汉语亲属称谓"姥姥"与"外婆"的规范讨论

武大真：粤语"试过"的词汇化

向　柠：佛山三水粤语形容词表相反义的两种方式

谢伟国：也谈方言在广告语中的魅力

徐富美：从族群接触看越南艾话及白话几个语音特点

徐毅发：肇庆粤语的方式标记"嘟［tu⁵⁵］"——兼论两广地区语言和方言中方式助词的语法化

徐自强：粤语吟诵——粤语研究的一个新领域

严修鸿：连州四会声中的e/ø介音

颜耀良：粤语和普通话指示代词"咁/噉"和"这么/这样"的用法探异

#杨秀芳：论形态变化中的不规则对应

叶昊洋：粤语词"冷"之法语词源说质疑

叶家辉：粤语从句词缀初探

叶永椿：粤语和外国语的相互影响

易惠媚、李冬香：清远连山话浊上的今读及演变

张璟玮、张延勇、徐大明：变异研究视角下的粤语声调归类

张静芬："近似合并（near mergers）"视角下湛江赤坎粤语四舒声声调格局的形成

张延勇：香港粤语声调的社会语音学研究——以双字组词语为例

郑甜甜：析粤语句首话语标记"噉"

钟　奇：汉字的新造字法：呼应

周仕敏：晚清粤方言小说的文献语言学价值

朱文君：澳门粤语高升变调的社会语言学研究——以"澳门"的"门"字为例

（文：甘子）

▶ 资 料 ◀

《南方语言学》（第十四辑）目录

2018年7月

特　稿

《汉语方言学大词典》前言 ·· 詹伯慧　（1）

南方汉语方言研究

铺门话两字组连读变调与语法结构的关系 ······························· 岑小燕　钟　奇　（5）
称谓语"大娘姑"演化情况初探——以明清以来闽南、粤东两地闽语为例 ········· 谢若秋　（10）
江西玉山（樟村）吴方言同音字汇 ·· 王美淼　（15）

语音学研究

河南新乡方言音系及语音特点 ··· 董一博　（35）

词汇学与词典学

《两岸闽南语对照辞典》编纂的学术构思 ··· 张屏生　（48）
《现代汉语词典》中的"yo"（io）音节及其他 ······························· 孙玉卿　鲁　媛　（61）
安徽肥东方言亲属称谓研究 ··································· 甘于恩　宋雨薇　（66）
从付马话亲属称谓词若干特征看其归属 ··· 陈颖文　（79）

语法学与方言语法

韶关市曲江县马坝镇鞍山村委会和乐村叶屋客家话词汇语法特点 ········· 周日健　冯国强　（90）
张家口方言中"的""了"相关结构研究 ·· 薛　飞　（101）

海外汉语方言研究

英国华人及华人的汉语方言 ······································ 陈晓锦　任士友　（108）
砂拉越泗里街广府挽歌"时文"的语音特点 ·· 汤媚厢　（113）

地理语言学

湘鄂赣交界处通城地名形成的规律与特征 ··· 黎立夏　（116）

— 178 —

汉语史研究

黄侃《〈通俗编〉笺识》引蕲春方言词释例 ································ 曾昭聪（125）

人　物

郑张尚芳教授访问记 ·· 张屏生（133）

方光焘与暨南大学 ·· 王文豪（135）

语言应用研究

多模态传承岭南方言文化 ·· 甘于恩（142）

广州市城中村语言使用状况调查研究 ·· 秦绿叶（149）

语言资源保护与开发

东莞市语言资源概说 ·· 张钟晶（160）

书　评

一本普及粤语知识的好书——读《粤语词汇讲义》 ···················· 詹伯慧（167）

博士论文撮要

雷州半岛客家方言语音研究 ·· 赵　越（170）

梅州客家方言语音的地理语言学研究 ·· 李　菲（171）

动　态

暨大语言资源中心再创先例　协同地方社区开展方言资源保护合作 ············ 张静静（172）

启　事

第二十三届国际粤方言研讨会征稿启事 ···································· 方　方（173）

第二届南方汉语方言国际研讨会征稿启事 ································ 小　曼（175）

致力于讲好母语故事的"传统文化大讲堂" ································ 方　方（177）

资　料

《南方语言学》第13辑目录 ·· 燕　辉（178）

（姜迎春）